Manfred Vollack

Erlebtes Preußenland

Stationen einer bemerkenswerten Reise
durch Pommern, die Neumark, West- und Ostpreußen

Husum

Abbildungen auf dem Umschlag (v. l. n. r.):
Vorderseite: Dom zu Frauenburg im Ermland, Regierungsgebäude auf der Hakenterrasse in Stettin; Rückseite: Krantor in Danzig, Bischofsschloß in Heilsberg, Kirchenruine in Hoff (Kreis Greifenberg i. Pom.)

CIP-Kurztitelaufnahme der Deutschen Bibliothek

Erlebtes Preussenland : Stationen e. bemerkenswerten
Reise durch Pommern, d. Neumark, West- u. Ostpreussen
/ (Hrsg.: Pommersche Landsmannschaft, Landesgruppe
Schleswig-Holstein e. V., (Zentralstelle für Geschichte
u. Landeskunde Pommerns)). Zsgest. von Manfred
Vollack. − Husum : Husum Druck- und Verlagsges., 1983.
ISBN 3-88042- 225-7

NE: Vollack, Manfred (Bearb.); Zentralstelle für
Geschichte und Landeskunde Pommerns (Kiel)

Herausgeber:

POMMERSCHE LANDSMANNSCHAFT
Landesgruppe Schleswig-Holstein e. V.
(Zentralstelle für Geschichte
und Landeskunde Pommerns)

Lerchenstraße 17, 2300 Kiel 1

Layout und Bildvorlagen: M. Vollack
Druck und Verlag: Husum Druck- und Verlagsgesellschaft
Satz: Fotosatz Husum GmbH

Mit freundlicher Unterstützung des
Ministerpräsidenten
des Landes Schleswig-Holstein

ISBN 3-88042-225-7

ZUM GELEIT

Mit einem zweiten Band der Reiseeindrücke und Stationsbeschreibungen richtet die Landesgruppe Schleswig-Holstein der Pommerschen Landsmannschaft mit dieser Broschüre das Augenmerk auf Teile unseres deutschen Vaterlandes, aus denen viele tausend Mitbürger nach Flucht und Vertreibung in Schleswig-Holstein eine neue Heimat gefunden haben.

Dem Band ,,Erlebtes Pommern`` aus dem Jahr 1978 folgt jetzt die Schrift ,,Erlebtes Preußenland``, mit der Pommern, die Neumark sowie West- und Ostpreußen in Vergangenheit und Gegenwart lebendig werden.

Mit Pommern verbindet Schleswig-Holstein seit fast 30 Jahren eine enge und lebendige Patenschaft, die wir als Verpflichtung und aktuellen Auftrag empfinden. Es ist hoch einzuschätzen, daß die Patenlandsmannschaft immer wieder Reisen in die alte Heimat unternimmt. Diese vermitteln den Vertriebenen ein Wiedersehen, den Einheimischen ein Kennenlernen, und allen einen Blick auf das ganze Deutschland, das nun einmal nicht an der Zonengrenze endet. Auch nach Jahrzehnten der Teilung ist die deutsche Frage offen. Ein Heft wie dieses trägt mit dazu bei, das Bewußtsein der Nation wachzuhalten und besonders unter der Jugend stets neu zu wecken.

In diesem Sinn wünsche ich der Broschüre eine weite Verbreitung.

Ministerpräsident
des Landes Schleswig-Holstein

Am Rathaus zu Thorn (Zeichnung: Dr. Heinz Walsdorff)

4

Vorwort

Kann man Preußenland heute noch erleben? Gibt es ein Preußenland heute überhaupt noch? Und überhaupt − Preußenland, was ist das? Berechtigte Fragen, die
der ahnungslose Leser vielleicht stellen wird.
Bewußt wurde im Titel der Begriff „Preußenland" gewählt. Er beinhaltet zum Einen
den namengebenden Raum Ost- und Westpreußen, mithin das Gebiet des Ordensstaates, der im Nordosten im Zuge mittelalterlicher Christianisierungsmaß-
nahmen auf dem Siedlungsboden der alten Prußen erwuchs. Hier formte sich in
mönchischer Strenge und Geradlinigkeit, die in ihren besten Zeiten nicht den
Reichtum dieser Welt anhäufte, sondern alles soli deo gloriae tat, ein Staatswe-
sen, eine Gemeinschaft, die im ausgehenden Mittelalter sich als preußisch verstand. Coppernicus fühlte sich als Preuße, Preußentum umfaßte damals Menschen deutscher, prußischer, kaschubischer und auch polnischer Zunge. Dieser
Staat war zwar in seinem tiefsten Wesen deutsch geprägt, aber dennoch überna-
tional − er war ein primär christlicher Staat, den Glaubenssätzen der Kirche zu-
tiefst verpflichtet.
1618 fiel dieses durch die Reformation zum „Herzogtum Preußen" gewordene
Staatsgebilde an die Kurmark; viel floß von seinem Staatsethos in die von den reformierten Hohenzollern regierte Mark Brandenburg. Das Schicksal wollte es, daß
nach dem 1637 erfolgten Aussterben des pommerschen Herzogshauses nach
dem 30jährigen Krieg auch der größte Teil Pommerns an die Hohenzollern kam.
Damit war der Grundstein gelegt zu dem, was später unter dem Begriff Preußen in
der deutschen Geschichte so großartig sich entfalten sollte. Der preußische Geist
des Ordens hielt fortan Einzug in diese drei Kernlandschaften des werdenden
brandenburgisch-preußischen Staates, weiterentwickelt und vorgelebt durch vier
große Herrscher, die nacheinander von 1640 − 1786 diesen Bund zu einem Ganzen zusammenschweißten: Preußen.
Ost- und Westpreußen, die Mark Brandenburg und Pommern sind demnach die
Urzellen, Kernländer preußischen Wesens und preußischer Geisteshaltung, die
sich tief und nachhaltig auch im optisch erfaßbaren Erscheinungsbild der Städte
und Dörfer, mithin der Kulturlandschaft, eingeprägt haben.
Preußenland meint also auch den Kernraum des preußischen Staates, der in seiner kulturlandschaftlichen Ausprägung selbst heute noch unter dem polnischen
Firnis dem Sehenden sich offenbart. −
Wie schon einmal − im Jahre 1978, als etwa 40 Pommern und Schleswig-Holsteiner ein „Erlebtes Pommern" in ihr Herz schlossen − zogen im Sommer 1980 wiederum Pommern, Ostpreußen und Schleswig-Holsteiner aus, um in der brandenburgischen Neumark, in Pommern, West- und Ostpreußen auf den Spuren eben
jenes preußischen Geistes zu wandeln. Davon soll dieses Büchlein künden − Erlebtes und Erlesenes dem Leser nahebringen, ihn zum Nachdenken anregen.

Kiel, Anfang 1983   *Manfred Vollack*

Inhalt

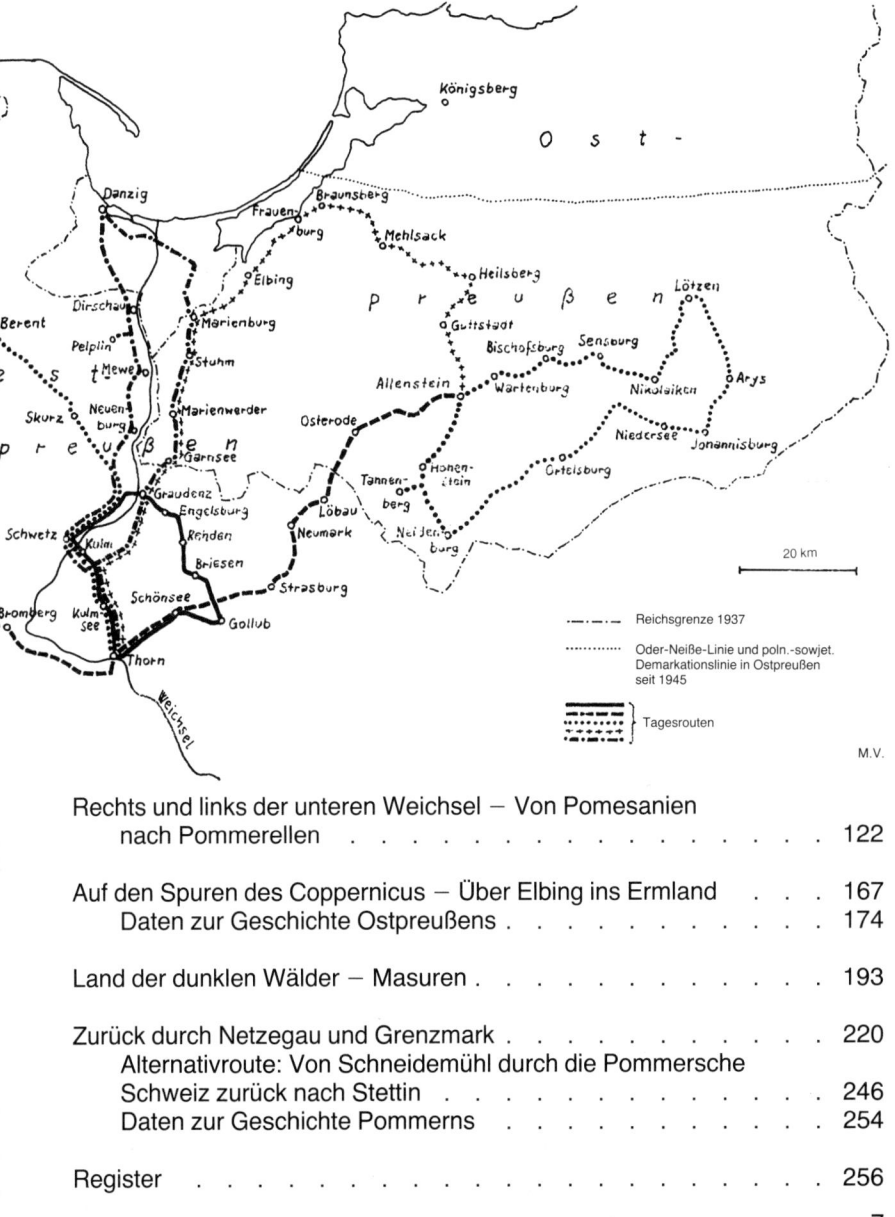

Reichsgrenze 1937

Oder-Neiße-Linie und poln.-sowjet.
Demarkationslinie in Ostpreußen
seit 1945

Tagesrouten

M.V.

STETTIN

Das Schloß der pommerschen Herzöge in Stettin (Zeichnung: Dr. Heinz Walsdorff)

Stettin – Pommerns Hauptstadt

Eine volle Tagesreise ist heute mindestens nötig, um vom freien Teil Deutschlands her Stettin zu erreichen; die etwa 300 km „Transitstrecke" durch die DDR und vor allem die zweimaligen Grenzkontrollen in Selmsdorf und Pomellen machen es möglich. Viele Stunden ununterbrochener Fahrt durch die Weiten Mecklenburgs und der Uckermark, durch alte Hansestädte wie Wismar und Rostock und verträumte Kleinstädte lassen die Teilung Deutschlands schmerzhaft deutlich werden.

Abends erreicht man dann Stettin; in der untergehenden Sonne zeigt sich ein buntscheckiges Bild: Neue Industrie- und Gewerbeanlagen östlich der Chaussee nach Berlin in den Gemarkungen Kurow und Güstow, große Wohnblocks in den Pommerensdorfer Anlagen – am Bahnübergang Scheune dampft gerade ein Zug vorbei, er fährt nach Berlin; doch fuhren auf dieser ältesten, schon 1843 eröffneten Eisenbahnstrecke Pommerns noch nie so wenig Züge zwischen beiden Städten wie heute!

Wir sind nicht das erste Mal hier: Pommern haben wir bereits 1978 erlebt, das damals Gesehene wurde in einer kleinen Schrift festgehalten („Erlebtes Pommern", Kiel 1978), auf die hier verwiesen sei.

9

Ein bißchen Stettiner Geschichte

Die pommersche Hauptstadt entstand auf dem westlichen, bis zu 25 m hoch ansteigenden Ufer der Oder an der letztmöglichen Überquerungsstelle ihres 8 km breiten, von 2 Flußarmen durchzogenen Urstromtales. Die günstige Lage veranlaßte schon früh die Pomoranenfürsten hier auf einer besonders markanten Höhe ihre Burg anzulegen, aus der später das Schloß erwuchs. Zu ihren Füßen entwickelten sich nach der 1124/28 von Otto von Bamberg durchgeführten Christianisierung zwei deutsche Kaufmannssiedlungen, die dann im 13. Jahrh. mit dem Burgviertel und der Wendensiedlung unterhalb der Burg zusammenwuchsen, 1243 von Herzog Barnim I. das magdeburgische Stadtrecht erhielten und mit Stadtmauer und Graben umgeben wurden.

Im 14. Jahrh. trat die Stadt auch der Hanse bei; Getreide- und Fischhandel (das ,,Fischhaus" der Hanse wurde sie genannt) bildeten lange Zeit die Wirtschaftsgrundlagen der Stadt. Auf dem rechten Oderufer entstand im 13. Jahrh. eine Lastenvorstadt (,,Lastadie", schon 1293 genannt), die dann 1630 in die neuen Befestigungsanlagen einbezogen wurde. Mit dem Aussterben der pommerschen Herzöge 1637 fiel Stettin an Schweden, dem es der Gr. Kurfürst 1677 durch eine erfolgreiche Belagerung zu entreißen suchte, doch erst 1720 kam die Stadt an Preußen. König Friedrich Wilhelm I. baute die Befestigungsanlagen aus und sorgte für einen raschen wirtschaftlichen Aufstieg, war doch Stettin jetzt zum wichtigsten Hafen Preußens geworden, was es bis 1945 blieb. Fortan entwickelte sich die Stadt als Hauptstadt der preußischen Provinz Pommern, auch die Besetzung durch die Franzosen 1806–13 konnte die positive Entwicklung nicht hemmen. 1845 erfolgte eine erste Stadterweiterung (Neustadt und Silberwiese). Nach der Reichsgründung schienen die Festungsanlagen entbehrlich, sie wurden nach 1873 abgetragen und in großzügiger Form bebaut: Boulevardartige Straßenzüge und sternförmige Plätze erinnern an das französische Vorbild. Auf dem Gelände des ehemaligen Forts Leopold entstand kurz nach 1900 an der Oder die prachtvolle Hakenterrasse (benannt nach dem damaligen Stettiner Oberbürgermeister Haken); mit dem Gebäude der Provinzialversicherung, dem Stettiner Stadtmuseum und dem Regierungspräsidium eine repräsentative, noch heute eindrucksvolle Anlage. Die Jahre 1873 – 1914 brachten für Stettin die Entwicklung von der Kaufmanns-, Beamten- und Garnisonstadt zur Großstadt, in der Handel und Industrie dominierten: 1853 entstand hier die erste deutsche Portlandzementfabrik; 3 Werften waren vorhanden, von denen die Stettiner ,,Vulcan-Werft" vor dem 1. Weltkrieg der größte Schiffbaubetrieb des europäischen Festlandes war; chemische Industrie, Papierfabrik (Feldmühle), Textilindustrie (Herrenoberbekleidung) kamen hinzu. Die erste Eisenbahn (nach Berlin) nahm 1843 ihren Betrieb auf, 1899 entstand der Freihafen, weitere Hafenanlagen und

Flußregulierungen folgten. 1938 war Stettin nach Hamburg und Bremen der drittgrößte deutsche Seehafen, Deutschlands größter Ostseehafen. Durch die schnelle Industrialisierung nach der Niederlegung der Festungswälle stieg die Bevölkerung der Stadt rasch an: Von 72 018 Einwohnern (1871) wuchs sie auf (1900) 210 702 an, um bis 1939 271 575 Bewohner zu erreichen. Durch eine großzügige Gebietsreform erweiterte sich das Stadtgebiet von 82 auf 461 qkm, es umfaßte dabei große Wasserflächen wie den Dammschen See und Waldgebiete; durch die Eingemeindung der zwei Städte Altdamm und Pölitz sowie von 37 Landgemeinden stieg die Einwohnerzahl auf über 400 000 (1940) an. Damit war Stettin fast so groß wie damals Kiel und Lübeck zusammen (428 000 E.).

Stettiner Gebäude und ihr Schicksal nach 1945

Die baulichen Veränderungen, wie sie eine Großstadt wie Stettin durch die Zerstörungen des 2. Weltkrieges, die totale Umschichtung seiner − früher deutschen, heute polnischen − Bevölkerung und durch veränderten Wiederaufbau und Nutzung der Baulichkeiten erlebte, lassen sich eigentlich nur in einem größeren Zusammenhang darstellen, an dieser Stelle bleibt nur Raum für eine kurze, stichwortartige Aufzählung der wichtigsten Bauten:

Altes Marienstiftsgymnasium, Marienplatz − polnische Grundschule.

Altes Rathaus
Das Alte Rathaus auf dem früheren Heumarkt ist ein gotischer Bau aus dem 14./15. Jahrh., er wurde nach den Zerstörungen von 1677 im Barockstil umgestaltet und verblieb in diesem Zustand bis 1944. Der Bau brannte im letzten Kriege aus, erst 1972 wurde mit der Restaurierung begonnen, bei der unter dem z. T. abgefallenen Putz die alten gotischen Bauelemente freigelegt wurden. Der Südgiebel wurde in seinem Oberteil in barocker Manier wiederhergestellt, im Erdgeschoß öffnete man wieder die früher zugemauerten Lauben. An der Nordseite errichtete man einen stilisierten gotischen Giebel, der die ursprüngliche, aber nicht mehr genau zu dokumentierende Fassade andeuten soll. Im Inneren ist heute ein Museum zur Stadtgeschichte Stettins untergebracht, der Keller des Rathauses mit seinen schönen Sterngewölben ist eine „Metsiederei" (Weinlokal mit Nachtbar). Auch hier kann man sagen: Das Gebäude hat durch die Restaurierung absolut gewonnen − wenn nicht die ungepflegte, kahle Umgebung der früheren Unterstadt wäre. Zu diesem Rathaus gehört die einrahmende Bebauung eines Platzes und enger Gassen, nicht die „grüne Wiese".

Baumbrücke, einst die letzte Brücke über die Oder vor deren Mündung in die Ostsee, 1945 gesprengt. − Nach 1945 nicht wieder aufgebaut; ein Neubau als Hochbrücke mit langen Zufahrtsrampen auf der Lastadie und vom Königsplatz her ist im Gange, Fertigstellung erst in einigen Jahren vorgesehen.

Berliner Tor und Königstor
Stettin besitzt die einzigen barocken Stadttore Norddeutschlands. Sie wurden beide auf Anordnung des preuß. Königs Friedrich Wilhelm I. 1725 – 27 von Wallrawe erbaut. Das anfangs auch „Brandenburger Tor" genannte Berliner Tor (heute: „Hafentor") entstand anstelle des mittelalterlichen Neuen Tores. Es wurde im 2. Weltkrieg schwer beschädigt, doch ist der schöne Barockgiebel mit der lateinischen Inschrift (sie beginnt mit den Worten: Fridericus Wilhelmus, Rex Borussiae, ducatum Stetinensium . . .) wiederhergestellt worden. Das Königstor, einst Anklamer Tor genannt und nach Abriß des alten Mühlentores erbaut, blieb 1944/45 unversehrt. Die Polen verwendeten seit 1945 drei verschiedene Bezeichnungen für diesen Bau: „Piastentor", gelegentlich auch den alten Namen „Königstor" und „Tor der preußischen Huldigung" (in Erinnerung an die Tatsache, daß der Herzog von Preußen bis 1660 dem poln. König huldigen mußte – was allerdings mit Pommern und Stettin überhaupt nichts zu tun hat). Das Schwanken der Benennung zeigt deutlich die Unsicherheit der Polen bei ihrer Behandlung und Wertung der pommerschen Geschichte, besonders der preußischen Zeit, auf.

Hansabrücke (vor 1903 „Lange Brücke", daher auch die Langebrückstraße!). – Im April 1945 gesprengt, 1958 wiederum als Zug- und Klappbrücke in äußerlich veränderter Form wiederaufgebaut. Jetziger Name erneut „Lange Brücke", seit 1972 auch wieder von der Straßenbahn befahren.

Marienstiftshäuser – Fassade zum Königsplatz hin restauriert, dahinter moderne Wohnhäuser mit neuzeitlichen Wänden dem alten Marienstiftsgymnasium gegenüber, jetzt „Professorenhäuser" genannt.

Pommersches Landesmuseum, im alten Ständehaus am Königsplatz/Ecke Luisenstraße. – Nur geringe Kriegsschäden, jetzt „Nationalmuseum" (praktisch weiterhin das pommersche Landesmuseum).

Gebäude der *Preußischen Nationalversicherung* (später Germania-Versicherung), Roßmarkt. – Erhalten und als „Palais unter dem Globus" bezeichnet, Schule für Krankenpflege.

Ehemaliger herzoglicher *Reitstall,* Kleine Ritterstraße. – Nach Beseitigung der Kriegsschäden jetzt Bürogebäude.

St. Jakobikirche
Die weithin sichtbare St. Jakobi-Kirche ist die wichtigste Pfarrkirche Stettins. Nach einem alten Wort des Volksmundes sind die bedeutendsten Kirchen Pommerns: die Stargarder „Hohe", die Kolberger „Weite", die Camminer „Schöne" und die Stettiner „Große".
Die erste Gründung erfolgte im Jahre 1187 durch den deutschen Kaufmann Beringer, damals übernahm auch das Bamberger Michaeliskloster das Patronat über die Kirche. Doch dieser erste Bau ist nicht erhalten. Im 14. Jahrh. wurde mit dem Neubau einer großen Hallenkirche begonnen, die einen Chorumgang und eine zweitürmige Fassade aufwies. Nach dem 1456 erfolg-

*Bilder aus dem heutigen STETTIN: Oben links die in gotisierender Form wie-
derhergestellte Nordfassade des Alten Rathauses am Heumarkt. Oben
rechts Westseite und Turm der Jakobikirche. Unten: Blick zur Hakenterrasse.*

*Nur langsam ging der Wiederaufbau des STETTINER Schlosses voran.
Oben links: Der Turm der früheren Schloßkirche. Rechts: Der Uhrturm des
Bogislavbaues. Unten: Gesamtansicht von Westen.*

ten Einsturz des Südturmes wurde auch der Nordturm abgetragen und ein neuer, größerer Mittelturm 1504 vollendet. Der riesige Kirchenbau konnte 10 000 Menschen aufnehmen und zählte im Jahre 1568 über 50 Altäre. Seit etwa 1530 evangelisch, wurde die Kirche 1535 auch Sitz des evangelischen Generalsuperintendenten, sie war also Pommerns evangelische Bischofskirche. Die Belagerung von 1677 suchte auch die Jakobi-Kirche schwer heim: der in Brand geschossene hohe Turm stürzte auf das Kirchenschiff, durchschlug es und die Flammen verzehrten alles! Eine traurige Ruine blieb übrig. Doch der Gr. Kurfürst ließ die Kirche bald wiederaufbauen, wenngleich auch Stettin noch bis 1720 schwedisch blieb. Die Innenausstattung erfolgte nun in barocken Formen, der Turm wurde abgestumpft und mit 4 Ecktürmchen versehen. Erst 200 Jahre später, 1895, erhielt die Kirche wieder einen spitzen Turmhelm, der mit seinen 119 m Pommerns höchster Kirchturm war. Von 1820 − 66 wirkte an St. Jakobi kein geringerer als der Balladenkomponist Karl Loewe, sein Herz wurde in einem Pfeiler der Kirche in der Nähe der Orgel beigesetzt, er selbst ist in Kiel begraben − in der dortigen St. Nikolai-Kirche erinnert noch eine Gedenkstätte an ihn.

Der 2. Weltkrieg traf die Kirche schwer. Zuerst bauten die Polen den Chor wieder auf und errichteten eine provisorische Trennwand zum völlig zerstörten Mittelteil, 1972 − 75 wurde auch dieser wiederaufgebaut. Seit 1972 ist St. Jakobi Kathedrale des neuen katholischen Bistums Stettin-Cammin. Das Innere wirkt kahl und streng, die Vernichtung der barocken Innenausstattung ist ein schwerer Verlust. Als Hochaltar wird heute ein früher im Pommerschen Landesmuseum befindlicher Altar der Kolbatzer Klosterkirche benutzt. Der massige Turm ist nur noch 55 m hoch − wie vor 1895. Wiederaufgebaut wurde auch das gotische Prioratshäuschen neben der Kirche, doch nur die Giebel zeigen die alte Form, der Bau selbst ist modern.

St. Johanniskirche (1934 wegen Baufälligkeit geschlossen). − Nach Beseitigung der relativ geringen Kriegsschäden jetzt als Kirche St. Johannis d. Evangelisten katholische Pfarrkirche.

St. Peter- und Paulskirche, evangelische Pfarrkirche. − Heute Pfarrkirche St. Peter und Paul der polnisch-katholischen (von Rom getrennten) Kirche.

Schloß

Das einstige Residenzschloß der pommerschen Herzöge hat eine bewegte Baugeschichte hinter sich. Auf dem 1249 vom Herzog aufgegebenen und der Stadt dann überlassenen Burggelände erbaute Herzog Barnim III. 1346 ein „Steinhaus", das 1503 erneuert und vergrößert, 1575 − 77 umgebaut, 1619 erneut erweitert wurde und bis 1637 den Herzögen als Residenz diente. Die Belagerung von 1677 schadete dem Bau erheblich; vernichtet wurden dabei die schönen Renaissancegiebel des Bogislavbaues, die noch auf der Merian-'schen Ansicht von 1652 zu sehen sind. Nach 1720 in einfacheren Formen wiederaufgebaut, diente der weitläufige Bau zuletzt als Oberlandesgericht und als Sitz anderer Behörden. 1944/45 wurde das Schloß schwer zerstört, der Bogislavbau völlig. Der Wiederaufbau der Ruine ist in mehreren Abschnitten seit 1958 erfolgt und bis 1983 äußerlich abgeschlossen worden. Bei der Restaurierung haben die polnischen Denkmalpfleger die Zutaten des 18. und 19. Jahrh. beseitigt, ferner sind Stilelemente der Renaissance, die auf älteren Ansichten erkennbar sind, neu verwendet worden − der Bau ist also die Rekonstruktion eines früheren Zustandes, wobei zahlreiche Kompromisse eingegangen wurden. Störend wirkt dabei der glatte Verbindungstrakt zwischen Bogislavbau und Mittelflügel; im Ganzen aber hat das Schloß durch die Wiederherstellung gewonnen. Es ist heute das ,,Kulturhaus der Wojewodschaft" mit Ausstellungsräumen, Schloßcafé; in der Schloßkirche ist ein Konzertsaal eingerichtet und im Bogislavbau ist der Einbau eines Theaters durch mehrere Stockwerke hindurch im Gange.

Schweizerhof oder *Loitzenhaus* (mit der alten Stadtwaage und zwei Speicherhäusern). − Nach erheblichen Kriegsschäden wiederaufgebaut, jetzt vom ,,Staatlichen Lyzeum für Bildende Künste" genutzt.

Siebenmantelturm, vor 1945 nur als Turmstumpf mit aufgesetztem kleinem Wohnhaus in einem Hinterhof der Junkerstraße erhalten − 1964 vollständig als Stadtmauerturm mit Spitze (nach *vor*pommerschen Vorbildern!) rekonstruiert, jetzt freistehend. Die heute ,,Jungfrauenbastei der Sieben Mäntel" genannte Wehranlage beherbergt die Stettiner Filiale der ,,Polnischen Gesellschaft für Touristik und Landeskunde" (PTTK).

Stadtbibliothek an der Grünen Schanze. − Im Krieg erhalten geblieben, jetzt ,,Stanislaw-Staszic-Wojewodschafts- und Stadtbibliothek"; enthält derzeit ca. 800 000 Bände, davon 300 000 ,,in Fremdsprachen" (wohl deutsche Altbestände), 30 000 Altdrucke, eine ca. 1 600 Exemplare umfassende Sammlung alter Landkarten sowie 38 lateinische Inkunabeln (Frühdrucke aus der Zeit vor 1500, auch Wiegendrucke genannt).

Stadthaus, Magazinstraße. − Im Krieg nur geringe Schäden, jetzt Rektoratsgebäude der Medizinischen Akademie ,,Karol Swierczewski".

Stadttheater, am Königsplatz. − Im 2. Weltkrieg zerstört, Ruine nach 1945 von den Polen abgerissen; Ersatz soll das im Bau befindliche Theater im Bogislavbau des Schlosses werden.

Velthusensches oder *Wolkenhauersches Haus,* Sitz der Provinzialbank (Luisenstraße/Ecke Kl. Wollweberstraße). − Nach Kriegsschäden 1959 − 62 in alten, barocken Formen wiederaufgebaut, seither Sitz der ,,Feliks-Nowowiejski-Musikfachschule."

Wasserkunst auf dem Roßmarkt (barocker Springbrunnen aus dem 18. Jahrhundert). − Erhalten, jetzt nach dem polnischen Nationalsymbol als ,,Brunnen des weißen Adlers" bezeichnet (der auf dem Brunnen befindliche Adler war bei seiner Errichtung aber als Sinnbild des schwarzen − preußischen Adlers gedacht!).

Stettin im Spiegel der polnischen Statistik

Nach den neuesten Angaben der polnischen Statistik zählte Stettin am 31. 12. 1980 388 322 Einwohner. Damit hat sich die Bevölkerung gegenüber 1975, als 369 690 Personen gezählt wurden, um 18 632 Menschen vermehrt; das entspricht einer jährlichen Zuwachsrate von einem Prozent. Diese Zahlen können jedoch nicht direkt mit den Angaben aus der Zeit von vor 1945 verglichen werden, denn Stettin und „Szczecin" sind sich auch in dieser Hinsicht nicht gleich: Das Stadtgebiet der pommerschen Hauptstadt, das noch am 15. 10. 1939 durch die Auflösung des Kreises Randow und die Eingliederung der beiden Städte Altdamm und Pölitz sowie von 36 Landgemeinden erheblich (von 81,8 qkm auf 460,9 qkm) erweitert und damit zur flächenmäßig drittgrößten Stadt Deutschlands gemacht wurde, verkleinerten die Polen nach 1945 beträchtlich. Mit einem Gebietsumfang von 300 qkm ist Stettin aber auch heute eine der flächenmäßig größten Städte im polnischen Machtbereich.

Ausgegliedert wurden unter polnischer Verwaltung die Stadt Pölitz (die 1939 6437 Einwohner hatte, 1945 stark zerstört wurde und durch die seit 1964 im Gange befindliche Errichtung des großen Chemiekombinats bis 1980 auf 24 790 Bewohner angewachsen ist), die Dörfer Güstow, Pritzlow, Kurow, Hohenzahden, Karow, Mandelkow, Kl. Reinkendorf, Stöven, Möhringen (ohne die Siedlung, die bei Stettin verblieb), Völschendorf, Brunn (auch hier beließ man die Siedlung bei Stettin), Polchow, Alt Leese, Neuendorf, Zedlitzfelde sowie größere unbewohnte Waldflächen der Buchheide und Dammschen Heide.

Neu unter den Stettiner Ortsteilen ist heute das Dorf Jeseritz, das 1973 der Stadt zusammen mit Mühlenbeck und Buchholz, die ebenfalls nach 1945 ausgegliedert worden waren, zugeschlagen wurde. Auf diesem so umschriebenen jetzigen Stadtgebiet von Stettin lebten 1939 rd. 370 000 Einwohner, auf dem damaligen Stadtterritorium von „Groß-Stettin" (das aber nicht die amtliche Bezeichnung war!) waren es hingegen 382 984 Seelen, deren Zahl bis Ende 1940 sogar noch die 400 000-Einwohner-Marke überstieg!

Daraus ist im Vergleich zur obengenannten Zahl zu entnehmen, daß Stettin erst um 1975 den Vorkiegsstand in der Zahl seiner Bewohner wieder erreichte, also wesentlich später als etwa Danzig, das schon zu Beginn der 60er Jahre diese Marke übertraf. Diese Verzögerung ist auf den lange vernachlässigten Wiederaufbau zurückzuführen, der wiederum eine Folge der bis 1972 deutlich zu spürenden Unsicherheit der Polen hier *westlich* der Oder in Stettin war.

Noch in den Jahren 1945—1947 lebten in Stettin zahlreiche Deutsche, die z. T. in den knapp zwei Monaten nach der Eroberung durch die Rote Armee (26. 4. 1945) während der *deutschen* Verwaltung (die sowjetische Kommandantur hatte einen deutschen Kommunisten mit der Wiedereinrichtung einer Stadtverwaltung beauftragt; erst am 5. Juli (!) konnten die Polen nach zwei vorherigen vergeblichen Anläufen die Stadt in ihre Hand bekommen) nach Stettin zurückgekehrt waren, das sie während der Kämpfe verlassen hatten. Doch lassen wir die Zahlen im einzelnen sprechen, sie zeigen den schnellen Rückgang der deutschen Bevölkerung Stettins:

Jahr (jeweils 31.12.)	absolut	Deutsche in %
1945	62 500	70,6
1946	16 796	13,4
1947	4 050	2,9
1948	440	0,3

Diese nüchternen Zahlen lassen das unvorstellbare menschliche Leid, das hinter ihnen steht, kaum erahnen; keine ostdeutsche Großstadt – weder Breslau noch Danzig, schon gar nicht die oberschlesischen Industriegroßstädte – ist so schnell entdeutscht worden wie Stettin!

Man wird nicht fehlgehen, wenn man die Absicht der Polen, möglichst schnell vollendete Tatsachen zu schaffen, daraus entnimmt. Auch wird man sich dabei erinnern, daß in jenen Jahren sogar von Politikern aus der Sowjetischen Besatzungszone wie O. Grotewohl immer wieder eine Revision der Oder-Neiße-Linie gefordert wurde. Und schon der Blick auf eine x-beliebige Landkarte zeigt, daß dazu der beste Ansatzpunkt das diesseits der Oder gelegene Stettin ist! Und so pumpten die Polen möglichst rasch polnische Neuansiedler in die Stadt. Die folgende Statistik läßt das Wachstum der pommerschen Hauptstadt nach 1945 deutlich werden:

Jahr	Größe des Stadtgebietes in qkm	Einwohner
1939	461	382 984
1945	105	88 500
1946	224	125 500
1947	224	139 800
1948	302	144 800
1949	302	160 900
1950	302	179 900
1955	280	229 500
1960	284	273 000
1965	287	312 000
1970	282	337 400
1972	283	350 100
1974	300	364 000
1975	300	369 700
1980	300	388 322

Doch standen Aussiedler aus den polnischen Ostgebieten nicht in ausreichendem Maße zur Verfügung (weil diese Gebiete nur inselhaft polnisch besiedelt und insgesamt lediglich etwa 2 Millionen Menschen von der Umsiedlung betroffen waren – im Gegensatz zur Vertreibung von 10 Millionen Deutschen in Ostpreußen, Pommern und Schlesien!). Das zeigt auch klar eine Aufschlüsselung der polnischen Einwohner Stettins aus dem Jahre 1948 – *nach* dem Abschluß der polnisch-sowjetischen Umsiedlungsaktionen. Danach entfielen von der Gesamtbevölkerung Stettins auf

in Stettin geborene Kinder (unter 4 Jahren)	10,1 %
Umsiedler aus der UdSSR (Ost-Polen)	26,6 %
Reemigranten aus dem Westen	5,6 %
Zuwanderer aus Zentral-Polen	*57,4 %*
„Autochthone" (Deutsche)	0,3 %

Damit ist auch am Beispiel Stettins eindeutig die These widerlegt, Polen hätte der deutschen Ostgebiete bedurft, um seine eigenen Vertriebenen aus Ost-Polen aufnehmen zu können; ähnliche Zahlen aus anderen Gebieten und Städten Pommerns zeigen das gleiche Bild.

Auch noch andere Zahlen aus dem heutigen Stettin mögen Interesse erwecken: 1980 entfielen auf 100 Männer bereits 104,1 Frauen; 1905 waren es nur 101,9. Der Anstieg des Frauenüberschusses, der auch auf der Ebene der „Wojewodschaft" Stettin (101,5:102,6 in 1975:1980) zu beobachten ist, läßt auf einen Wanderungsverlust männlicher Personen zugunsten anderer Regionen, etwa Zentralpolens oder Oberschlesiens, schließen.

Auch die natürliche Bevölkerungsbewegung hat sich seit 1975 gewandelt: Die Zahl der Lebendgeburten stieg von 6615 (1975) auf 6903 (1980) an (darin sind auch die Kinder außerhalb Stettins lebender Mütter enthalten, die in Stettin zur Welt kamen); das ist eine Zunahme um 4,3 % gegenüber 1975. Die Säuglingssterblichkeit hat im gleichen Zeitraum rapide zugenommen (28,3 %!), die Zahl der Todesfälle stieg ebenfalls stark an (von 2439 auf 3044, d. h. um 24,8 %!). Das bedeutet per Saldo eine Verringerung des natürlichen Zuwachses von 1975 4176 Personen auf 1980 3859 Personen, mithin um 8,2 %. Auch die sinkende Zahl der Eheschließungen weist auf diese Erscheinung hin (1975: 4473, 1980: 3823 Fälle).

Aus diesen Zahlen ist wohl deutlich abzulesen, daß die erste Generation der polnischen Zuwanderer nach 1945 das durchschnittliche Sterbealter erreicht hat und allmählich abtritt. Es bleibt somit abzuwarten, ob Stettin schon Ende 1983, wie es eine Vorausberechnung sah, die Zahl von 400 000 Einwohnern wieder erreichen wird.

Das im Kriege zu 50 % zerstörte Stettin wies 1945 eine Trümmermenge von 3,5 Mill. Kubikmetern auf, deren Beseitigung bis heute noch nicht abgeschlossen ist. Im einzelnen ergaben sich folgende Schäden (nach einer Bestandsaufnahme der provisorischen polnischen Stadtverwaltung vom August 1945): 43,6 % aller erfaßten Objekte waren völlig zerstört, einen Zerstörungsgrad von mehr als 75 % bzw. von 50—75 % wiesen jeweils 5,5 % aller Baulichkeiten auf, 30—50 % zerstört waren nur 4,4 % und weniger als 30 % Zerstörungen (d. h. Beschädigungen) verzeichneten 10,5 % der Anlagen. Der Rest von 30,5 % war unbeschädigt geblieben.

Untersucht man die einzelnen kommunalen Versorgungszweige, so ergaben sich damals folgende Werte: Die Energieanlagen (Kraftwerke, Leitungsnetz, Schaltstationen) waren zu 80 % zerstört, die Anlagen des städtischen Verkehrs (Straßen, Brücken, Straßenbahngleise) brachten es auf 45 % — darunter alle Oderbrücken —, Gaswerke und -leitungen 40 %, Wassergewinnungsanlagen 30 % und Kanalisation 15 %. Alles in allem schwere Schäden, die besonders durch die verheerenden Bombenangriffe vom August 1944 und die Kämpfe um Stettin im April 1945 verursacht wurden.

In der Zeit von 1948 bis 1975 wurden 160 000 Wohnräume der Benutzung neu zugeführt, davon etwa 60 000 durch Altbaureparaturen (wobei offenbleibt, ob es sich um kriegszerstörte oder turnusmäßig reparierte Räume handelt) und 100 000 in Neubauvierteln.

Die Zahl der Wohnungen betrug 1980 106 154 Einheiten mit insgesamt 354 582 Wohnräumen, damit kamen auf jede Wohnung 3,5 Personen, für eine Person stand also nicht ganz ein Wohnraum zur Verfügung. Dabei sind die Küchen mitgezählt, eine Wohnung umfaßte somit 2,3 Zimmer ohne Küche im Durchschnitt. Durch den wirtschaftlichen Rückschlag der letzten Jahre muß damit gerechnet werden, daß die durchschnittliche Belegungsdichte der Wohnungen wieder ansteigt.

Literatur:
BIALECKI, Tadeusz: Szczecin. Rozwoj miasta w Polsce Ludowej (= Stettin. Die Entwicklung der Stadt in Volkspolen). Poznan (Posen) 1977
GAUSS, Werner: Liebes altes Stettin. Das Antlitz einer nicht vergessenen Stadt. Ein Erinnerungsbuch. 3. Aufl. Heilbronn 1953
KUNKEL, Otto und REICHOW, Hans B.: Stettin — so wie es war. Düsseldorf (1975)
VOLLBRECHT, Georg (Hrsg.): Stettin in 144 Bildern. Leer/Ostfriesld. 1957
WEHRMANN, Martin: Geschichte der Stadt Stettin. Reprint der Ausgabe Stettin 1911. Frankfurt/M. (1979)

Vom Oderland zum Ostseestrand

*(Stettin — Gollnow — Wollin — Swinemünde — Misdroy — Dievenow —
Cammin — Schwirsen — Hoff — Treptow/Rega — Kolberg — Greifenberg
— Stettin; 384 km)*

St. Marien zu Greifenberg (Zeichnung: Dr. Heinz Walsdorff)

Nach der Ausfahrt aus Altdamm folgt die Straße nach Gollnow der Land-
schaftsgrenze zwischen den moorigen Wiesen am Ostrand des 56 km² großen Dammschen Sees und den waldigen Ausläufern der Gollnower Heide, in
deren südwestlichen Zipfel, die Dammsche Heide, die Chaussee kurz nach
der Kreuzung der Stettin-Gollnower Bahn eintritt. Kurz hinter Hornskrug trifft
von Süden die 1939 erbaute Zubringerstraße zur weiter südlich verlaufenden
Autobahn nach Berlin, die sog. ,,Bäderstraße", auf die Gollnower Chaussee,
sie ist jetzt bis Gollnow autobahnähnlich ausgebaut (vierspurig) und führt an
dieser Stadt westlich in einem weiten Bogen vorbei. Etwa vom Püttkrug an
laufen Straße (die frühere R 2) und Bahn parallel, die Eisenbahn wurde bereits
auf elektrischen Betrieb umgestellt, so daß seit einigen Jahren die elektrische
Zugförderung bis Swinemünde möglich ist.
Ebenfalls parallel zu Bahn und Straße zieht sich ein endlos langes Straßen-
dorf hin, das eigentlich aus fünf kleineren Ortschaften an einer schnurgera-

den, 5 km langen Dorfstraße besteht (Groß und Klein Christinenberg, Rörchen, Klein und Groß Sophiental), die aber seit 1936 eine Gemeinde bilden: Christinenberg, ein typisch friderizianisches Kolonistendorf aus der Mitte des 18. Jahrh. Friedrich der Große ließ damals die sumpfig-sandige Bruch- und Heidewildnis zwischen Altdamm und Gollnow, die bis auf das am Dammschen See liegende alte Fischerdorf Lübzin unbewohnt war, urbar machen und in 16 neugegründeten Dörfern zahlreiche Kolonisten ansetzen, die in den nahen Wäldern der Gollnower Heide zusätzlich ihr Brot als Waldarbeiter oder durch Sammeln von Pilzen und Beeren verdienten.

Die Gollnower Heide ist ein riesiges, 630 km^2 großes Waldgebiet im Nordosten von Stettin, sie erstreckt sich von der Plöne in einiger Entfernung vom Dammschen See bis über Gollnow und die Ihna hinaus nach Norden ins Camminer Land hinein. Schon im Mittelalter wird sie als Einöde unter dem Namen Golinog erwähnt. Diese Landschaft mit ihren sterilen, teils zu Binnendünen aufgewehten Flugsanden war bis ins 18. Jahrh. hinein tatsächlich eine Heide, durchsetzt mit spärlichem Baumwuchs (Kiefern, Birken). Erst die planmäßigen Aufforstungs- und Waldschutzmaßnahmen der preußischen Verwaltung des 18./19. Jahrh. haben aus ihr eine ,,Kiefernheide" gemacht, deren Holz im nahen Gollnow verarbeitet wurde. Die Ihna teilt sie in einen südlichen und einen nördlichen Teil.

GOLLNOW

Das spätgotische Wolliner Tor, mit seinen 26 m Höhe eines der größten Stadttore in Pommern, erinnert noch daran, daß Gollnow einst eine wichtige Hafen- und Handelsstadt war, die im Mittelalter der Hanse angehörte. Für die damals üblichen, recht kleinen Schiffseinheiten war die Ihna schiffbar, so daß die Stadt in Verbindung mit ihrer wasser- und waldreichen Umgebung ein wichtiger Umschlagplatz für Holz, Korn und Salz wurde. Der Name ,,Golinog" erscheint erstmals zwischen 1220 und 1227, wohl als Bezeichnung einer Landschaft und bedeutet im Pomoranischen svw. ,,mitten im Walde", was bis heute ja seinen Sinn nicht verloren hat. Wenig später gründete der pommersche Herzog Barnim I. hier eine Stadt. Diese ,,neue Stadt Gollenog, die jetzt Vredeheide genannt wird" erhielt 1268 magdeburgisches Stadtrecht, das 1314 durch lübisches Recht ersetzt wurde. Doch hielt sich der neue deutsche Name nicht, er erscheint nur noch einmal (1271) urkundlich – der alte Landschaftsname blieb fortan an dem neuen städtischen Gemeinwesen haften.

Den Grundriß Gollnows bildet eine Ellipse mit gitterförmigem Straßennetz. Die Stadt wurde von einer Ringmauer mit zahlreichen Wiekhäusern, Türmen und Toren geschützt, von denen bis heute, nach Beseitigung der umfangreichen Kriegsschäden, noch der Pulver- und der Münzturm sowie das schon erwähn-

Das Rathaus zu CAMMIN von Süden (oben links). Die Stadtseite des Wolliner Tores in GOLLNOW (oben rechts). Blick zur Ruine der Nikolaikirche in WOLLIN (unten).

te prachtvolle Wolliner Tor erhalten sind. Auch die mittelalterliche St. Katharinenkirche wurde 1957–59 wiederhergestellt. Ansonsten bietet die Gollnower Altstadt einen tristen Anblick. Der Wiederaufbau vollzog sich in simplen, dem historisch gewachsenen Stadtgefüge unangemessenen Formen: Moderne, klobige Wohnblocks prägen nun die Innenstadt, das Rathaus wurde nicht wiederaufgebaut, der Marktplatz wirkt jetzt profillos und kahl. Die nach 1945 bunt zusammengewürfelte Bevölkerung (es waren auch viele Nichtpolen darunter) hat bis heute auf 18 000 Bewohner zugenommen und damit die einstige deutsche Einwohnerschaft (1939: 13 740) übertroffen. Heute wie früher spielt das Holz in der Wirtschaft der Stadt eine wichtige Rolle, seit einiger Zeit befindet sich bei Gollnow auch der Flughafen von Stettin (im Norden der Stadt).

Gollnow war von 1954 bis 1975 Sitz eines polnischen Starosten (Landrat), der zugehörige Kreis war aus dem Westteil des alten Naugarder Kreises, dem Süden des Kreises Cammin sowie einiger Gemeinden des Saatziger Kreises gebildet worden; diese neue Funktion hat wesentlich zum Wachstum der 1945 zu 60 % zerstörten Stadt und zu ihrem Wiederaufbau beigetragen.

Vom Wolliner Tor aus führte die Fahrt weiter nach Norden, auf der alten, nach Wollin und Cammin führenden Landstraße durch Münchendorf mit seiner schönen Fachwerkkirche, bei Hammer ging es dann über die jetzt für den Personenverkehr stillgelegte Kleinbahn Kantreck-Stepenitz und den Gubenbach, weithin begleitet von riesigen Wäldern, dem nördlichen Teil der Gollnower Heide. Auch hier liegen verstreut in den Forsten Kolonistendörfer aus der friderizianischen Zeit, wie Hackenwalde, Kattenhof, Amalienhof und Gollnowshagen. Vor dem 18. Jahrh. war dieser Landstrich eine einzige Wald-, Heide- und Sumpflandschaft. Erst jenseits des Gubenbaches beginnt mit Kantreck die Reihe der alten Gutsdörfer des Camminer Landes, die zumeist den adligen Familien der *Köller* und *Flemming* gehörten; letztere weisen mit ihrem Namen wohl auf die flämische Herkunft hin, sie gaben dem bis 1816 hier bestehenden Verwaltungsbezirk sogar ihren Namen: ,,Flemmingscher Kreis".

Die Straße führte uns dann durch das alte, als dreieckiges Platzdorf angelegte Pribbernow, dessen alte, aus Feldsteinen erbaute, im 17. Jahrh. erneuerte Kirche auf dem von einer Feldsteinmauer umgebenen früheren Friedhof inmitten des Dorfes steht, weiter zur Weggabelung von Parlowkrug, wo die Straßen nach Wollin (die frühere R 111) und Cammin (R 165) sich verzweigen. Wir wollen im Folgenden einen Abstecher nach Wollin-Swinemünde machen und die Inseln Usedom und Wollin besuchen.

Die Landstraße folgt nun auf knapp 10 km der jetzt zweigleisig ausgebauten Bahnlinie Stettin–Wietstock–Swinemünde, die bei Wollin die Dievenow, den östlichen Odermündungsarm, auf einer neuen, hohen Eisenbahnbrücke überquert; sie wurde in den letzten Jahren erbaut und ersetzt die alte, die Schiffahrt behindernde niedrige Brücke. Auch eine neue Straßen-Zugbrücke verbindet die Insel Wollin mit dem Festland: Die Fernstraße führt jetzt in gerader Linie, ohne den Umweg durch das Dorf Hagen, auf die gegenüberliegende Stadt Wollin zu.

WOLLIN

Wollin — Julin — Jumne — Jomsburg — Vineta, viele Namen für eine heute bescheiden, ja ärmlich wirkende Stadt! Wenn man das jetzige „Wolin" besucht, kann man sich kaum vorstellen, einen der historisch bedeutendsten Orte Pommerns vor sich zu haben. Wollin, das heute kaum die Bezeichnung „Stadt" verdient, wurde 1945 durch sowjetischen Beschluß nahezu völlig (70 %) zerstört, die Front verlief für einige Zeit in der Dievenow, so daß der Ort ständig dem tödlichen Trommelfeuer ausgesetzt war, die Innenstadt wurde dabei völlig vernichtet.

Kahle Flächen im Zentrum der Stadt zeigen bis heute an, daß sich in den vergangenen 35 Jahren der polnischen Herrschaft seit 1945 hier nur wenig getan hat. Die Trümmer wurden weggeräumt, die Flächen eingeebnet und in Grünanlagen verwandelt. Wollin litt lange unter der Untätigkeit der polnischen Behörden, die anfangs der Meinung waren, die Stadt solle sich darauf beschränken, Stützpunkt und Wohnort für polnische Fischer zu sein. Dementsprechend langsam gestaltete sich die Wiederbesiedlung: 1950 zählte sie nur 1361, 1960 erst 2435 und auch 1974 nur 3114 polnische Bewohner, damit war die deutsche Bevölkerungszahl von 1939 (4800) gerade zu 66 % erreicht.

Die 1945 zerstörte St. Georgen-Kirche wurde abgerissen, die Ruine der ebenfalls zerstörten St. Nikolai-Kirche hat man gesichert, sie steht bis heute nicht wiederaufgebaut in einer leeren Stadt. Das kleine Rathaus wird wieder benutzt — das ist so ziemlich alles, was man über das heutige Wollin sagen kann. Das lassen auch die nach dem Krieg veröffentlichten polnischen Reiseführer ahnen, denn dort ist sehr viel von einer frühen slawischen, bei den Polen gleichbedeutend mit „polnischen" Vergangenheit die Rede, aber nur wenig vom gegenwärtigen Wollin.

Tatsächlich hat Wollin in slawischer Zeit eine bedeutende Rolle als Handelsplatz gespielt, der oft von Wikingern aufgesucht wurde und in den nordischen Sagen unter dem Namen „Jomsburg" (= Jumnesburg, unter dem Namen Jumne erscheint es auch bei Adam von Bremen) erwähnt wird, es ist gewissermaßen das „pommersche Haithabu". Auch die berühmte Vineta-Sage wurde neben vielen anderen Orten lange mit Wollin in Verbindung gebracht, erst die umfangreichen Ausgrabungen in den 30er Jahren haben gezeigt, daß Wollin wirklich im 10.—12. Jahrhundert eine bedeutende slawisch-wikingische Siedlung war und daß seine Deutung als Vineta = Wendenstadt wohl der geschichtlichen Wirklichkeit entspricht. Diesen wichtigen Handelsplatz suchte auch 1124 Otto von Bamberg bei seiner Missionsreise nach Pommern auf, er gründete hier zwei Kirchen und bestimmte Wollin zum Sitz des geplanten pommerschen Bistums, das ein Jahr nach seinem Tode (1140) hier erichtet wurde. Die Bischofskirche war vielleicht der Vorgängerbau der späteren, 1945 vernichteten St. Georgen-Kirche.

Doch die vielen Angriffe der Dänen auf Wollin und die damit verbundenen Zerstörungen veranlaßten viele Bewohner wegzuziehen, so wurde auch 1175 das Bistum nach Cammin verlegt. Wollin wurde ein unbedeutender Ort, der erst durch die Gründung einer deutschrechtlichen Stadt neben der alten Slawensiedlung wieder Bedeutung erlangte (vor 1279). 1485 wurde hier der „doctor Pomeranus" Johannes Bugenhagen geboren, er war neben seiner Tätigkeit als Reformator (er führte außer in seinem Heimatland Pommern auch in Braunschweig, Hamburg, Schleswig-Holstein und Dänemark die Reformation ein) auch als Bibelübersetzer (ins Niederdeutsche) und Geschichtsschreiber tätig.

Die Insel Wollin, die wir nun durchqueren, ist mit einer Größe von 245 km^2 (= um ein Drittel größer als Fehmarn) nach Rügen und Usedom die drittgrößte deutsche Insel. Sie wird durch die Odermündungsarme Swine und Dievenow gebildet und riegelt zusammen mit ihrer westlichen Nachbarinsel Usedom das Stettiner Haff von der Ostsee ab. Landschaftlich zerfällt sie in drei Teile: Den äußersten Westen bildet eine von Dünen und moorigen Böden aufgebaute, geologisch sehr junge Halbinsel: Sie ist das Ergebnis des Verlandungsprozesses der „Swinepforte" und stößt im Osten ohne Übergang an die nach Westen steil abfallende Endmoräne, die, die zweite Wolliner Landschaftseinheit bildend, sich in N-S-Richtung erstreckt und gegen das Haff bei Lebbin und vor allem bei Misdroy gegen die Ostsee eine mächtige, bis zu 95 m hohe Kliffküste bildet. Die höchsten Erhebungen dieses landschaftlich außerordentlich reizvollen bewaldeten Moränenzuges erreichen bis zu 115 m. Dieses Gebiet haben die Polen 1960 zu einem 47 km^2 großen „Nationalpark Wollin" erklärt. Nach Osten hin folgt eine flachere Grundmoränenlandschaft, die vor allem am westlichen Ufer der Dievenow von zahlreichen Mooren durchsetzt ist.

Von den Anhöhen der Mokratzer Berge bei Soldemin eröffnet sich nach Süden zu ein großartiger Blick auf das Stettiner Haff, kurz hinter dem alten Kirchdorf Dargebanz tritt die Chaussee in den Misdroyer Forst ein, den sie erst nach etwa 10 km auf steiler, abschüssiger Trasse am Westhang der Lebbin-Misdroyer Endmoräne – einem fossilen Kliff – verläßt, um dann bis Ostswine parallel zur Bahnlinie Stettin–Swinemünde ein mit Kiefern bestandenes Dünengebiet zu durchqueren. Bei Pritter ist in den letzten Jahren ein großer Verschiebebahnhof entstanden, auch er ist ein Beweis für die heutige große Bedeutung dieser Strecke.

So warb man damals: Ein Prospekt des Landesfremdenverkehrsverbandes Pommern aus dem Jahre 1939 für SWINEMÜNDE

SWINEMÜNDE

Stettins Vorhafen und Deutschlands einst größtes Ostseebad liegt heute „auf der falschen Seite". Die unsinnige, jeder Vernunft widersprechende und nur dem Machtsanspruch des Siegers genügende Grenzziehung von 1945 trennt die *westlich* der Swine, dem Hauptmündungsarm der Oder, gelegene Stadt von ihren natürlichen Verbindungen auf der Insel Usedom ab. Von der 445 km² großen Insel steht heute ein 90 km² großer Zipfel mit Swinemünde unter polnischer Herrschaft, die frühere direkte, zweigleisige Bahnlinie nach Berlin und ihre Weiterführung nach Ahlbeck ist demontiert − der Swinemünder Hauptbahnhof hat heute keine Gleise mehr. Die Reichsstraßen 110 und 111 sind beim Übergang über den die Grenze bildenden Torfgraben kurz vor dem Golm bzw. kurz vor Ahlbeck unterbrochen; im Zuge der letztgenannten Straße war seit 1967 ein „kleiner Grenzverkehr" für Fußgänger zur DDR eingerichtet, bis auch dieser durch die Absperrungsmaßnahmen Ost-Berlins im Spätherbst 1980 fast völlig unterbunden wurde − sehr zum Ärger der polnischen Taxifahrer, die davon profitiert hatten.

Swinemünde ist heute auf dem Landwege nur von Osten zugänglich − über Fähren! Der unmittelbar am Ostufer der Swine gelegene Bahnhof Ostswine ist

Am Strand von SWINEMÜNDE: der südlichste Teil der Ostsee!

heute Endpunkt zahlreicher Schnellzugverbindungen nach Posen, Warschau und sogar Kattowitz. Doch befindet sich die Stadt seit 1945 in einer Abseitslage, die vor allem neben den starken, 55 % der Bausubstanz vernichtenden Kriegszerstörungen (ein verheerender, auf sowjetische Anforderung hin geflogener amerikanischer Angriff von 671 Bombern auf das Stadtzentrum forderte am 12. 3. 1945 in der von Flüchtlingen überfüllten Stadt mindestens 10 000 Todesopfer, die in Massengräbern am Golm ihre letzte Ruhe fanden), die hauptsächliche Ursache für die nur sehr zögernde Wiederbesiedlung durch die Polen ist. Diese schlechte Verkehrslage ist erst in letzter Zeit durch eine Tragflächenbootverbindung nach Stettin besser geworden, die Fahrt oderaufwärts dauert nur 70 Minuten.

Das riesige Stadtgebiet reicht seit der polnischen Gebietsreform von der Oder-Neiße-Linie auf Usedom bis zum Ostrand des Wolliner Nationalparks in der Mitte der Insel Wollin (diesen einschließend) und umfaßt also auch Kaseburg, Pritter, Lebbin und sogar Misdroy. Auf diesem 314,0 km² großen Areal, dem drittgrößten Stadtgebiet im heutigen Polen, leben aber nur (1978) 45 000 Bewohner, d. h. 5000 mehr als 1939. Nur langsam stieg die Einwohnerzahl nach dem Kriege an: Swinemünde zählte 1950 erst 5441, 1960 16988 und 1970 27903 Einwohner, vor dem Kriege waren es auf dem um 15mal kleineren Stadtgebiet 30239 Deutsche.

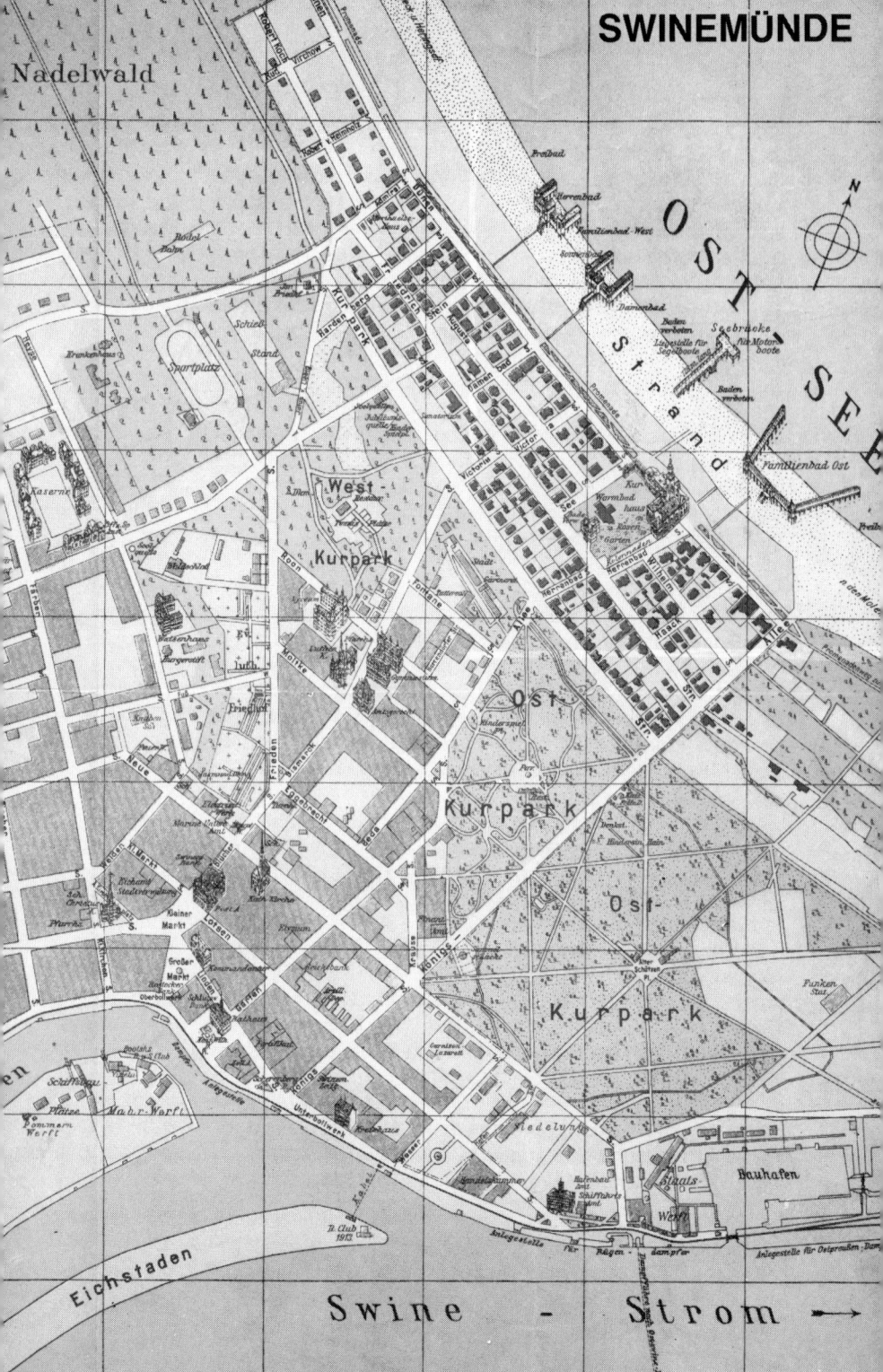

SWINEMÜNDE

Swinemündes einstiger Glanz als Ostseebad ist dahin, vom Kurhaus blieb nur die Konzertmuschel, heute am Rande des Badeviertels gelegen. Die früheren Hotels und Pensionen sind heute Ferienheime der staatlichen Massenorganisationen bzw. der volkseigenen Betriebe, Proletarisierung und Veröstlichung sind unverkennbar. Von einer ,,Normalisierung" des Lebens, auch unter polnischen Verhältnissen, kann jedoch keine Rede sein. Die nahe Grenze liegt nach wie vor wie ein schwerer Schatten über der Stadt, auch die verstärkten Anstrengungen beim Hafenausbau (neue Basis für die Hochseefischerei, Erzhafen) und der Industrialisierung (Fischverarbeitungskombinat) haben daran nicht viel ändern können.

Das Stadtbild weist noch immer die Spuren des Krieges auf: Die Häuser am Unterbollwerk fehlen fast vollständig und damit der charakteristische Anblick der Hafenstadt Swinemünde, Großer und Kleiner Markt mit der nahen Christuskirche sind jedoch nach wie vor das Herz der Stadt. Der Straßenzug Blücher-Bismarckstraße bildet wie einst den wichtigsten Zugang zum Strand, doch fehlt in der jetzt ,,Straße der Helden von Stalingrad" genannten Allee heute so manches Haus, auch von der Lutherkirche ist nur der Turm übriggeblieben.

Swinemünde war auch vor 1945 eine Stadt ohne bedeutende historische Baudenkmäler, doch war es eine saubere und geordnete Stadt. Sie verdankt ihre Entstehung der Tatsache, daß 1720 die Inseln Usedom und Wollin die schwedische Herrschaft mit dem preußischen Zepter vertauschten: Da die Grenze nun in der Peene, dem damaligen Hauptarm der Oder, verlief, ließ Friedrich der Große die nunmehr zur Gänze preußische Swine regulieren und gründete neben dem alten Dorf Westswine einen neuen Hafen mit einer Stadt, die 1743 den Namen ,,Schwienemünde" (seit 1800 ,,Swinemünde") erhielt und 1765 mit städtischen Gerechtsamen versehen wurde. Der regelmäßige Grundriß dieses ältesten Stadtteiles an der Swine scheint noch heute auf dem Stadtplan durch. Sehr bald kam neben dem Schiffsverkehr die Bedeutung als Badeort hinzu: 1829 entstand das erste Seebad, ab 1890 der Stadtteil Swinemünde-Bad, das Solbad wurde 1895 eröffnet. Auch die nötigen Verkehrsverbindungen ließen nicht lange auf sich warten: 1826 fuhr der erste Dampfer, 1876 rollten die ersten Züge (durchgehender Verkehr nach Berlin über Ducherow) und seit 1927 war Swinemünde auch ans Luftverkehrsnetz angeschlossen. 1939 griff die Stadt mit der Eingemeindung von Osternothafen, Ostswine und Werder erstmals auf Wolliner Gebiet hinüber. Seit 1863 war die Kreisstadt des Insel-Kreises Usedom-Wollin auch Festung (Marinestützpunkt).

Auf dem Rückweg wollen wir nun die Route über Misdroy—Dievenow nach Cammin nehmen, durch die Badeorte an der Ostseeküste und durch die wunderschönen Laubwälder im nördlichen Teil der Misdroy-Lebbiner Endmoräne. Die Straße zweigt bei Liebeseele von der Wollin-Swinemünder Chaussee

ab und führt in nördlicher Richtung unter der jetzt auf einen hohen Damm verlegten Bahn Stettin−Wietstock−Swinemünde hindurch nach Misdroy.

MISDROY

Vor dem Kriege war Misdroy eines der meistbesuchten deutschen Ostseebä-
der (1938: 452857 Übernachtungen, 38050 Gäste). Seine Lage ist außerordentlich günstig und reizvoll: Im Osten und Nordosten lehnt sich der Ort an die
rasch ansteigende Misdroy-Wolliner Endmoräne an, die bis über 100 m ansteigenden Höhen gewähren Schutz vor Ost- und Nordostwinden. Dieser
mächtige Höhenrücken fällt nach Norden in einer gewaltigen Kliffküste (Kaf-
feeberg 68 m, Gosanberg 95 m) zur Ostsee ab, unmittelbar westlich davon
dehnt sich ein breiter steinfreier Strand bis zur Swinemündung aus. Weite
Waldungen (Kiefern im ebenen Dünengelände im Westen, Eichen-Buchen-
Hochwald auf der Moräne im Osten und Wiesen (im Süden bei Liebeseele)
umgeben Misdroy von drei Seiten, die Ostsee im Norden tut es auf der vierten.
Der Ort ist hübsch und weitläufig angelegt, die zahlreichen Hotels, Pensionen,
Heime und Villen mit ihren baumreichen Parks machen Misdroy wirklich zu einem Ferienort im Grünen. So nimmt es nicht wunder, daß ein Reiseführer
aus der Vorkriegszeit feststellen konnte: ,,Misdroy wird von den besten Ge-
sellschaftsschichten besucht (besonders viel Frauen und Kinder); das Bade-
leben trägt im allgemeinen den Stempel vornehmer Behaglichkeit, trotzdem
ist es zwanglos."
Dabei hat alles einmal ganz klein und bescheiden angefangen: Erst um 1550
erscheint der Name, der wohl ,,zwischen den Quellen" bedeutet, erstmals urkundlich. Jahrhundetelang war das Dorf ein unscheinbarer Ort, der durch die
ständigen Sandverwehungen von den (damals noch unbefestigten) Dünen im
Westen gefährdet war. 1835 entstand hier ein bescheidener Badebetrieb,
1850 wurden schon 500 Badegäste gezählt. Die erste Kirche wurde 1862 geweiht und nach 1870 erfolgte die allmähliche Parzellierung und Bebauung des
Dünengeländes. Nach dem Bau der Eisenbahn (1899) entwickelte sich Misdroy rasch: 1907 entstand die Kaiser-Friedrich-Brücke, die allerdings 1914
erneuert werden mußte. Der Ausbau ging auch nach dem ersten Weltkrieg
weiter: 1921 wurde die Röchling-, 1929 die Quistorp-Promenade angelegt.
Dementsprechend entwickelte sich die Bevölkerung: Wurden 1862 erst 440
Seelen gezählt, waren es 1905 bereits 2115, 1925 3664 und 1939 schließlich
4145 Einwohner.
Doch die Idylle und Beschaulichkeit war 1945 dahin. Auch Misdroy wurde von
der Sturmflut des 2. Weltkrieges erfaßt. Die deutsche Bevölkerung wurde vertrieben und wenn auch die Kriegszerstörungen verhältnismäßig gering waren,
so geriet doch seither manches in Verfall und wurde ohne Not abgerissen (so

31

Schöne Grüße von „Anno dazumal" aus Misdroy (1898)

etwa das Postamt, die Baltenschule u. a.). Misdroy wurde zu einem Kurort für die „Werktätigen Polens", die früheren privaten Hotels und Pensionen wandelte man in Ferienheime und Sanatorien von Betrieben und Massenorganisationen um. Die Verplanung und damit Reglementierung des Urlaubs der Menschen im sozialistischen Sinn führte auch in Misdroy zu einer Vermassung mit all ihren Folgen: Ein polnischer Reiseführer rühmt den Ort heute als „großes Seebad und Kurort, der jährlich etwa eine halbe Million Besucher zu verzeichnen hat". 1947 haben die Polen dem Ort sogar Stadtrecht verliehen – um es ihm 1973 durch die widersinnige Eingemeindung in das 17 km entfernte Swinemünde wieder zu nehmen. Die Einwohnerzahl hat mit ca. 5000 Personen den Vorkriegsstand leicht überschritten.

Groß sind in Misdroy heute auch die Namen, nicht etwa der Besucher, sondern der Straßen. Darin ähnelt es zahllosen anderen Orten im kommunistischen Machtbereich, auch Polen macht darin keine Ausnahme. Eine bunte Serie von Namen aus allen Epochen der polnischen Geschichte wurde dabei bemüht, aber auch die pflichtschuldigst zu erwähnende Brüderschaft mit der Sowjetunion wie auch die Beschwörung der jüngsten Vergangenheit sind heute vom Stadtplan abzulesen. Sicher haben wir auch unseren Bismarck (von der Zeit nach 1933 soll hier nicht die Rede sein) und unsere preußischen Könige als Straßennamen gehabt, doch das nimmt sich bescheiden gegen den heute üblichen Byzantinismus östlicher Prägung aus:

So wurde aus der schlichten Strandpromenade eine „Straße der Stalingradkämpfer", aus der Dünenstraße die „Straße der 1000jährigkeit des Polnischen Staates", aus der Neuen Lindenstraße die „Straße der Polnischen Armee", aus der Parkstraße die „Straße des 1. Mai", aus der Stettiner Straße die „Straße der Freiheit", aus der Bergstraße die „Straße des Sieges" und aus dem Herrensteig die „Kopernikusstraße". Diese aufgeblasene Nomenklatur gerät durch ihre ständige Wiederholung zu einer allmählich inhaltlosen, formelhaften Beschwörung einer Geschichte, die hier nie standfand.

Unweit des Kaffeeberges führt die Straße auf die Höhen der Endmoräne in zahlreichen Windungen hinauf, begleitet von schönen Laubwäldern. Sie verläuft nahe am Jordansee vorbei, einer besonderen landschaftlichen Schönheit, manche glauben sogar in ihm den von Tacitus in seiner Germania genannten Ort des Nerthus-Kultes zu sehen. Neuendorf auf Wollin und das alte Kolzow mit seiner malerischen Kirchenruine werden dann berührt, schließlich das zwischen der Ostsee und dem Koperow-See gelegene Ostseebad Heidebrink und endlich West-Dievenow, den östlichsten Ort der Insel Wollin. Auf einer neuen Zugbrücke über die hier 300 m breite Dievenow führt die Straße dann wieder auf das hinterpommersche Festland.

DIEVENOW

Dievenow gab es gleich fünfmal: Auf Wollin West-Dievenow, auf einer schmalen Nehrung des hinterpommerschen Festlandes Ost- und Berg-Dievenow, und am Ostrand des Fritzower Sees noch Walddievenow, das früher auch Klein-Dievenow hieß. Schließlich − nicht zu vergessen − die Dievenow selbst, der östlichste der drei Odermündungsarme und Namensgeber für die vier vorgenannten Orte. 1935 hat man Ost- und Bergdievenow zu einer Gemeinde zusammengelegt − Dievenow. 1939 zählte sie 1587 Einwohner.

Fünfmal Dievenow! Das konnte man auch durch folgende Gleichung ausdrükken: Wasser + Sand + Sonne + Wald + Erholung = Dievenow. Das Ostseebad besitzt einen herrlichen Dünenstrand und Badegrund und hat wegen des kräftigen Wellenschlages infolge seiner Nordwestlage einen nordseeartigen Charakter. Seit 1895 ist der schon 1828 zum Baden ausgesuchte Ort auch Solbad. 1898 wurde die Kirche erbaut, sie wurde im 2. Weltkrieg zerstört und in den Jahren 1976/78 durch einen Neubau ersetzt. Dievenow ist heute eine stadtähnliche Siedlung mit 3700 Einwohnern, zu der jetzt auch Heidebrink, West-Dievenow, Wald-Dievenow und Lüchenthin gehören. Die Zahl der jährlichen Touristen wird mit 250000 angegeben (1938: 17330 Gäste mit 258579 Übernachtungen).

Nach einigen Kilometern durch schönen Nadelwald mit reizvollen Durchblikken zum Fritzower See, der nördlichsten Ausbuchtung des Camminer Boddens, ging es durch Walddievenow, das einst ein Vorwerk des Gutes Fritzow war und sich erst um 1900 zu einem Badeort entwickelte. Die Landstraße biegt hier nach Süden ab und erreicht dann das Dorf Fritzow, dessen Kirche 1945 zerstört wurde, die Ruine ist noch erhalten. Bald nach Überquerung der Soltiner Höhen wurde dann über die weite Bucht der Karpin hinweg die charakteristische Silhouette der alten Bischofsstadt Cammin mit ihrem Dom sichtbar.

CAMMIN

Cammin erscheint bereits in der nordischen Knytlinga-Sage als ,,Steinburg", eine Bezeichnung, die wohl auf den großen Findling am Nordufer der Insel Gristow, den geheimnisumwitterten sog. Bischofsstein, zurückzuführen ist. Auch die Pomoranen haben ihn wohl zur Namensgebung benutzt, bedeutet doch Kamien so viel wie Stein. Erstmals 1107 in den Kämpfen der Polen gegen die Pommern genannt, gewann der Ort im ausgehenden 12. Jahrh. eine große Bedeutung als Residenz der pommerschen Herzöge; diese Funktion war auch 1175 der Grund für die Verlegung des 1140 in Wollin gegründeten pommerschen Bistums in das vor den Dänen sichere Cammin.
Damit begann Cammins große Zeit. Der Herzog zog zwar bald nach Stettin, doch der Bischof gab dem Ort Rang und Glanz, so daß sich auch hier im 13. Jahrh. deutsche Kaufleute niederließen, deren Siedlung 1274 das lübische Stadtrecht mit der Rechtsberufung nach Greifswald erhielt. Diese neue Stadt entstand neben dem alten wendischen Burgflecken, in dem auf dem Gelände der herzoglichen Burg schon 1175 mit dem Bau des Domes begonnen worden war. Diese sog. Wiek war später im Besitz dreier Herren: zum kleinsten Teil der Stadt (Ratswiek), teils gehörte sie dem Domkapitel (Kapitelswiek), teils dem Herzog (Amtswiek).
Der Dom war St. Johannis dem Evangelisten geweiht und weist in seinem Grundriß wie auch an der Nordwand (die ältesten erhaltenen steinernen Bauteile Pommerns) und im Chor noch romanische Formen auf. Der nördlich der Kirche anschließende Kreuzgang ist der einzige erhaltene in Pommern. Der Weiter- und Ausbau des 13./14. Jahrhunderts erfolgte in gotischen Formen, von besonderer Schönheit zeigt sich dabei die Südwand mit ihren zierlichen Giebeln, Türmchen und Bögen. Von der erhaltengebliebenen wertvollen Innenausstattung mag hier nur auf den aus dem 16. Jahrh. stammenden spätgotischen Schnitzaltar, die prachtvolle barocke Orgel von 1669 und die ebenfalls barocke Kanzel von 1683 hingewiesen werden. Der Dom ist Begräbnisstätte von mindestens fünf Mitgliedern des pommerschen Herzogshauses und von acht Bischöfen. Merkwürdig ist das Schicksal des Turmes: Im 30jährigen Krieg zusammengefallen, wurde er 1649 erneuert, aber 1803 wegen Baufälligkeit bis auf das Portalgeschoß abgebrochen, dieses erhielt ein Notdach. 1847—50 erfolgte ein Neubau in gotischen, aber unproportionierten

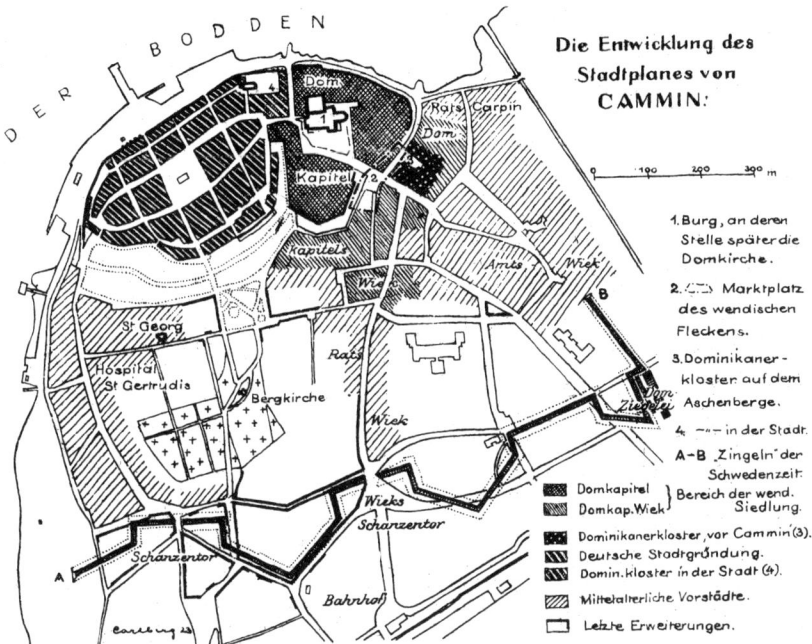

Die Entwicklung des Stadtplanes von CAMMIN:

0 100 200 300 m

1. Burg, an deren Stelle später die Domkirche.
2. ⟨⟩ Marktplatz des wendischen Fleckens.
3. Dominikaner- kloster auf dem Aschenberge.
4. –··– in der Stadt.
A–B Zingeln der Schwedenzeit:

▓ Domkapitel ⎫ Bereich der wend.
▨ Domkap.Wiek ⎭ Siedlung.

▓ Dominikanerkloster, vor Cammin (3).
▨ Deutsche Stadtgründung.
▨ Domin.kloster in der Stadt (4).
▨ Mittelalterliche Vorstädte.
▢ Letzte Erweiterungen.

Der historische Stadtplan von Cammin zeigt deutlich das Wachstum der Stadt: Der Dom entstand im älteren slawischen Burgflecken (kreuzweise schraffiert), westlich daneben entwickelte sich seit dem ausgehenden 13. Jahrh. auf regelmäßigem Schachbrettgrundriß die deutsche Bürgerstadt mit ihrem großen quadratischen Marktplatz in der Mitte. (Aus: Unser Pommerland, Sonderheft Cammin, 8. Jg. 1923)

Formen, der 1936 durch einen westwerkähnlichen Bau mit Satteldach ersetzt wurde, der wesentlich besser zum romanisch wirkenden, eher gedrungenen Bau paßt. Die Kriegsschäden hielten sich zum Glück in Grenzen, die Ausbesserungen waren bald abgeschlossen, weitere Restaurierungen wurden in den 60er Jahren vorgenommen.

Die Altstadt von Cammin ging 1945 bei den schweren Kämpfen in Flammen auf, 65 % der Bausubstanz wurden vernichtet. Einigermaßen erhalten blieben nur das Domviertel sowie Teile der Vorstädte. Der Wiederaufbau kam nur langsam in Gang. Einzelne historisch wertvolle Gebäude wurden sorgfältig restauriert: Das schöne spätgotische Rathaus auf dem Marktplatz (als Ziegelrohbau ohne Putz wiederhergestellt), das mächtige Wolliner Tor, die Marienkirche – einst Pfarrkirche der Stadt und heute „Kulturhaus", die Bergkirche (heute Regionalmuseum) sowie ein Fachwerkhaus am Markt (ehem. Kolonialwarengeschäft Hoeft, heute eine Gaststätte) und nicht zu vergessen das Buddenhaus (jetzt Bibliothek) und das Kleisthaus. Ansonsten dominieren große, klobige Wohnblocks.

Bis 1975 war Cammin Kreisstadt (der zugehörige Kreis hatte allerdings 1954 seinen Südteil an den damals neugebildeten Kreis Gollnow abgeben müssen), die Zahl der Bewohner, die 1939 6055 betragen hatte, ist bis heute auf rd. 7000 angewachsen. Der Kurbetrieb (Solbad „Phoenix" nennt sich die Kuranlage heute) ist ausgebaut worden; hingegen stagniert die sonstige industrielle Entwicklung. Die Stadt ist heute Endpunkt der Eisenbahn von Wietstock her, die Strecke nach Treptow/Rega wurde nach 1945 demontiert. In der Umgebung, so etwa auf der Insel Gristow, sind in jüngster Zeit mehrere Bohrungen nach Erdöl und Erdgas niedergebracht worden.

Auf der Treptower Chaussee ging dann die Fahrt weiter nach Osten, bei Mokratz über den Drewitz-Bach, dann über den Brendemühler Bach, um schließlich das alte Gutsdorf Schwirsen zu erreichen. Heute liegen in der Umgebung mehrere Staatsgüter (PGR), die aus früheren Rittergütern hervorgegangen sind.

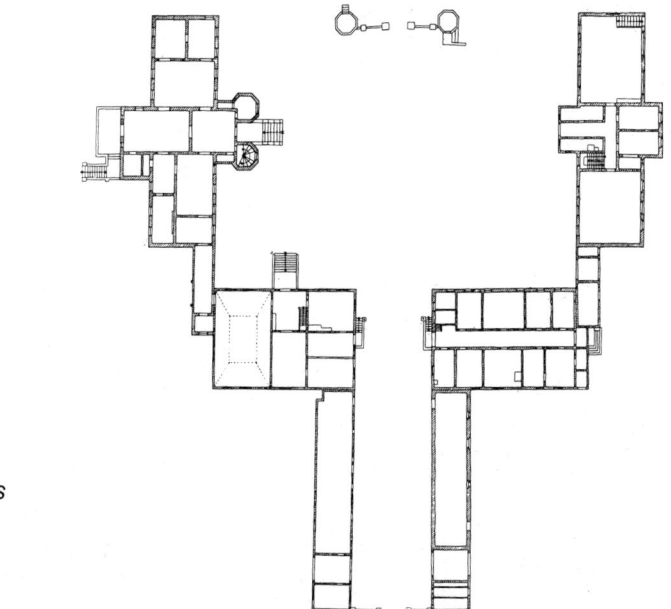

Grundriß
des Gutshofes
von
SCHWIRSEN

SCHWIRSEN *(Krs. Cammin)*

Das Dorf zeichnet sich durch eine größere Anzahl altertümlicher, nur zum Teil gut erhaltener Fachwerkbauten aus: mehrere Bauernhöfe, die Dorfkirche und vor allem der ehemalige Gutshof. Im 18. Jahrh. ließen die Flemmings, in deren Besitz sich Schwirsen seit Anfang des 14. Jahrh. befand, ein neues Schloß

SCHWIRSEN, Gutshaus: Hof nach Nordwesten. Oben: Zustand um 1936.
Unten: während der Wiederherstellung, 1980.

bauen. Mit der Ausführung der Arbeiten wurde der Stargarder Zimmermann J. A. Hase beauftragt; das 1718 begonnene Werk wurde um 1730 vollendet. Der Bau ist eine dreiflügelige, symmetrische und sehr harmonisch wirkende Anlage aus Eichenfachwerk mit verputzten Ziegelfüllungen auf einem Feldsteinfundament. Die Dächer sind mit einer Biberschwanzdoppeldeckung versehen. Der an drei Seiten umbaute Innenhof öffnet sich nach Norden zum Park (ursprünglich in französischer Art angelegt) hin und wird durch zwei pfeilerartige, von spitzen Hauben bekrönte Taubenhäuser abgeschlossen. Westflügel und westliche Hälfte des Südflügels dienten als Herrenhaus, die Osthälfte des Südflügels ehemals als Wagenscheune, später als Beamtenwohnung, während der Ostflügel die Stallungen aufnahm. Durch einen Torweg zwischen Süd- und Ostflügel führt von der Kirche eine mit schönen, jetzt etwas verwilderten Bäumen gesäumte Allee heran.

Schwirsen, das bis 1734 ein Flemmingsches Lehen war und dann durch Erbgang in den Besitz der Wartenslebens kam, gehörte seit 1936 Baron von Rüxleben. Dieser ließ den Gutshof grundlegend restaurieren, vor allem die barokke, eigenwillige Ausmalung des großen Saales im Südflügel. Doch nach 1945 verfiel die Ende des Krieges unzerstört gebliebene Anlage. Seit über fünf Jahren sind nun schon Restaurationsarbeiten im Gange, die jedoch nur geringe Fortschritte zeigen. Wie es heißt, soll auch der Saal in seinem ursprünglichen Zustand wiederhergestellt werden. Doch noch sind die Spuren der jahrelangen Vernachlässigung überall zu sehen; Schwirsen teilt damit das Schicksal der meisten Gutshäuser im Osten, die 1945 weitgehend der Plünderung und Verwüstung anheimfielen. Es ist geplant, hier später ein Motel einzurichten.

Die Dorfkirche ist ebenfalls aus Fachwerk erbaut, sie entstand 1681 und wurde 1708 bzw. 1727 erweitert. Sie hat einen quadratischen Turm aus Eichenfachwerk, der aus dem Kirchendach herauswächst und von einer barocken, sechskantigen Haube bekrönt wird. Sie steht in ihrer ansprechenden Schlichtheit für viele pommersche Dorfkirchen.

Übrigens kamen bei Schwirsen, nach Cammin zu, am 5. März 1945 die Flüchtlingstrecks aus Treptow und Greifenberg vor den Panzersperren zum Stehen, da vor Cammin bereits gekämpft wurde, und wurden bald darauf von russischen Panzern überrollt. Doch blieb das Dorf dabei selbst nahezu unversehrt.

Kurz hinter Schwirsen verließen wir die Treptower Chaussee, um nach Norden in Richtung Poberow abzubiegen. Es wurde Groß Justin passiert, das Dorf mit den zwei Kirchen — evang.-luth. und altlutherisches Gotteshaus, weil der Pfarrer von Groß Justin um 1840 die vom König angeordnete Vereinigung von Lutheranern und Reformierten nicht nachvollziehen wollte, spaltete sich die Gemeinde; viele sind damals nach Amerika (Wisconsin) ausgewandert. Kurz vor Poberow, das sich als Ostseebad seit den 30er Jahren und auch heute wieder einen Namen gemacht hat, wurde die Landstraße nach Hoff −Rewahl−Horst erreicht.

HOFF (Krs. Greifenberg)

Genau an der Stelle, wo der berühmte, für die Festlegung der Mitteleuropäischen Zeit maßgebende 15. Längengrad die hinterpommersche Ostseeküste schneidet, liegt die Kirchenruine von Hoff im Kreis Greifenberg. Es gibt wohl kaum einen Punkt an dieser weiten, fast 400 km langen Küstenlinie, der so eindrucksvoll das ewige Walten der Natur und zugleich die Vergänglichkeit menschlichen Wirkens zeigt, wie dieses Fleckchen Erde.

Zwischen Poberow und Rewahl tritt die eiszeitlich überformte Grundmoränenlandschaft der hinterpommerschen Küstenebene direkt ans Meer. Aufgrund der Bodenverhältnisse − blockarmer Geschiebemergel − hat sich hier eine mächtige, 15−17 m hohe Kliffküste gebildet, die Dank der guten Dränung des Bodens (das Gelände fällt *landeinwärts* ab, damit ist die Gefahr einer Unterspülung des Kliffs durch Aufweichung infolge austretenden Sickerwassers nicht gegeben) sowie der vorgelagerten, bis 45° geneigten Kliffhalde und des etwa 15 m breiten Sandstrandes relativ stabil ist, was durch das Schicksal der Ruine gerade in jüngster Zeit bestätigt wird.

Doch gehen wir der Geschichte dieser einst so schlichten pommerschen Landkirche nach: Um 1250/70 dürfte sie erbaut worden sein, als deutsche Bauern das Greifenberger Land besiedelten und sich hier, etwa 2 km von der Ostsee entfernt auf einem flachen Hügel in dem neuerrichteten Dorfe Hoff ein

Grundriß der Kirche zu Hoff und Zeitmarken des Uferrückganges (aus; Pommern, 8. Jg. 1970, H. 1)

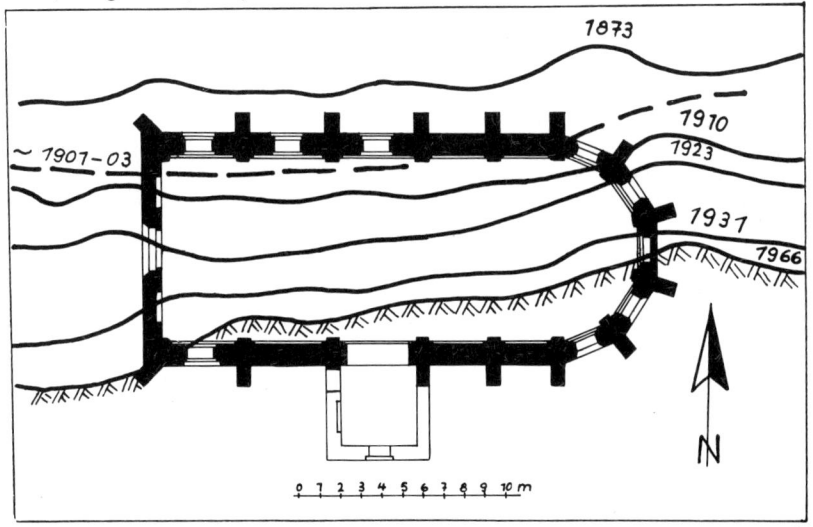

kleines Kirchlein erbauten. Lange Zeit berichtet die Chronik nichts von diesem Bau, bis 1772 der Pfarrer von Hoff sich mit einer schriftlichen Eingabe an den König wandte mit der Bitte um Zuweisung eines neuen Friedhofsgrundstük-kes, da das Meer die ersten Gräber des nördlich von der Kirche gelegenen Gottesackers bereits verschlungen hatte, die Steilküste war damals etwa 100 Schritte von der Kirche entfernt. Bald darauf mußten drei Bauernhöfe, die von der Kirche aus seewärts lagen, aufgegeben werden; schließlich war die Ost-see bis 1806 auf 16 m, bis 1835 sogar auf 11,6 m an das Gotteshaus herange-rückt.

Nach einem schweren Sturm am 2. 1. 1855, der den Abstand zwischen Kirche und Kliff auf 5,3 m schrumpfen ließ, wurden Überlegungen für einen Küsten-schutz angestellt, doch ein geplanter Steindamm erwies sich mit seinen Ko-sten von 22000 Talern als zu teuer, der Plan wurde fallengelassen − die Kir-che mußte ihrem Schicksal preisgegeben werden. Ihre Schließung verfügte man 1856, doch erst viele Jahre später nach der schweren Ostseesturmflut von 1872 wurde sie vollzogen, nachdem das Meer bis 1864 auf 2,2 m, 1868 auf 1,1 m herangekommen war. Das Rauschen der Wogen übertönte beim Gottesdienst trotz der seit längerem zugemauerten seeseitigen Fenster die Worte des Pfarrers!

1874 trug man den Dachstuhl ab und überführte die Innenausstattung in den Camminer Dom (wo Teile des Kirchengestühls noch heute im Südteil des Querhauses zu sehen sind) bzw. ins Stettiner Museum. Und doch sollten noch 26 Jahre vergehen, bis im Jahre 1900 die nordwestliche Ecke als erster Teil des Gotteshauses in die Tiefe stürzte; 1901 brach die ganze Nordwand her-unter und 1902 die Nordhälfte des Westgiebels, 1922 schließlich dessen süd-liche Hälfte. Später folgten noch zwei Bögen des Chores. Der Rest, d. h. die Südwand, wartet nun auf sein Schicksal: Fast schien es, als würde die schwe-re Sturmkatastrophe des Winters 1979, die u. a. Schleswig-Holstein im Schnee versinken ließ und der dortigen Ostseeküste erhebliche Landverluste an den Steilküsten brachte, auch der Kirchenruine von Hoff ein Ende setzen, doch hielt sich die Küste nahezu unverändert, lediglich die zum Strand hinun-terführende Holztreppe wurde zertrümmert. Fachleute geben der Ruine noch 10−20 Jahre, doch können die Gewalten der Natur in einer Nacht alles ver-nichten, wie sie auch noch Jahrzehnte warten können: Ein nunmehr 80 Jahre andauerndes Vergehen, ein Sterben auf Zeit! Wohl niemand, der diese ein-drucksvolle Stätte je sah, wird sich der Gedanken an die Vergänglichkeit alles menschlichen Tuns entziehen können!

Es mag als Ironie des Schicksals erscheinen, daß die kurz vor 1900 als Ersatz weiter landeinwärts unweit des Gutshofes erbaute neugotische Pfarrkirche hingegen das Jahr 1945 nicht überdauert hat: Sie wurde beim Einmarsch der Roten Armee zerstört. So ist Hoff zu einem Dorf mit *zwei* Kirchenruinen ge-worden.

Die Fahrt führt uns dann weiter durch altes, früher wohlhabendes Bauernland: die einstigen Ländereien des Klosters Belbuck. Stattliche Hagenhufendörfer rings um den Eiersberger See wie im Kirchspiel Wachholzhagen künden bis heute von der alten Weisheit „unter dem Krummstab ist gut leben". Bald hinter Voigtshagen wurde die weithin die Landschaft beherrschende Marienkirche von Treptow sichtbar, der städtische Mittelpunkt dieses fruchtbaren Landstrichs war erreicht.

TREPTOW / REGA

Treptow gilt heute als „Stadt wertvoller Baudenkmäler, die schönste in der Stettiner Wojewodschaft". Dem ist wenig hinzuzufügen: Angesichts der Tatsache, daß Stargard und Pyritz (s. S. 55 ff.) 1945 schwer zerstört und bis auf einige wenige historische Zeugen in modern-nüchterner Form wiederaufgebaut wurden, konnte Treptow heute diesen guten Ruf gewinnen. Die Stadt macht in der sonst so eintönig-langweiligen Form des Wiederaufbaus pommerscher Kleinstädte im vorgenannten Sinne eine angenehm berührende Ausnahme. Hier hat man sich bemüht, das alte, für eine ostdeutsche Stadt so charakteristische Bild wiederentstehen zu lassen, obwohl auch in Treptow die Zerstörungen des 2. Weltkrieges nicht gering waren (45 %). Wie in vielen anderen Städten hatten auch hier sowjetische Soldaten den Marktplatz in Brand gesteckt, so daß der Kern der Altstadt vernichtet wurde.
Doch eine andersartige, die baugeschichtliche Entwicklung dieser Stadt respektierende Stadtplanung ließ die teilweise noch erhaltenen Ruinen und Fassaden der zerstörten Bürgerhäuser nicht abreißen, sondern abstützen (so konnte man noch 1976 an der SW-Seite des Marktes einige derart gesicherte Häuser sehen, die 1980 wiederaufgebaut waren), um sie später zu restaurieren. Nur die NW-Seite des Marktplatzes wurde leider nicht wieder geschlossen. Hier schweift der Blick in die gähnende Leere verkommener Hinterhöfe mit ihren von Schmutz starrenden Hauswänden. Weiterhin blieben erhalten bzw. wurden wiederhergestellt: die schöne, das Stadtbild mit ihrem 90 m hohen Turm beherrschende, dreischiffige St. Marienkirche, ein hochgotischer Hallenbau, der bis heute Grabplatten und Epitaphe mit deutschen Inschriften enthält, ihre beiden ehrwürdigen Glocken − „Maria" mit einem Gewicht von 7200 kg (1515) und die gotische Gabriel-Glocke aus dem Jahre 1390 − konnten sogar die Stürme des letzten Krieges überdauern. In der Liste erhaltener Baudenkmäler stehen auch das auf dem Markt stehende, 1701 erbaute Rathaus, die jetzt als orthodoxe Kirche dienende Hl.-Geist-Kapelle, in der 1535 der „Landtag zu Treptow" die Einführung der Reformation in Pommern beschloß, sowie die St.-Gertrud-Kapelle auf dem Friedhof und St.-Georgen-Kapelle in der Kolberger Vorstadt. Dazu gehören auch die Stadtmauer und der unweit

der Rega gelegene Grützturm. Das Schloß soll als „Kulturhaus" wiederaufgebaut werden.

Der erstmals 1232 als „Trebetowe", 1289 als „Nientrebetowe" (im Gegensatz zum vorpommerschen Treptow a. d. Tollense – seit 1939 „Altentreptow") benannte Ort verdankt seine Entstehung dem unweit von hier um 1180 von Mönchen aus dem damals dänischen Lund gegründeten Prämonstratenserkloster Belbuck, erhielt 1277 lübisches Stadtrecht und gehörte das ganze Mittelalter hindurch zur Hälfte diesem Kloster, zur anderen Hälfte den pommerschen Herzögen. Die schiffbare Rega und die relative Nähe der Ostsee ließen die Stadt im 14./15. Jahrh. wirtschaftlich aufblühen und ermöglichten den Beitritt zur Hanse. 1535 wurde hier auf Betreiben Bugenhagens, der 1504–21 Rektor der Treptower Lateinschule war, die Reformation in Pommern eingeführt. Ende des 18. Jahrh. lebte als Chef des in Treptow stehenden Dragonerregiments „Alt-Württemberg" Herzog Friedrich Eugen von Württemberg im Schloß, wo 1754 sein Sohn, der spätere erste König von Württemberg Friedrich I. geboren wurde. Treptows bedeutendster Bürger ist jedoch der Historiker *Gustav Droysen,* der als Professor an der Kieler Universität (1840–51) und später als Vertrauensmann der Schleswig-Holsteiner in Frankfurt und schließlich als Abgeordneter der Paulskirche eine maßgebliche Rolle bei der Erhebung Schleswig-Holsteins gegen die dänische Herrschaft spielte; er wurde 1808 in Treptow/Rega geboren.

In neuerer Zeit entwickelte sich Treptow immer mehr zu einer Konkurrenz für die fast gleichgroße Kreisstadt Greifenberg; es zählte 1939 10883 Einwohner, war bis 1975 wieder auf 9172 Personen angestiegen, aber bis 1980 auf 8902 Bewohner abgesunken.

Über Glansee, Spie und Sellnow ging es dann auf Kolberg zu, die älteste namentlich bekannte Siedlung an der Ostseeküste zwischen Oder und Weichsel. Nach der Durchfahrt durch die Gelder Vorstadt auf der Treptower Chaussee wurde schon die auch heute noch charakteristische Silhouette des Kolberger Domes sichtbar, des ältesten geschichtlichen Zeugen dieser Stadt. Doch sei gerade um der historischen Kontinuität willen zuerst das kleine, jenseits der Persante gelegene Gutsdorf Altstadt aufgesucht.

ALTSTADT (b. Kolberg)

Altstadt *bei* Kolberg ist nicht die Altstadt *von* Kolberg, sondern eine *alte Stätte* – nämlich ein als „salsa Cholbergiensis" schon in der Chronik des Bischof Thietmar von Merseburg († 1018) genannter Ort. Hier befand sich eine slawische Siedlung, in der der Polenherzog Boleslaw I. der Tapfere, nachdem er Pommern erobert hatte, zur Christianisierung dieses Landes im Jahre 1000 einen Bischof – den deutschen Mönch Reinbern – einsetzte. Doch die Po-

Wiederhergestellte Häuser am Markt von TREPTOW/Rega

Die St.-Marien-Kirche zu GREIFENBERG

Kapelle zu ALTSTADT bei Kolberg

moranen vertrieben den christlichen Sendboten bald, die polnische Herrschaft währte zudem nur wenige Jahre: Der Ort fiel in die Geschichtslosigkeit zurück. Als 1255 die deutschen Einwanderer ihre neue Stadt Kolberg gründeten, geschah dies etwa 4 km die Persante abwärts. Nur der Name erinnerte fortan an die ältere Siedlung, eine kleine Kapelle deutet vielleicht die Stätte der ältesten Kirchengründung Pommerns an.

Heute ist auf dem früheren Rittergut ein Staatsgut eingerichtet, das u. a. auch Pferdezucht betreibt. In seiner unmittelbaren Nähe haben die Polen vor einigen Jahren ein eigenwilliges Gasthaus „Zum Kastellan" erbaut, das seiner guten Küche wegen gern West-Touristen vorgeführt wird. Von der Terrasse des Restaurants bietet sich über die Koppel des Gutes hinweg ein eigenartiges Panorama von Kolberg – bei dem heute die weißen, klobigen Betonklötze das Hervorstechendste sind; der Turmstumpf des Domes überragt sie nur geringfügig.

KOLBERG

An einer *neuen* Stätte, in unmittelbarer Nähe der Salzquellen, gründeten in der Mitte des 13. Jahrh. deutsche Kaufleute aus Niedersachsen, Lübeck und Greifswald eine neue Stadt, die zwar von der *alten* Stätte den Namen entlieh, aber eine völlig eigenständige Entwicklung erfuhr: Kolberg. Herzog Wartislaw und Bischof Hermann von Gleichen bewidmeten 1255 die neue Siedlung mit dem lübischem Stadtrecht. Sie entfaltete sich rasch, vor allem nachdem der Camminer Bischof seit dem 13. Jahrh. seinen Wohnsitz hierher verlegte (offizieller Bischofssitz blieb Cammin). Im 14. Jahrh. trat Kolberg der Hanse bei; sein Salz, das im Mittelalter weithin, bis nach Polen hinein und über die Ostsee gehandelt wurde, verschaffte der Stadt Wohlstand und Ansehen. Beides spiegelte sich in einem von zahlreichen schönen Bürgerhäusern geprägten Stadtbild wieder, überragt von dem trotzigen, fünfschiffigen Dom – er so recht ein Abbild pommerschen Wesens: kantig, schwer und erdverbunden.

Es gibt in der pommerschen Geschichte zwei Städte mit einer berühmten Festungstradition: Stralsund (man denke an die zweimonatige Belagerung durch Wallenstein 1628) und vor allem Kolberg. Dreimal versuchten im Siebenjährigen Krieg mehr als 10 000 russische Soldaten die preußische Feste zu stürmen, nur einmal gelang es ihnen. Besonders aber ging die für mehr als ein Jahrhundert beispielgebende tapfere Verteidigung der befestigten Stadt durch den Kommandanten Gneisenau und ihren „Bürgerrepräsentanten" Nettelbeck 1806/07 gegen die Franzosen in die Geschichte ein. Ein letztes Mal sollte sich diese Stadt opfern, als sich gegen Ende des 2. Weltkrieges der Ring der Roten Armee um das zur Festung erklärte Kolberg geschlossen hatte. Um etwa 90 000 in der Stadt befindlichen Flüchtlingen sowie einigen Tau-

KOLBERG

Maßstab 1 : 16 000

1 Gneisenau-Haus DE 4   6 Krätzbecke Grab. B 2
2 Jahns Wohnhaus E 4   7 Netteberks Wohnhs. E 4
3 Krieger-Denkmäler D 3   8 Neues Solbad C 2
4 Langfeliners Orbhonal E 3   9 Rantzers Genverhns. D 3
5 Naiebeck - Gneise-   10 St Martins Solbad E 4
aus Diebenal   11 Schüts Wohnhaus D 4
   12 Strandhalle B 1 2

send Soldaten den Abtransport über die Ostsee zu ermöglichen, wurde erbittert Widerstand geleistet: Haus um Haus und Stein um Stein, selbst am Strand wurde noch gekämpft. Nach 14 Tagen heftigster Belagerung war Kolberg am 18. 3. 1945 erobert — 90 % der Gebäude waren völlig zerstört, darunter alle historisch bedeutenden Bauten und nur noch 2800 Menschen befanden sich in der 1939 36617 Einwohner zählenden Stadt. Ein letztes Mal waren Treue und Tapferkeit die Hoffnung für Tausende.

Kolbergs Stellung als Ostseebad ist seine jüngste Rolle, die es erst seit Beginn des 19. Jahrh. zu spielen begann. Zwar suchten schon seit etwa 1800 Badegäste die Stadt auf, aber erst der Bau der Eisenbahn 1859 nach Belgard, die Umwandlung der Saline in ein Solbad ab 1860 sowie vor allem die Aufhebung der Festung 1873 machten aus der einstigen Handelsstadt ein Ostseebad, das vor dem Kriege wegen seiner vorzüglichen Badeeinrichtungen und vielseitigen Kurmittel einen guten Ruf hatte. Mit 699000 Übernachtungen und 58000 Gästen war es 1938 das meistbesuchte deutsche Seebad überhaupt. Am Kolberger Strand, etwa auf halbem Wege zwischen dem Seesteg, wo heute anstelle des früheren Strandschlosses das Hotel „Baltyk" sich erhebt, und dem alten Münder Fort mit dem Leuchtturm, ungefähr dort, wo einst das kleine Familienbad lag, steht heute ein Denkmal ganz besonderer Art. Es ist das „Denkmal der Vermählung Polens mit dem Meere". Als am 18. März 1945 im Zuge der schweren Kämpfe um Kolberg polnische Soldaten die Ostsee erreichten, vollzogen sie in einer fast rituell zu nennenden Handlung die „Vermählung" Polens mit der Ostsee. Mit der damals beschworenen Formel: „Wir schwören, Dich nie zu verlassen, denn Du, das Meer, bist seit Jahrhunderten und wirst ewig polnisch" sollte ein Mythos durch einen anderen ersetzt werden: Die Stadt des heldenhaften Widerstandswillens eines Nettelbeck und Gneisenau soll heute in besonderer Weise die Sehnsüchte Polens zum Meere symbolisieren, ja erfüllen. Und doch wird hier zugleich ein alter Komplex der Polen angesprochen, der sich schon aus ihrem Namen herleitet: Polen, früher auch Polanen, bedeutet svw. Feldbewohner, d. h. im übertragenen Sinne „Binnenländer". Damit stehen sie im Gegensatz zu den „Pomoranen", den früher in Pommern ansässigen „Meeresanwohnern". Dieses slawische, heute noch in den Kaschuben weiterlebende Volk trennte für Jahrhunderte die einst ausschließlich südlich der Warthe-Netze lebenden Polen vom Meere: Das polnische Siedlungsgebiet reichte bis 1918 niemals in der Geschichte an die Ostsee! Doch dieser historische Widerspruch wurde nach 1945 ganz einfach gelöst, den „Realitäten" angepaßt: Die Pomoranen wurden mit einem Federstrich nachträglich zu einem polnischen Stamm erklärt, das pommersche Herzogshaus der „Greifen" wurde zu einem Ableger der polnischen Piasten, die 800jährige deutsche Geschichte Pommerns deutete man zu einer „germanisierenden Fremdherrschaft" um, von der das Land 1945 „befreit" und in das „polnische Mutterland" zurückgeführt wurde! Der nationalistische Ansatz dieser Geschichtsauffassung ist trotzdem zu durchsichtig, er hat seine Wurzeln

KOLBERG,
wie wir es nicht
kennen:
An der Stelle des
einstigen
Strandschlosses
steht heute das
Hotel „Baltyk"
(oben).

Eine graue Wand
aus ödem Beton
„rahmt" heute
die Altstadt ein
und versperrt
den Blick in die
Persantewiesen
(Mitte).

Der Blick vom
Domturm zeigt
die kahlen
Flächen in der
Altstadt, die hier
durch den Bogen
der Schmiedestr.
begrenzt wird
(unten).

47

jedoch in der schwärmerisch-mystifizierenden, alles Polnische verklärenden Historiographie des 19. Jahrh., die bis auf den heutigen Tag besonders von der Kirche gepflegt und von Staat und Volk, auch vom Exil, gemeinsam getragen wird.

Dieser neuen Sinngebung Kolbergs entspricht auch die Abkehr von der baulichen Vergangenheit der Stadt. Am deutlichsten wird das in der Innenstadt, vor allem am Dom. Es beginnt bereits bei der Bezeichnung: Von einem Dom ist nicht mehr die Rede, allenfalls „Kon-Kathedrale" (seit 1972) wird die „Kollegiatskirche" St. Marien jetzt genannt. Nach sehr schweren Kriegszerstörungen (es standen praktisch nur noch die Umfassungsmauern) und einem jahrelangen Zwischenspiel als Militärmuseum (im Turm) und Halb-Kirche (im zuerst wiederhergestellten Chor) ging man nach der Übertragung des Baues an die Katholische Kirche 1972 an den Wiederaufbau. Unter großen Mühen wurde das ehrwürdige Gotteshaus rekonstruiert, doch zeigen die sich stark neigenden Pfeiler an, wie schwer Bomben und Granaten den alten Bau aus dem Gefüge gebracht haben. Von dem einstmals so reichen Innern (der Kolberger Dom war vor 1945 eine der wenigen evangelischen Großkirchen Norddeutschlands, deren mittelalterliche Ausstattung nahezu unverändert erhalten geblieben war) ist nur wenig geblieben.

Auch das Äußere hat sich verändert: Die charakteristischen Turmspitzen und das riesige hohe Kirchendach fehlen jetzt, der Dom wirkt heute unproportioniert und wie ein Torso.

Außer Rathaus, Heimatmuseum, Pulverturm und Katholischer Kirche steht heute kaum noch ein Haus in der Innenstadt, die nur noch auf dem Stadtplan durch ihr charakteristisches Schachbrettmuster auszumachen ist. Das neue Kolberg ist auch hier auf dem Vormarsch: Riesige, bis zu 15stöckige Scheibenhochhäuser bedrängen die Innenstadt, selbst von der Aussichtsplattform des Domturmes kann man kaum über sie hinwegsehen. Auch hier wird Geschichte verdrängt; das neue Kolberg mit seinen immer zahlreicher werdenden Großbauten ist heute ausschließlich ein Erholungsort für die polnischen Werktätigen, in der Geschichte die Stadt der „Vermählung . . ."

Auf 38174 (1980) Personen ist die Zahl der Einwohner Kolbergs allmählich angestiegen, 1960 waren es nur 16700, 1970 26000. Erst 1948 wurde der Hafen wieder in Betrieb genommen und gar bis 1959 ließ die Entscheidung auf sich warten, die Stadt als Erholungszentrum wiederaufzubauen. Doch ein sichtbarer Anfang im Stadtzentrum zeigte sich erst nach 1972, vor allem in den letzten Jahren. Mit der Errichtung großer Einheiten versucht man, möglichst viele Wohnungen zu schaffen (nach dem Kriege allein 15000 Wohnräume), doch bleiben städtebauliche Fragen dabei auf der Strecke. Die Folge ist ein wegen seiner Gigantomanie erdrückendes, in seiner Monotonie langweiliges Stadtbild: Kolobrzeg. Die reizvolle Mischung aus gepflegtem Ostseebad und reger Handelsstadt mit bischöflich-hansischer Geschichte und Festungstradition, die das alte Kolberg einst auszeichnete, ist verlorengegangen. Man muß kein Kolberger sein, um das zu empfinden.

Kolberg verläßt man mit gemischten Gefühlen, die Gegenwart wirkt erdrükkend, übermächtig. Und doch läßt sich das geschichtliche Kolberg nicht verdrängen, sondern steht in einem klar und strahlend dar, als wollte es sagen: Bleibt auch ihr mir treu, wie ich Euch einst treu war! Wie heißt es doch so richtig: Die Erinnerung ist ein Paradies, aus dem man nicht vertrieben werden kann. Geschichte ist auch Erinnerung!

Auf der Rückfahrt nach Stettin wurde auf dem Wege über Treptow-Plathe-Naugard noch die Nachbar-Kreisstadt Greifenberg besucht.

GREIFENBERG i. Pom.

Als ,,nova civitas super Regam" erscheint die spätere Kreisstadt Greifenberg 1262 urkundlich erstmals, schon zwei Jahre später bereits unter ihrem Namen ,,Gryphenberch"; damals war die nach lübischem Recht begründete neue Stadt wohl von Greifswald aus begründet worden. Sie gehörte im Mittelalter der Hanse an, bis hierher fuhren sogar kleinere Schiffe die Rega hinauf. 1386 wird die Lateinschule, das spätere Gymnasium, erstmals genannt – eine der ältesten Schulen Pommerns! Die aus dem 14. Jahrh. stammende Marienkirche stürzte bei dem großen Stadtbrand 1658 ein, erst 1913 wurde die daraufhin eingezogene Flachdecke durch eine Neuwölbung ersetzt. 1939 zählte die Stadt 10 817 Einwohner, die überwiegend in Verwaltung, Handel und Gewerbe, in nicht unerheblichem Maße aber noch als Ackerbürger tätig waren.

Greifenberg gehört zu den wenigen Städten Pommerns, aus denen sich das Geschehen des Jahres 1945 genauer dokumentieren läßt. Danach war die Bevölkerung durch die Aufnahme von Flüchtlingen aus Ostpreußen in den Monaten Januar und Februar 1945 sprunghaft auf zeitweise 27 000 Personen angestiegen, die in Baracken, Scheunen und Privatquartieren untergebracht waren. Beim Herannahen der Front sollten alle fremden Trecks bis zum 3. 3. 1945 die Stadt verlassen, viele Greifenberger versuchten ebenfalls ihrem Heimatort zu entfliehen, teils mit der Kleinbahn bis Stepenitz, teils mit Wehrmachtsfahrzeugen. Am Morgen des 5. 3. verließ dann der letzte Greifenberger Treck die Stadt und versuchte nach Westen in Richtung Dievenow durchzukommen, da der Weg nach Südwesten auf Stettin zu schon von Sowjettruppen versperrt war. Er wurde jedoch am 6. 3. von russischer Artillerie bei Schwirsen überrollt. Plünderungen, Erschießungen und Vergewaltigungen waren die Folge, verängstigt machten sich viele zu Fuß auf den Weg zurück zur Stadt.

Dort rückte am Nachmittag des 5. 3. eine Vorhut sowjetischer Soldaten in die Innenstadt ein, zu Kampfhandlungen kam es dabei nicht. Nach polnischen

Verlautbarungen, die jede – wenn auch noch so geringe Beteiligung polnischer Soldaten an der „Befreiung" vermelden – wurde Greifenberg am 6. 3. 1945 durch die 1. Warschauer Kavallerie-Brigade „befreit". Die zurückgebliebene Bevölkerung wartete versteckt in den Kellern und Dachböden der Häuser ängstlich auf die Stunde Null. Sehr bald setzten Plünderungen und Vergewaltigungen ein, wer sich wehrte, wurde erschossen – etwa 30–40 Menschen allein an diesem Tag! Viele nahmen sich das Leben. Abends gingen am Markt die ersten Häuser in Flammen auf, am nächsten Tag, der weitere Einheiten der Roten Armee in die Stadt brachte, folgten weitere. Die nördliche Vorstadt im Bereich der Zuckerfabrik wurde am 7. 3. noch einmal für kurze Zeit Kampfgebiet, als sich hier deutsche Einheiten unter General v. Tettau als „wandernder Kessel" zur Küste hin durchschlugen; dabei wurden in diesem Bereich außerhalb der Innenstadt einige Häuser und die Zuckerfabrik zerstört. Am Abend des 7. 3., nach Abzug dieses Kessels steckten die Russen die Innenstadt, vornehmlich die Geschäftshäuser in Brand. Dabei wurde planmäßig vorgegangen: Petroleum wurde ausgegossen, Löcher in die Decken und Wände gebohrt und dann Brände gelegt. Damit ging der Kern der Stadt in Flammen auf, *nach Beendigung* der Kampfhandlungen! Diese „Entkernung" war nur eine von vielen ähnlicher Art, sie war ein Teil der ideologischen Kriegsführung gegen den „Klassenfeind": Mit der Vernichtung der Geschäfte sollte der „Kapitalismus", d. h. die ihn tragende „Bourgeoisie", getroffen werden; mit einem ähnlichen „Feldzug" gegen die Guts- und Herrenhäuser auf dem Lande wollte man den „Feudalismus" in Form des „ostelbischen Junkertums" vernichten.

Diese nur von der Roten Armee praktizierte Form der doppelten Kriegführung hat der nach 1945 eingesetzten polnischen Verwaltung eine schwere Hypothek hinterlassen: Ein Großteil vor allem der kleineren Städte im Osten wurde daher – obwohl nicht oder nur wenig umkämpft – nachträglich schwer zerstört (so z. B. Köslin, Stolp, Lauenburg). Durch die anschließende lange Verfallperiode und dem Abbruch infolge der Ziegelgewinnungsaktionen für den Wiederaufbau Warschaus verschwanden weitere Häuser, so daß die erhaltene Bausubstanz sich weiter verringerte. All diese Verluste werden heute in der polnischen Statistik als „Kriegszerstörungen" zusammengefaßt, sie betragen bei Greifenberg demnach 40 %!

Etwa 4 Wochen nach dem Einmarsch wurden je eine sowjetische und eine polnische Kommandantur eingerichtet, die die zurückgebliebene deutsche Bevölkerung registrierte. Bereits am 18. Mai 1945, über 2 Monate vor dem Abschluß des Potsdamer Abkommens, nahm eine 24köpfige Gruppe als Vorauskommando die polnische Zivilverwaltung auf, zu diesem Zeitpunkt befanden sich in Greifenberg noch etwa 4000 Deutsche und 150 Polen (im Kreisgebiet 34290 Personen, das sind 74 % des Vorkriegsstandes von 1939; darunter 32960 Deutsche, aber nur 1188 Polen, letztere meist Zwangsarbeiter aus

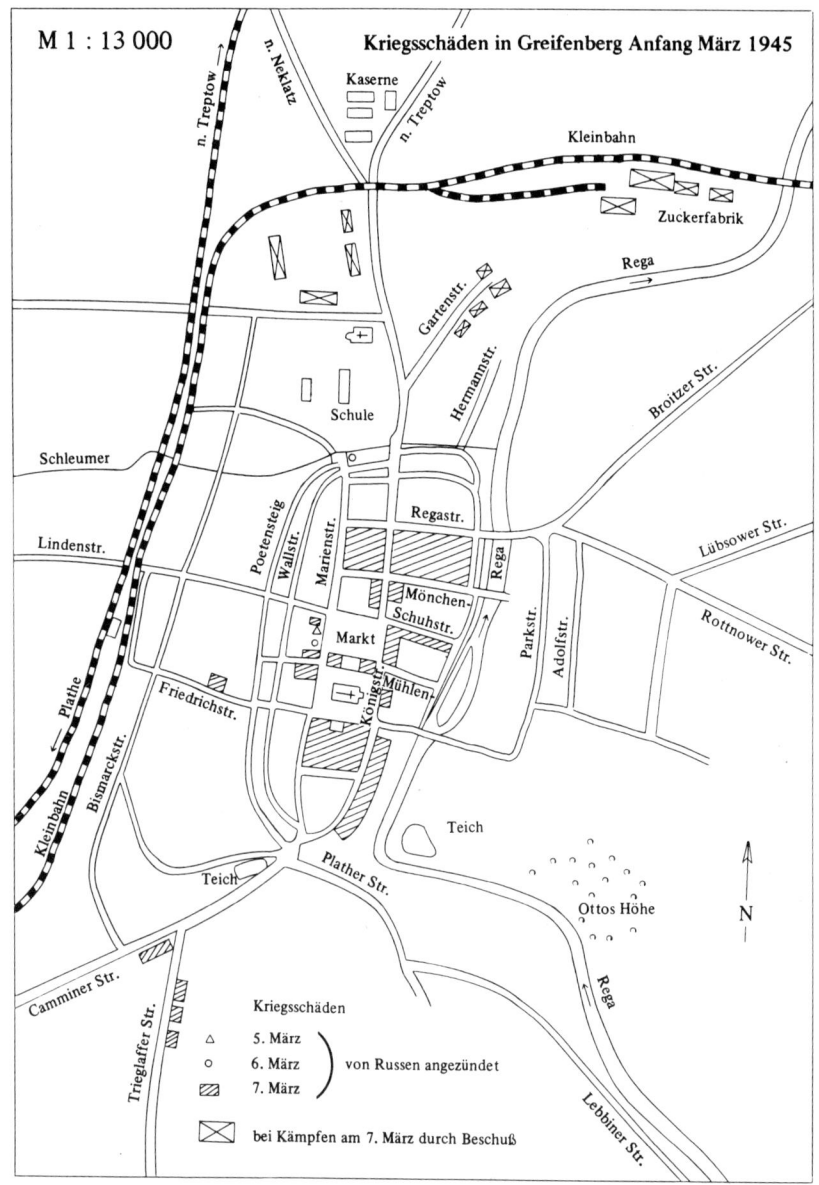

M 1 : 13 000 — Kriegsschäden in Greifenberg Anfang März 1945

Kriegsschäden

△ 5. März
○ 6. März   } von Russen angezündet
▨ 7. März

⊠ bei Kämpfen am 7. März durch Beschuß

Aus: *Beiträge zur Greifenberg-Treptower Geschichte, H. 3/1980, S. 28.*

der Kriegszeit). Am 7. 7. mußte sich plötzlich ein großer Teil der deutschen Bevölkerung innerhalb einer halben Stunde auf dem Marktplatz versammeln, anschließend führten polnische Soldaten viele Bewohner hinaus aufs Land. Bald begannen die planmäßigen Ausweisungen: Am 20. 11. 1945 verließ der erste Transport mit 225 Personen das Kreisgebiet. Bis zum Jahresende verringerte sich die Zahl der Deutschen auf 24 499, bei gleichzeitigem Anstieg des polnischen Bevölkerungsanteils (10 220). Greifenbergs Einwohnerzahl stieg von 1948 4898 Personen über 1960 11 548 auf 13 939 (1975) und 15 239 (1980) an.

Erhalten bzw. wiederaufgebaut sind heute die mächtige, gedrungene Marienkirche, die beiden Stadttore (Stein- und Hohes Tor), der Pulverturm an der Rega sowie ein Teil der alten Bebauung in der Altstadt. Noch immer bietet sich vom Park im Osten über die Rega mit der Mühle und dem Wehr der schöne Blick auf die Stadt – doch das alte Greifenberg ist nicht mehr.

Am Hohen Tor, früher auch Stargarder oder Naugarder Tor genannt, führte der Weg hinaus auf die Plather Straße, die frühere R 161. Über Plathe (s. S. 77), Naugard (S. 77) und Gollnow (S. 22) ging es dann zurück nach Stettin.

Literatur:
BEHM, Lilli und Wilhelm: Heimatstadt Swinemünde. Hamburg 1959
BEHM, Wilhelm und Lilli; LANGE, Karl und Irmgard: Swinemünde. Schicksal einer deutschen Stadt (Flensburg 1965)
BEHM, Lilli: Das war Swinemünde: Eine Bildchronik seit der Jahrhundertwende. Flensburg (1971)
BRONISCH, Gerhard u. OHLE, Walter (Bearb.): Kreis Kammin Land. Stettin 1939 (Die Kunst- und Kulturdenkmäler der Provinz Pommern)
EICHHORN, Otto (Zusammenstellung): 1268 Gollnow 1968. Festschrift zum 700jährigen Bestehen der Stadt Gollnow in Pommern (Hamburg 1968)
FLEMMING-Benz, Hasso Graf von: Der Kreis Cammin. Ein pommersches Heimatbuch. Würzburg 1970 (Ostdeutsche Beiträge aus dem Göttinger Arbeitskreis, Bd. XLVII)
(HUFNAGEL, Fritz und SEEFELDT, Fritz): . . . reden von dem Lande meiner Heimat mir. Misdroy-Wolliner Bildband (Eutin 1960)
700 Jahre Stadt Greifenberg in Pommern. Bearb. v. Heimatkreisausschuß Greifenberg. Hamburg (1962)
Kolberg. Schöne alte Heimat. Alt-Kolberg nach Aufnahmen des Fotografen Riedel. Leichlingen (1978)
LAABS, Werner: Greifenberg 1945. In: Beiträge zur Greifenberg-Treptower Geschichte. H. 3/1980, S. 35–43
LÖNNIES, Thea: Treptow/Rega. Zum 10jährigen Bestehen der Patenschaft mit der Stadt Ratzeburg/Holstein (Glückstadt/Elbe 1965)
SCHLEIFER, Kurt und SEEFELDT, Fritz: Chronik des Ostseebades Misdroy. (Eutin) 1968
SCHULZ-Vanselow, Hans: Stadt Treptow an der Rega. Land und Menschen. (Bonn 1979)
TIMSZEK, Jurek: Das Schicksal der Kirche von Hoff. In: Pommern – Kunst, Geschichte, Volkstum. 8. Jg. 1970, H. 1, S. 1–4
VOELKER, Johannes: Geschichte der Stadt Kolberg. Leichlingen 1964

Die Westseite der Klosterkirche zu Kolbatz (Zeichnung: Dr. Heinz Walsdorff)

Gesegnete Fluren und karge Hügel –
vom Pyritzer Weizacker zur Neumark

(Stettin – Kolbatz – Stargard i. Pom. – Werben – Pyritz – Lippehne – Landsberg/Warthe – Soldin – Bahn – Greifenhagen – Stettin; 262 km)

Der Weg führte aus Stettin und Altdamm heraus auf die Stargarder Chaussee bis zur Abzweigung Hohenkrug, von dort aus ging es nach Süden auf der alten R 112 durch die Buchheidedörfer Buchholz und Mühlenbeck, begleitet von der normalspurigen, jetzt nur noch Güterverkehr tragenden Kleinbahn Finkenwalde-Neumark nach Kolbatz.

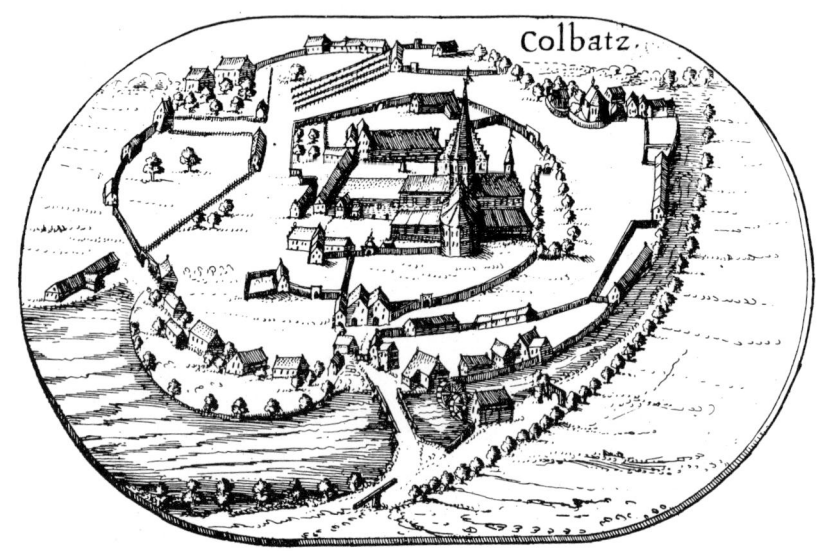

Älteste Darstellung des Klosters Kolbatz (nach der Lubinschen Karte von Pommern, 1618).

KOLBATZ

Schon lange vor Erreichen des Dorfes wird die eindrucksvolle, einstige Zister-zienserklosterkirche sichtbar. Bereits 1173 hatten die pommerschen Fürsten Mönche aus dem dänischen Esrom in die damalige Einöde gerufen, um das Land zu christianisieren und zu kolonisieren. Die Mönche beriefen schon bald deutsche Bauern in die Wildnis, schon damals ist von einer ,,villa teutonico-rum", einem Dorf der Deutschen, die Rede — mithin die früheste Erwähnung deutscher Bauern in Hinterpommern. Das Kloster erhielt in der Folgezeit wei-tere Schenkungen, die allmählich zu einem umfangreichen Landbesitz zu-sammenwuchsen.

Die großartige Klosterkirche wurde 1210 — 1347 erbaut, ihre Fensterrose ge-hört noch dem 13. Jahrh. an und steht im Gebiet der frühen norddeutschen Backsteingotik unerreicht da. Die Klosteranlage wurde im Jahre 1349 noch von einer Ringmauer umgeben, die auf der Lubinschen Ansicht von 1618 noch zu sehen ist und von der nur ein Turm auf unsere Zeit gekommen ist. Nach der Reformation wurde das Kloster säkularisiert und kam in landesherr-lichen Besitz, doch wurde die Kirche nur noch zum Teil (Chor und Querschiff) für den Gottesdienst genutzt; der größte Teil des Langschiffes wurde als Korn-speicher hergerichtet. Im 30jährigen Krieg von den Schweden verwüstet, brannte die Kirche 1662 nach einem Blitzschlag völlig aus. Später wurden die verfallenen Seitenschiffe abgebrochen, die Nutzung als Getreidespeicher

54

(Mittelschiff) blieb. Erst die Initiative König Friedrich Wilhelms IV. gebot dem weiteren Verfall Einhalt.

Die Polen haben seither einige Reparaturen ausgeführt, den baufälligen Dachreiter hingegen abgenommen. Auf dem Unterbau der noch erhaltenen mittelalterlichen Reste des einstigen Konversenhauses haben sie einen modernen Bau gesetzt, der jetzt eine Bibliothek enthält. Das Innere des kirchlich genutzten Teiles scheint unverändert, hier ist sogar noch eine deutsche Inschrift zur Geschichte des Klosters aus der Vorkriegszeit erhalten. Ansonsten sind nur wenige Reste von den Wirtschaftsgebäuden des Klosters geblieben, vor allem ein gotischer Speicher (hinter dem Gutshaus). Südlich der Klosteranlage entstanden in den letzten Jahren einige moderne Wohnblocks, die die Umgebung des ehrwürdigen Baues leider beeinträchtigen, eine Folge des Ausbaues von Kolbatz zu einem ,,zootechnischen Zentrum".

Über Heidchen, das von den Polen heute mit ,,Ungenannt" (Nieznań) bezeichnet wird (in Erinnerung an das noch namenlose Dorf der Deutschen in der Kolbatzer Urkunde von 1173), und das noch deutlich erkennbare Angerdorf Belkow verlief die Route bei Kublank wieder auf die Stargarder Chaussee, um dann am Nordufer des Madüsees vorbei direkt auf die alte Hansestadt Stargard zuzuführen.

Die Landschaft im Norden und Westen des Madüsees war noch vor 250 Jahren eine grundlose Sumpfwildnis. Der Spiegel des Sees lag damals noch um 8 Fuß (= 2,5 m) höher als jetzt. Diese riesige Wasserfläche von 42,6 qkm war entstanden, als die Kolbatzer Mönche bald nach 1200 in Jeseritz und Kolbatz an der Plöne Wassermühlen erbauten und somit den Fluß aufstauten. Dabei stieg auch der Spiegel des rückwärtig liegenden Madüsees an und überschwemmte den großen Urwald Madanzig, der westlich des Sees lag. Die mächtigen, damals 300−400 Jahre alten Eichen starben daraufhin ab und stürzten allmählich ins Wasser. Eine Vertorfung setzte nun ein und konservierte die Wurzeln und Stämme. Nach dem 1770 von Friedrich d. Gr. verfügten Abbruch der Wassermühlen senkte sich der Madüsee wieder auf das alte Niveau und gab die Fläche des alten Madanzigwaldes wieder frei, im Torf fanden sich zahlreiche Eichenstümpfe und -stämme. 5,8 qkm Neuland konnten gewonnen werden, die bestes Weideland ergaben. Das dadurch sich ergebende Absinken auch des Grundwasserspiegels führte zudem zu einer Verbesserung des Ackerbaues in weiten Teilen der Seeumgebung, auch konnte jetzt ein direkter Weg von Stettin nach Stargard angelegt werden: die 1837 erbaute Chaussee am Nordufer des Madüsees.

STARGARD I. POM.

Ein ehrwürdiger Name, in dem von einer ,,alten Burg" (= Stargard) die Rede ist, eine stolze, mehr als 700jährige Geschichte (wahrscheinlich schon 1243 erhielt Stargard magdeburgisches Stadtrecht) − und doch sind es riesige,

Die Umgebung des Mühlentores in STARGARD hat sich heute nicht zu ihrem Vorteil verändert (oben). In alter Pracht und neuen Farben erstrahlt das schöne Rathaus (unten links), während das älteste Bürgerhaus der Stadt in der Gr. Mühlenstraße heute von der Gegenwart eingerahmt wird (unten rechts).

graue moderne Betonklötze, die entlang der Chaussee von Stettin dem Besucher den ersten Eindruck von Stargard vermitteln. Und dieser Eindruck ist auch nach Betreten der Innenstadt nur schwer zu vertreiben, trotz einiger noch erhaltengebliebener bzw. wiederhergestellter großartiger Zeugen einer ebenso großen Vergangenheit: Dazu zählen das Rathaus, die imposante St. Marienkirche, im Volksmund einst die „Hohe" genannt (sie ist gerade innen in scheußlicher Farbgebung „restauriert" worden), die stattliche Johanniskirche mit ihrem 99 m hohen Turm, jetzt der höchste Ostpommerns, die drei Stadttore (Wall-, Pyritzer und Mühlentor). Nicht zu vergessen die Stadtmauer mit den alten Wehrtürmen und ihren orginellen Namen wie Eisturm, Weißkopf und Rotes Meer, in jüngster Zeit sind noch der wiederaufgebaute Salzspeicher und das rekonstruierte Zeughaus hinzugekommen.

Und doch ist Stargard eine moderne, weithin geschichtslos/gesichtslose Stadt geworden, durch die seelenlose Art des Wiederaufbaus. Das wird besonders in der Mühlenstraße deutlich, wo eintönige Betonfassaden den schönen Giebel des ältesten Stargarder Bürgerhauses „einrahmen", oder im Altstadtteil östlich der Ihna, in der Umgebung des Walltores. Verschwunden sind die idyllischen Winkel von einst, die zusammen mit den alten Bürgerhäusern der Stadt vor dem Kriege ihr trautes, harmonisches und anheimelndes Aussehen gaben. „Das pommersche Rothenburg" wurde es genannt, in Konkurrenz zum nahen Pyritz.

Der zweite Weltkrieg hat das alte Stargard vernichtet: ein sowjetischer Luftangriff und die Eroberung durch die Rote Armee am 5. 3. 1945 ließen die Altstadt zu 70 % in Trümmer sinken. Der Wiederaufbau geschah in den gewohnten eintönigen Formen als „1000-Jahres-Siedlung" (1000 Jahre Polen!) in der Altstadt. Aus den (1939) 39 760 deutschen Einwohnern sind heute 59 227 (1980) polnische Bewohner geworden (nach Eingemeindung von Klützow).

In Richtung Pyritz sollte es weitergehen, vorbei am Eisturm unter den Eisenbahnunterführungen der Pyritzer und Posener Bahn (diese ist seit 1979 bis Stettin elektrifiziert) hindurch. Das jetzt zu Stargard gehörige Klützow mit seiner großen Zuckerfabrik wurde passiert und schon war die weiträumige flache Ebene des nördlichen Weizackers erreicht. Stattliche Bauerndörfer mit ebenso stattlichen Kirchen säumten den Weg: Warnitz, Barnimskunow und Groß Schönfeld mit seiner noch immer zerstörten Kirche.

WERBEN

Nur 4 km abseits von der Stargard-Pyritzer Chaussee liegt Werben, am nahen Ostrand des Madüsees. Das stattliche Dorf war einst ein kleines Städtchen, das in slawischer Zeit „Grindiz" hieß, um 1266 erstmals unter seinem späteren, wohl dem gleichnamigen Ort der Altmark entlehnten Namen Werben auftritt und um 1300 Stadtrechte erhielt. Die Anlage des Ortes zeigt bis heute ein gitterförmiges Netz mit einem kleinen quadratischen Marktplatz, bei allerdings

völlig dörflichem Charakter, denn bereits um 1600 dürfte Werben sein Stadtrecht verloren haben. 1939 zählte es nur 585 Seelen.
Bemerkenswert ist die schöne mittelalterliche Granitquaderkirche, sie gehört zu einem Typ von Kirchen, die aus mehr oder weniger behauenen Findlingen im 13./14.Jahrh. gemauert sind und sich besondes häufig in der Mark Brandenburg und zu beiden Seiten der unteren Oder finden. Sie sind damit Ausdruck des sog. ,,Märkischen Keils", einem breiten Streifen märkischen Volkstums, der sich seit dem Mittelalter bis nach Pommern hinein erstreckt, ein Beweis für den Weg der Siedlerströme des 13. und 14. Jahrh., die der unteren Oder als Leitlinie ins Pommerland folgten und bis in die Gegenwart Mittelpommern zum Verbreitungsgebiet der märkischen Mundarten gehören ließen.
Das Innere des Gotteshauses bietet noch trotz mancher Zerstörungen (Orgel, Altar — letzterer wiederhergestellt, jedoch ohne die Altarkanzel) den großartigen Raumeindruck einer typischen Weizackerkirche. Besonders bemerkenswert ist das große Deckengemälde auf der flachen, an den Seiten elliptisch abgeschrägten Holzdecke; es besteht aus neun einzelnen, von Dekorationen umgebenen Bildern, die 1738 von Johann Christian Thießen gemalt wurden.
Der erstmals 1574 unter dieser Bezeichnung genannte *Pyritzer Weizacker* gehört Dank seiner lehmigen Böden zu den fruchtbarsten Gebieten Pommerns, in dem sich schon früh eine reiche bäuerliche Volkskultur entwickeln konnte. Zeugnisse dieser ländlichen Volkskunst sind die berühmte Weizackertracht, eine der schönsten Bauerntrachten Norddeutschlands überhaupt, die noch vielfach in den Dörfern des Pyritzer Kreises anzutreffenden Fachwerkhäuser, die früher meist mit Lauben (,,Löwing") ausgestattet waren, und vor allem die reizvollen Kirchen, wie etwa die vorgenannte in Werben und die wohl schönste in *Brietzig.*
Die Straße führt zwischen Schöningen und Sehmsdorf in die Plöne-Senke hinunter, links werden dabei die bis 52 m ansteigenden Höhen von Horst sichtbar. Sie markierten einst das Südufer des Madüsees, der bis zur 1770 durch Friedrich d. Gr. veranlaßten Senkung des Seespiegels um etwa 2,5 m hier endete. Damit wurde auch der alte Paß (eine Ortschaft trug bis 1945 noch diesen Namen) durch die Plöne-Niederung gangbarer, die Plöne wurde begradigt und kanalisiert (Schönings-Kanal), viel wertvolles Wiesenland wurde gewonnen, zahlreiche neue Kolonistendörfer entstanden (Friedrichsthal, Möllendorf, Giesenthal, Raumersaue, Schöningen u. a. m.).

PYRITZ

Pyritz war in pomoranischer Zeit ein alter Burgort, der sich am Schnittpunkt zweier Wege entwickelt hatte: der alten Straße von Polen über Zantoch nach Stettin (diesen Weg nahm Otto von Bamberg, als er 1124 nach Pyritz kam und hier die ersten Pommern taufte) und der Straße von Wriezen über die Oder

Die Granitquaderkirche zu WERBEN am Madüsee gehört zu den schönsten ihrer Art in Pommern (oben links). Sie besitzt eine kostbare Deckenbemalung aus der Zeit des Barock (oben rechts, Ausschnitt). — PYRITZ hat sich heute sehr verändert: Blick zum Bahner Tor (unten).

nach Stargard, dem sog. „Polackenweg" oder „Lotstich" (Lotstieg). Neben dem wendischen Burgflecken und seiner 1124 gegründeten Kirche entstand in der Mitte des 13. Jahrh. eine deutsche Siedlung, die 1263 von Barnim I. magdeburgisches Stadtrecht erhielt – der ehemalige Burgflecken blieb unter dem Namen „Altstadt" bis 1939 eine eigene Gemeinde.

Das Herz des Weizackerlandes wirkt heute wie eine Stadt ohne Herz. Und doch hatte es einst eines – und was für eines! Die Pyritzer waren stolz, wenn man auch ihre Stadt als das „pommersche Rothenburg" bezeichnete! Die vollständig erhaltene Stadtmauer mit ursprünglich 8 Türmen, 26 Wiekhäusern und zwei großen Stadttoren umschloß ein reizvolles mittelalterliches Stadtbild, das die Wohlhabenheit seiner bäuerlichen Umgebung wiederspiegelte.

Der zweite Weltkrieg hat damit ein Ende gemacht. Pyritz lag 1945 – beginnend mit dem heftigen Beschuß vom 3.–6. 2. – etwa 6 Wochen in der Hauptkampflinie und wechselte dreimal den Besitzer. Nach der endgültigen Eroberung durch die Rote Armee am 6.3.1945 war die Stadt weitgehend zerstört, was noch stand, ließen die Russen am 20.4.1945 in Flammen aufgehen. Nach einer amtlichen polnischen Erhebung vom Juni 1945 waren nur noch 237 Gebäude benutzbar, damit gehört Pyritz mit einem Zerstörungsgrad von fast 90 % der Bausubstanz zu den am schwersten zerstörten Städten Ostdeutschlands.

Wiederhergestellt sind die Stadtmauer, das Bahner Tor (ohne das Obergeschoß), die Mauritiuskirche (mit verändertem Westturm und ohne das Chortürmchen) sowie die Heilig-Geist-Kirche. Vom einst so prachtvollen Stettiner Tor verblieben nur geringe Reste, in der Stadtmauer klafft eine breite Lücke. Einige wenige Großblockbauten in der Innenstadt, vor allem im östlichen Teil, können nicht darüber hinwegtäuschen, daß der Wiederaufbau von Pyritz nicht vollendet ist. Große von Unkraut überwucherte Freiflächen harren noch der Herrichtung. Trotzdem leben heute in dieser Stadt 11 634 Polen, 1939 bot sie 11 287 deutschen Pyritzern ein Zuhause. Das heutige Erscheinungsbild von Pyritz beweist einmal mehr die Unfähigkeit des sozialistischen Systems, eine Stadt menschenwürdig zu gestalten. Wiederaufbau bedeutet eben mehr, als nur ein paar eintönige Großplatten zu Wohnblocks aufzustapeln und damit irgendein Wohnungsbausoll zu erfüllen. Heimat wurde hier für die neuangesiedelten Polen wohl kaum geschaffen, denn diese Betonkästen lassen sich überall aufstellen – wenn dies Heimat sein soll, dann wäre sie damit verpflanzbar.

Wer Pyritz und vorher Stargard erlebt hat, wird nachdenklich diese Städte verlassen; umso befreiender wirkt dann die Weite der allmählich nach Süden ansteigenden Landschaft. Sanft, beinahe unmerklich durchquert die Landstraße nach Lippehne bei Naulin den Pommerschen Landrücken, der hier seit über 700 Jahren auch die Grenze zur benachbarten Neumark trägt.

60

PYRITZ aus der Vogelschau. Lithographie von Robert Meyer-Pyritz, 1879 (Ausschnitt).

LIPPEHNE

Das auf einer Halbinsel im Südzipfel des 168 ha großen Wendel-Sees gelegene Städtchen liegt in einem nach Norden in den Kr. Pyritz hineinreichenden Zipfel des Soldiner Landes, der nach 1945 zu Pyritz geschlagen wurde, da Lippehne vorübergehend die poln. Kreisbehörden für Pyritz infolge der starken Zerstörungen jener Stadt aufzunehmen hatte — Lippehne blieb vom 2. Weltkrieg nahezu völlig verschont. Auch nach der poln. Gebietsreform von 1975 ist es bei der Stettiner Wojewodschaft verblieben.
Der Ort scheint erstmals im 13. Jahrhundert als Mittelpunkt eines dem Bischof von Cammin gehörigen Landes, das 1276 durch Verkauf an die brandenburgischen Askanier überging. Eine städtische Siedlung wird erstmals 1332 genannt, sie ist in Ellipsenform (620 × 330 m) mit rechteckigem Marktplatz in der Mitte angelegt. Von der mittelalterlichen Stadtbefestigung sind Reste der Mauer sowie die beiden Tore, das Pyritzer und Soldiner Tor, erhalten. In alter Zeit war Lippehne wegen seines Bieres berühmt, jedoch blieb es eine kleine Ackerbürgerstadt, die 1881 Bahnanschluß nach Küstrin erhielt und 1939 4374 Einwohner zählte (1975: 4475 Ew.).
Die Straße folgt noch bis Glasow, einem wichtigen Abzweigbahnhof der Linie nach Berlinchen-Arnswalde, der Stargard-Küstriner Bahn, um dann auf einer neuen Trasse durch den Adamsdorfer Forst auf Schönberg zuzulaufen. Sie ist als Fernstraße ausgebaut und ist jetzt eine Europastraße (E 14). Südlich dieses Dorfes tritt sie in die weiten Waldungen der Soldiner Heide ein, die auf den südlichen, von Sandern bedeckten Abdachungsflächen des Landrückens stehen, erst hinter Marwitz wird wieder die offene Landschaft der südlichen Neumark im Vorfeld von Landsberg a. d. Warthe erreicht.

LANDSBERG a. d. WARTHE

Die an der Warthe sich erstreckende größte Stadt der Neumark zieht sich auch auf die Hänge am Nordrand des Warthe-Urstromtales hinauf, z. T. in das Nebental des Kladow-Fließes hinein. Die Stadt war mit ihren 48 053 Einwohnern (1939) der geistige und wirtschaftliche *Mittelpunkt Ostbrandenburgs,* ihr Aufschwung begann nach dem Bau der Ostbahn 1857, Maschinenfabriken, eine Eisengießerei, Jutespinnerei und Kalkbrennerei folgten. Eine höhere Lehranstalt für praktische Landwirte (Preußische Landwirtschaftliche Versuchs- und Forschungsanstalten) machte die Stadt zu einem Zentrum der Agrarforschung. Auch als kulturelles Zentrum der Neumark war sie angesichts der Nähe der polnischen Grenze vor dem Kriege von Bedeutung (Stadttheater, Gymnasium).

Die Marienkirche zu Landsberg/Warthe (Zeichnung: Dr. Heinz Walsdorff)

Landsberg entstand als planmäßige Gründung („Landisberch nova", im Gegensatz zu Alt Landsberg bei Berlin) 1257 gegen die damals von Polen gehaltene Grenzfestung Zantoch. Im 16. Jahrh. entwickelte es sich zu einem bedeutenden Handelsplatz, dem jedoch in zunehmendem Maße in Frankfurt/Oder eine Konkurrenz erwuchs. Das 18. Jahrh. brachte der Stadt durch die

63

Die Marienkirche in ARNSWALDE (oben links). Das Pyritzer Tor ist eines der beiden noch erhaltenen Stadttore in LIPPEHNE (oben rechts). Im Zentrum von FRIEDEBERG/Nm. mit der Marienkirche (unten).

von Brenckenhoff geleitete Urbarmachung des Warthe-Bruchs großen Nutzen, gehörten der Stadt damals doch weite Ländereien (hier allein 28 900 Morgen, auf denen 650 Kolonistenfamilien ein neues Zuhause fanden). Die Stadtbefestigung verschwand weitgehend im 18. und 19. Jahrhundert. Seit 1892 bildete Landsberg einen eigenen Stadtkreis.
Im 2. Weltkrieg wurde die Stadt schwer zerstört (50 % der Bausubstanz, darunter weitgehend die Innenstadt), der Wiederaufbau hat sowohl im Zentrum als auch in den Vororten einförmige Wohnblocks entstehen lassen, die der Stadt ein monotones Aussehen geben. Die mächtige, wiederhergestellte Marienkirche ist jetzt Bischofskirche, nachdem die seit 1946 bestehende provisorische polnische Kirchenverwaltung 1972 zu einem Bistum erhoben worden ist. Seit 1975 ist Landsberg auch Sitz einer Wojewodschaft, sie umfaßt den nördlichen Teil Ostbrandenburgs bis hin zur Linie Reppen – Lagow – Tirschtiegel bei einer Größe von 8498 km mit (1977) 444 400 Einwohnern. Die Einwohnerzahl von Landsberg ist bis 1977 u. a. durch Eingemeindungen (Wepritz, Merzdorf) auf 95 300 Personen gestiegen. –
Bis 1938 gehörten auch die Kreise Arnswalde und Friedeberg zur Neumark, daher mögen die beiden Kreisstädte auch in unsere Betrachtungen mit einbezogen werden.

ARNSWALDE

Arnswalde ist eine alte märkische Gründung, die dem askanischen Vordringen in der Neumark während des 13. Jahrh. ihr Entstehen verdankt. Die erste sichere und urkundliche Erwähnung datiert aus dem Jahre 1281: Arnswalde war damals Ausstellungsort einer markgräflich-brandenburgischen Urkunde. Die Kolbatzer Mönche, die in dieser Gegend seit 1232 Besitzungen hatten, überließen 1282 Hof und ,,Feldmark Arnsvolde" den Markgrafen, die bald nach Beendigung der Auseinandersetzungen mit Pommern (1284) hier aus wilder Wurzel zur Sicherung der Grenze eine Stadt anlegten, die 1291 erstmals bezeugt ist. Sie erhielt das Stadtrecht von Angermünde (eine Unterform des Magdeburger Rechts).
Die nur drei Kilometer westlich der Stadt verlaufende Grenze zu Pommern verblieb fortan für fast 7 Jahrhunderte unverändert; Arnswalde war somit ein vorgeschobener Posten in der hinteren Neumark, zu der bis 1815 auch noch die Kreise Dramburg und Schivelbein gehörten. 1938 fiel die Stadt mit ihrem Kreis an Pommern, doch blieb in den Arnswaldern das Bewußtsein, Märker zu sein, lebendig – 700 Jahre Geschichte sind eben nicht mit einem Federstrich abzuändern.
Das Jahr 1945 brachte für diese neumärkische Kreisstadt wohl die schwersten Tage ihrer Geschichte: In der Zeit vom 4.–21. 2. wurde die Stadt von sowjetischen Truppen heftig beschossen, doch die tapfere Gegenwehr unter Generalmajor Voigt konnte den ,,festen Platz" Arnswalde bis zum 21. 2. 1945

halten und damit den Durchbruch der Sowjets in Richtung Stargard-Stettin aufhalten. Wohl unvergessen wird es jedem Arnswalder bleiben, als am 19. 2. 1945 abends um 20 Uhr der Auszug der etwa 6000–8000 Bewohner aus ihrer Heimatstadt begann – durch einen von der Wehrmacht offengehaltenen Schlauch aus der sonst völlig vom Feind eingeschlossenen Stadt. Superintendent Gramlow stellte sich dabei an die Spitze seiner Schar – ein wahrer Hirte seiner Herde: Hier war der tiefere Sinn des Wortes „Pastor" augenfällig geworden. Nach einem langen Fußmarsch über Reichenbach erreichten die Arnswalder schließlich das (noch) sichere Zachan.

Zurück blieb eine zu 85 % zerstörte Stadt, aus deren Trümmern noch lange der zerschossene Turmstumpf der mächtigen Marienkirche ragte – erst gegen Ende der 60er Jahre wurde er repariert. Der Wiederaufbau der Stadt erfolgte in monotoner blockartiger Bauweise um die Kirche herum, das Gesicht Arnswaldes ist damit fremd geworden. Heute leben rd. 12 000 Menschen in „Choszczno" (1939: 13 960).

Östlich von Landsberg erreicht man nach 26 km auf der alten Reichsstraße 1 den Kreis Friedeberg, der wie Arnswalde bis 1938 zur Mark Brandenburg gehörte und dann ebenfalls Pommern angeschlossen wurde. Die Straße führt über die Höhen im nördlichen Drittel des Kreises, das sich in einem markanten Steilrand scharf vom Netzebruch abhebt. Die weite Stromaue der Netze hatte der Königl. Preußische Oberfinanz-, Kriegs- und Domänenrat Franz Balthasar Schönberg von Brenckenhoff ab 1762 trockenlegen lassen und hier zahlreiche Neusiedler aus nichtpreußischen Landen angesetzt. Ortsnamen wie Neu Anspach, Neu Mecklenburg und Neu Ulm verrieten bis 1945 die Herkunft der Bewohner. Heute ist alles der Polonisierung anheim gefallen, die riesigen Wiesen sind teilweise wieder der Versumpfung erlegen.

FRIEDEBERG/NM.

Bereits zwischen 1260 und 1270 hatte der brandenburgische Markgraf Konrad an einem alten Weg bei dessen Übergang über eine kleine Senke zwischen zwei Seen die neue Stadt „Vredeberge" gegründet, als Sperrfeste gegen das nahe Polen. Schon 1272 wurde die neue Siedlung bei einem Poleneinfall zerstört, aber gleich wiederaufgebaut. Noch heute läßt sich am Stadtplan ablesen, wie regelmäßig der Ort wiedererstand: Der mittelalterliche Stadtgrundriß ist kreisförmig und von schachbrettartiger Aufteilung. Die Stadtmauer umschließt eine Grundfläche von 24 ha, der Durchmesser der Stadt beträgt etwa 500 m. Zwei der sich so ergebenden quadratischen Baublöcke wurden mit Häusern nicht bebaut, sondern für den Marktplatz und die Marienkirche mit ihrem zugehörigen Kirchhof freigehalten. So stellt sich trotz mehrfacher späterer Zerstörungen der Grundriß Friedebergs als Musterbeispiel einer planvollen ostdeutschen Stadtgründung dar.

Der Aufriß, d. h. die eigentliche Bebauung, war natürlich viel mehr den

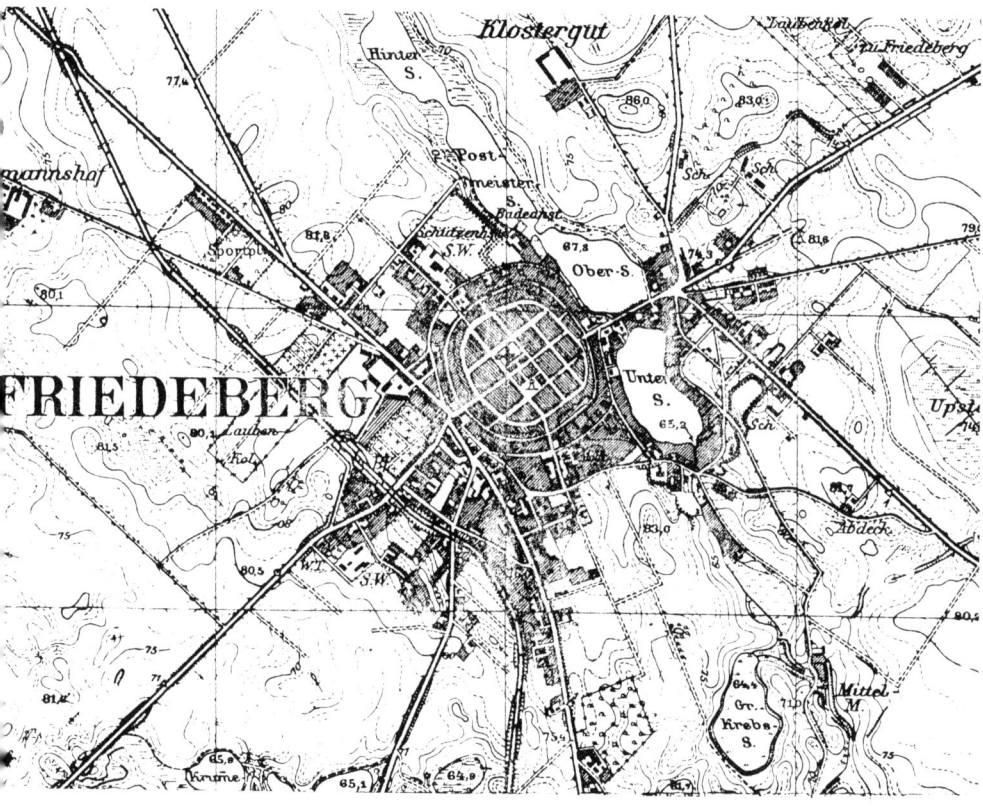

Deutlich zeigt das Meßtischblatt (Nr. 3159 Friedeberg/Nm.) die Regelform der ostdeutschen Stadtanlagen: Mit seinem kreisförmigen, im Schachbrettmuster aufgeteilten Grundriß verkörpert Friedeberg in der Neumark den Idealtyp der planmäßigen Gründungen des 13./14. Jahrhunderts (mit Genehmigung des Instituts für Angewandte Geodäsie — Außenstelle Berlin).

Schicksalsschlägen vergangener Kriege ausgesetzt. So verschwand das mittelalterliche Rathaus bereits um 1600 und wurde durch mehrere Nachfolger ersetzt, deren letztes aus dem Jahre 1872 stammt. Auch die Marienkirche, vor allem ihr Turm, hat sich viele Veränderungen gefallen lassen müssen; nach 1945 haben die Polen sie in veränderter Form wiederaufgebaut: Der Turm erhielt anstelle seiner hölzernen Kuppel ein flaches Walmdach, das Kircheninnere wurde in modern-schlichter Weise wiederhergestellt.
Die Einweihungsfeier der wiederaufgebauten Kirche gestaltete sich übri-

gens in geradezu ökumenischem Geist: der polnische katholische Bischof von Landsberg, der die Weihe vornahm, gab auch dem letzten deutschen evangelischen Superintendenten von Friedeberg, Eduard Schendel, das Wort – dieser war vom jetzigen polnischen Propst eingeladen worden und konnte mit Hilfe des Bischofs, der auch als Dolmetscher einsprang, zu den heutigen polnischen Bewohnern von Friedeberg sprechen. Ein schönes Beispiel christlichen brüderlichen Verstehens, das aber leider bisher eine Ausnahme blieb.

Friedeberg erlitt 1945 erhebliche Schäden, auch hier war – wie in vielen pommerschen Städten – ein großer Teil der Innenstadt zerstört worden. Doch hat der polnische Wiederaufbau die Züge des alten Friedeberg nicht so verändert wie anderenorts, nicht zuletzt, weil Stadtmauer, Neues und Driesener Tor stehengeblieben bzw. restauriert worden sind.

Wenden wir uns nun wieder der eigentlichen Fahrtroute zu: Der Weg führte dann von Landsberg zurück nach Stettin – über Beyersdorf, Schönberg, Brügge auf der alten R 113 durch eine offene, hügelige Landschaft, den fruchtbarsten Teil der Neumark, zuerst nach

SOLDIN

Die am Südende des 616 ha großen Soldiner Sees unweit des Austritts der Mietzel gelegene ehemalige Hauptstadt der Neumark gehört zu den regelmäßigsten Stadtanlagen der deutschen Ostsiedlung des 13. und 14. Jahrhunderts. Bereits im Jahre 1234 hatte der Templerorden das Soldiner Gebiet erworben und hier einen Wirtschaftshof angelegt, das sie allerdings bereits 1261 an die brandenburgischen Markgrafen abtraten, die um 1270 hier eine Stadt gründeten. Nach einem Poleneinfall 1271 erhielt die Stadt weitgehende Rechte (u. a. Rechtsvorort für die neumärkischen Städte), 1275 ist bereits ein Dominikanerkloster in Soldin nachweisbar, das einzige in der Neumark (die Baulichkeiten im Süden der Altstadt wurden vor 1945 als Gotteshaus für die Reformierten bzw. als Heimatmuseum genutzt, jetzt dienen sie als ,,Kulturhaus" für das Soldiner Land). Nach der Erwerbung von Zantoch durch die brandenburgischen Markgrafen wurde die dort befindliche Propstei 1296 nach Soldin verlegt, der Soldiner Dompropst wurde zum ranghöchsten Prälaten der Neumark, die St. Peter- und Paul-Pfarrkirche wurde zur Domkirche. Diese war ursprünglich ein Granitquaderbau, der um 1300 zu einer kreuzförmigen, dreischiffigen Hallenkirche erweitert wurde, mit einem mächtigen quadratischen Westturm. Die Probstei gehörte zum pommerschen Bistum Cammin, dessen Südgrenze in der Neumark die Mietzel bildete. Die Rolle Soldins als Hauptstadt der Neumark zeigte sich auch darin, daß seine Maße und Gewichte 1540 für die ganze Neumark verbindlich wurden, auch war es im Mittelalter Tagungsort der neumärkischen Landstände, bis es später von Küstrin in dieser Funktion abgelöst wurde.

Der Soldiner Dom (Zeichnung: Dr. Heinz Walsdorff).

Nach der Reformation wurde das Domstift säkularisiert und seine Güter dem landesherrlichen Amt Karzig zugewiesen; Soldin wurde im 18. Jahrh. Kreisstadt, blieb aber eine kleine Ackerbürgerstadt (1939: 6124 Einw.). Von der mittelalterlichen Stadtbefestigung mit ihren einst 49 Türmen und Wiekhäusern blieben nur geringe Reste erhalten (Pyritzer und Neuenburger Tor, Pulverturm).

Bereits am 28. 1. 1945 fiel die Stadt in die Hände der Roten Armee, zu 40 % wurde sie zerstört. Die Polen setzten 1945 hier Kreisbehörden ein, die sie ihrer Stettiner Wojewodschaftsverwaltung unterstellten (bis 1975). Heute zählt Soldin 9474 Bewohner (1974).

Über Schildberg und Rufen ging es dann aus der Neumark heraus wieder der pommerschen Grenze zu, die hier auf dem alten Loth-Weg durch den Forst Wildenbruch verläuft. Dieser Weg erscheint bereits 1234 bei der Festlegung der Südgrenze der „terra Banen" als „antiqua via, que Lotstich dicitur" und ist fortan bis 1945 ununterbrochen über 700 Jahre die Grenze Pommerns zur Neumark geblieben.

Daten zur Geschichte der Neumark

bis 5. Jahrh.	Altgermanischer Siedlungsraum (Burgunder)
ab 6./7. Jahrh.	Nach der Völkerwanderung Einwanderung von Slawen aus dem Osten, das Gebiet zwischen Oder und Warthe-Netze gehört im 10./ 11. Jahrh. zum Siedlungsraum der Pomoranen
972	besiegt der poln. Herzog Mieszko bei Cidini (wahrscheinlich Zehden) den vom Kaiser abgefallenen Markgrafen Hodo
1092	wird in den Kämpfen zwischen Pommern und Polen das ,,castrum Drzn" (= Driesen) erstmals erwähnt
um 1180	residiert der pomm. Herzog Bogislav I. († 1187) in der Burg Chinz (= Königsberg/Nm.)
1235—1242	hat Herzog Heinrich der Bärtige von Schlesien nach Kämpfen mit Polen und Pommern den Raum zwischen Zehden und unterer Netze im Besitz
1244	erste Erwähnung der deutschen Stadtgründung Königsberg/Nm.
ab 1250	fassen die brandenburg. Markgrafen mit poln. Einverständnis in der Neumark Fuß und erwerben in den folgenden Jahrzehnten durch Verdrängen der Pommern und durch Auskauf geistlicher Grundherren dieses ,,Land über Oder" bis über die Drage hinaus zur Küddow. Sie besiedeln es, z. T. mit Hilfe deutscher Adelsgeschlechter (v. Wedel), mit deutschen Bauern und gründen zahlreiche Städte.
1250	ergreifen die brandenburg. Markgrafen auch vom Land Lebus Besitz, das im Norden über die Warthe hinaus bis zur Mietzel reicht (Cammin-Lebuser Bistumsgrenze bis zum 16. Jahrh.)
1257	Gründung der Stadt Landsberg/Warthe
nach 1261	Gründung der Stadt Soldin
vor 1269	Gründung der Stadt Arnswalde
1276	erwirbt Markgraf Konrad v. Brandenburg die Kastellanei Zantoch (ohne die Burg) als Heiratsgut
1278	Gründung von Neu Berlin (= Berlinchen)
1294	Gründung des Klosters Marienwalde (Kr. Arnswalde)
1297	Gründung von Dramburg
1300	schenkt Markgraf Albrecht III. dem Kloster Kolbatz Ländereien für ein zu gründendes Kloster (Himmelstädt, Kr. Landsberg/W.)
1303	Erteilung des Gründungsprivilegs für ,,Arneskrone" (= Deutsch Krone) durch die brandburg. Markgrafen
1337	läßt Markgraf Ludwig v. Wittelsbach ein Dorfregister (Landbuch) anlegen
1368	überläßt Markgraf Otto der Faule v. Brandenburg das Kroner Land (zwischen Drage und Küddow) dem poln. König
1370	fällt das Land Bernstein an Pommern (1478 z. T. zurückerworben)
1396	erwirbt König Sigismund die nun erstmals ,,Neue Mark über Oder" genannte Landschaft
1402—1455	gehört die Neumark dem Deutschen Ritterorden (durch Kauf)
1433	verheerender Einfall der Hussiten in die Neumark; Zerstörung zahlreicher Dörfer und Städte
1535—1571	ist die Neumark zusammen mit dem Land Sternberg und den böhmi-

schen Lehen Crossen und Cottbus ein selbständiges Fürstentum unter dem jüngeren Sohn Kurfürst Joachims I., Johann. Küstrin wird dessen Residenz

1538	Einführung der Reformation in der Neumark
1562	wird die Stadt Neudamm von der Kurfürstin Katharina gegründet (dazu Papiermühle und Druckerei)
1571	bleibt die Neumark nach dem Tode Markgraf Johanns ein eigener Verwaltungsbezirk mit Regierung, Kriegs- und Domänenkammer sowie Konsistorium in Küstrin. Seit etwa dieser Zeit sind auch die 7 Landreiterbezirke („Beritte") nachweisbar, aus denen später die 3 „Vorderkreise" Königsberg, Soldin und Landsberg sowie die 4 „Hinterkreise" Friedeberg, Arnswalde, Dramburg und Schivelbein hervorgehen. Hinzu kommen noch die 4 „einverleibten" (incorporierten) Kreise Sternberg, Crossen, Züllichau und Cottbus.
1618–48	werden im 30jährigen Krieg besonders die Festung Küstrin und die Paßorte Driesen und Landsberg umkämpft
1655	wird an die Spitze der neumärkischen Verwaltung ein „Landesdirektor" gestellt
1730–1732	Kronprinz Friedrich in der Festung Küstrin inhaftiert, Hinrichtung seines Freundes Katte.
1747–1763	Trockenlegung und Kultivierung des Oderbruchs, Ansetzung von 1134 Familien (Friedrich d. Gr. 1763: „Hier habe ich im Frieden eine Provinz erobert.")
1754	Gründung des Eisenwerks in Vietz
1756–1763	ist während des 7jährigen Krieges besonders die Neumark Kriegsschauplatz (1758 Schlacht von Zorndorf, 1759 Kunersdorf); dabei kommen im Lande ca. 57 000 Menschen um, 2000 Gebäude werden zerstört, völlige Auflösung des Viehbestandes
1763–1785	Urbarmachung des Warthe- und Netzebruchs unter Leitung v. Balthasar Schönberg v. Brenckenhoff: Auf 120 000 Morgen werden 3000 Familien in 152 Dörfern und Vorwerken angesiedelt
1772	fällt im Rahmen der 1. polnischen Teilung der östlich an die Neumark angrenzende Netzedistrikt an Preußen; Fortsetzung des Kolonisationswerkes im Netzebruch
1815	wird die Neumark dem neuen Reg.-Bez. Frankfurt/Oder innerhalb der Provinz Brandenburg zugeteilt; die Kreise Schivelbein und Dramburg sowie ein Teil von Arnswalde fallen an Pommern
1848	wird durch Arnswalde – Woldenberg die erste Eisenbahn in der Neumark erbaut (Stargard-Posener Eisenbahn)
1857	Inbetriebnahme des Ostbahnabschnitts Frankfurt/O. – Küstrin – Landsberg/W. – Kreuz
1920	wird die Neumark wieder Grenzland (Abtretung des größten Teiles der Provinz Posen an Polen)
1938	Gebietsreform: die Kreise Arnswalde und Friedeberg werden an Pommern abgetreten (Reg.-Bez. Grenzmark Posen-Westpreußen); damit sind nur noch die 3 „Vorderkreise" brandenburgisch
1945	wird nach z. T. heftigen Kämpfen (Küstrin zu 90 %, Arnswalde zu 80 % zerstört) fast die ganze Neumark bis zur Oder unter polnische Verwaltung gestellt und die deutsche Bevölkerung restlos vertrieben.

BAHN

Dieses „Land Bahn" schenkte 1234 der pommersche Herzog Barnim I. dem Templerorden, gleichzeitig ist von einer „civitas Ban" die Rede — die Stadt Bahn ist also die älteste pommersche Stadtgründung (Stettin und andere Orte haben erst wenige Jahre später Stadtrecht erhalten) überhaupt. Nach der Aufhebung des Templerordens fiel das Land Bahn an die Johanniter. Die Besiedlung des Gebietes dürfte aus dem Raum südlich von Berlin aus erfolgt sein, wo die Templer Besitzungen hatten (Tempelhof!) und wo fast alle Orte des Bahner Landes wiederkehren (Marienthal, Selchow, Gebersdorf u. a.). Bahn war damals ein bedeutender Ort, was u. a. durch die verhältnismäßig große, in Granitquadern angelegte Stadtkirche gestützt wird. Dieser Bau war einst im Mittelalter eine bedeutende, an Kunstschätzen reiche Kirche, die nach dem Brand von 1690 eine Flachdecke erhielt. Sie war Mittelpunkt eines berühmten Passionsspieles, das allerdings 1498 ein wenig rühmliches Ende fand: 3 Darsteller wurden erschlagen, ein vierter wurde aufs Rad geflochten. Seither kannte man in Pommern das Sprichwort: „Es geht aus wie das Spiel zu Bahn", wenn man eine Sache mit ungutem Ende charakterisieren wollte. 1653—1679 gehörte das Städtchen den Schweden, bis 1945 blieb es eine kleine Ackerbürgerstadt, die 1939 2884 Einwohner zählte und 1945 schwer zerstört wurde (50 %). Viele Hausstellen blieben wüst, der Ort verlor unter polnischer Herrschaft sein Stadtrecht, das es bis dahin immer bewahren konnte, und sank zur Landgemeinde herab (1975 mit den Dörfern der Umgebung 6864 Bewohner, 1980 nur noch 6390).
Anschließend ging es an der 1945 zerschossenen Gertrudskapelle vorbei über Liebenow und Rosenfelde mit seiner zerstörten Kirche durch das Bahner Hochland nach Greifenhagen. Bei Kronheide wurde die 1970—77 errichtete Anlage des neuen 1600-MW-Kohlenkraftwerkes „Untere Oder" sichtbar, das bei Neuzarnow steht und mit seinen beiden riesigen Schornsteinen weit über die Oder in die DDR hinein zu sehen ist. Es sichert heute die Energieversorgung des Stettiner Raumes mit oberschlesischer Kohle.

GREIFENHAGEN

An der schmalsten Stelle des Odertales (4 km) gelegen, war Greifenhagen in alter Zeit eine Ackerbürger- und Fischerstadt, die 1254 als „Gryphenhagen" von Herzog Barnim I. von Pommern gegründet wurde. Die Stadt wurde planmäßig im Schachbrettgrundriß angelegt, seit 1314 war sie durch Mauern und zwei Stadttore geschützt, von denen nur noch geringe Reste und das 1945 stark zerstörte, aber wiederaufgebaute 15 m hohe Bahner Tor im Süden der Altstadt erhalten geblieben sind. Von der Innenstadt blieb am Ende des Krie-

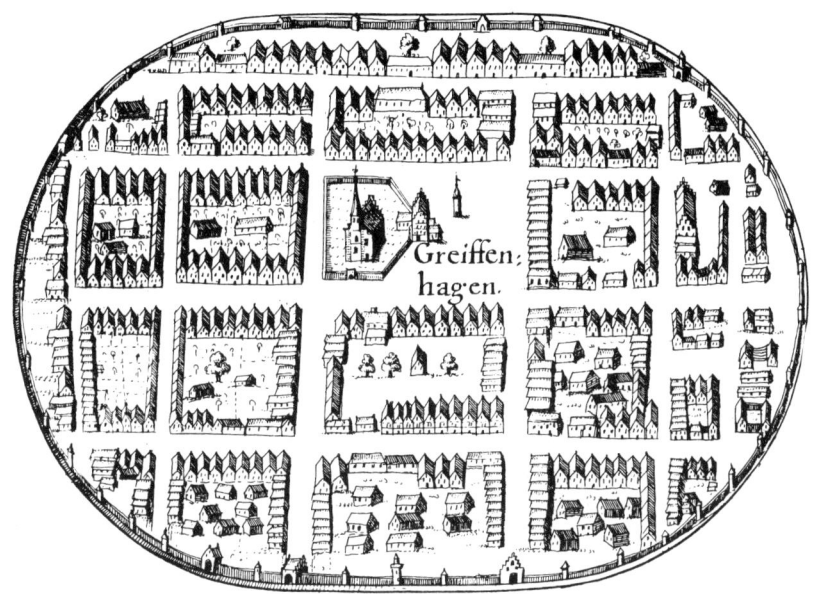

Schon auf der ältesten Ansicht von Greifenhagen wird die Regelmäßigkeit seiner Stadtanlage deutlich (nach der Großen Lubinschen Karte von Pommern, 1618).

ges nicht viel übrig, moderne graue eintönige Betonkästen versuchen hier heute so etwas wie einen städtischen Mittelpunkt zu schaffen.

Die Nikolaikirche, ein Granitquaderbau aus dem 13./14. Jahrh. mit kreuzförmigem Grundriß, wurde nach den schweren Kriegszerstörungen wiederhergestellt, einschließlich des Turmes, der erst 1938/39 anstelle des früheren achteckigen spitzen Helmes eine barocke, durchbrochene Laterne aufgesetzt bekommen hatte, was der Kirche einen gestreckten Eindruck verleiht.

Die große, in Richtung Mescherin führende Oderbrücke ist zwar wiederhergestellt worden, jedoch heute ohne Verkehr, da die Straße an der Westoder durch die Oder-Neiße-Linie unterbrochen ist. Doch das war nach 1945 wohl nicht immer so: Ältere, in den 50er Jahren in der DDR erschienene Karten zeigen in diesem Raum einen anderen Grenzverlauf. Danach verblieb die Reichsstraße 113 mit der Brücke über die Westoder auch auf westlicher Seite noch ein Stück unter polnischer Kontrolle, erst knapp westlich der Abzweigung nach Staffelde-Pargow bog die Demarkationslinie nach Norden um. Neuere Karten zeigen die Ortschaft Staffelde und den westlich der Westoder gelegenen Abschnitt der R 113 als zur DDR gehörig. Offensichtlich ist die „auf ewig geschlossene Oder-Neiße-Friedensgrenze" doch nicht so endgültig!

73

Hier ist sie jedenfalls *zugunsten* der DDR revidiert worden; wenn man bedenkt, welchen Stellenwert das Wort „Revisionismus" im Osten hat, ist das eine erstaunliche Tatsache.

Greifenhagen ist zwar seit 1975 nicht mehr Kreisstadt, wuchs jedoch durch den Bau des Kraftwerks auf 15 296 Einwohner an (1980; 1939: 9858 Einwohner). Die starken Kriegszerstörungen (70 %, die Innenstadt fast vollständig) und die unmittelbare Nähe zur „Friedensgrenze" haben die Entwicklung der Stadt lange gehemmt, erst um 1974 wurde der Vorkriegs-Einwohnerstand wieder erreicht.

Nach der Ausfahrt aus Greifenhagen führt die Straße parallel zur hier zweigleisig ausgebauten Bahnlinie nach Stettin durch das Gemüseanbaugebiet von Wintersfelde-Ferdinandstein-Retzowsfelde – alles Dörfer, die im Zuge der friderizianischen Kolonisation durch die Urbarmachung des Odertales entstanden sind. Nach der Unterquerung der Autobahn waren die südlichen Vororte Stettins erreicht: Klütz, Sydowsaue und Podejuch gehören nach wie vor (seit 1939) zu Stettin, machen aber einen heruntergekommenen Eindruck. In Podejuch zweigt die neue „Posener Schnellstraße" von der Landstraße Altdamm-Greifenhagen ab, sie überquert auf dem Bahndamm der Umgehungsbahn (die heute – elektrifiziert – den Hauptzugang der Eisenbahn nach Stettin darstellt) die Oderniederung, um südlich von Scheune die Berlin-Stettiner Chaussee und damit Stettiner Stadtgebiet zu erreichen.

Literatur:
BESKE, Hans und HANDKE, Ernst (Hrsg.): Landsberg an der Warthe 1257 – 1945 – 1976. 3 Bände. Bielefeld 1976–1980
FLORET, Otto und KRAUSE, Walter: 1263–1963 700 Jahre Weizackerstadt Pyritz/ Pom. (Korbach) 1963
Kreis Greifenhagen in Wort und Bild. 2. erw. u. veränd. Aufl. Hamburg 1964 (Unvergessene Heimat)
HEINRICH, Gerd (Hrsg.): Berlin und Brandenburg. Stuttgart (1973). (Handbuch der historischen Stätten Deutschlands, 10)
LEMCKE, Hugo: Die Bau- und Kunstdenkmäler des Regierungsbezirks Stettin. Heft VI Der Kreis Greifenhagen. Stettin 1902
MÖRKE, Fritz (Bearb.): 1269–1969 700 Jahre Arnswalde/Neumark. Wunstorf (1969)
Unser Pommerland, Sonderheft „Die Buchheide" bei Stettin, 14. Jg. H. 5/6, Stettin 1929
RACKMANN, Otto: Bahn, eine kleine pommersche Landstadt. Lübeck 1970
SCHENDEL, E(rhard) und SCHAUER, Hans (Hrsg.): Erinnerungen an Stadt und Land Friedeberg/Nm. Berlin 1974
Heimatkreis Soldin/Neumark. Die Geschichte eines ostdeutschen Landkreises. Soltau 1981
STAMPA, Joachim: Stargard in Pommern. Schicksale einer deutschen Stadt (Elmshorn 1974)
– Stargard in Pommern und seine Gotteshäuser (Elmshorn 1975)
– Stargard in Pommern. Stadt der Tore und Türme – Die Wehrbauten (Elmshorn 1976)

Die Kirche zu BAHN, der ältesten pommerschen Stadt (oben). Vom alten GREIFENHAGEN stehen heute nur noch die Nikolaikirche (unten links) und das Bahner Tor (unten rechts).

Über Höhen und Heiden
von der Oder zur Weichsel

(Stettin – Naugard – Plathe – Köslin – Bublitz – Rummelsburg – Bütow –
Berent – Skurz – Schwetz – Thorn; 481 km)

Am Linowsee bei Bublitz (Zeichnung: Dr. Heinz Walsdorff).

Man hat einmal gesagt, Pommern sei ein Land der Ruhe und Beschaulichkeit;
doch waren seine Menschen nicht verschlafen, sondern von einer inneren
Gelassenheit, wie sie den Städtern nur wenig gegeben ist. Geprägt von der
unermeßlichen Weite des Horizonts, über dem sich ein weißblauer Himmel
wölbt, waren sie noch ganz eingebettet in eine Natur, die zwar in Jahrhunderten behutsam zur Kulturlandschaft umgeformt, doch nirgendwo in eine „Kul-
tursteppe" mit Hochspannungsleitungen, asphaltierten Feldwegen und fehlenden Feldrainen deformiert worden war, wie wir es leider heute in einigen
Gegenden der zu dicht besiedelten Bundesrepublik beobachten können. Das
Auge kann noch frei umherschweifen, Bäume säumen noch alleeartig die alten preußischen Landstraßen, die zusammen mit den spitzen Kirchtürmen die
Leitlinien und Orientierungspunkte der pommerschen Landschaft bilden.

Dies wurde ganz besonders bei dieser Fahrt deutlich, die auf der geradlinigen Chaussee Stettin – Köslin, einem Teilabschnitt der sich einst von Garmisch-Partenkirchen nach Danzig entlangziehenden Reichsstraße 2, verlaufen sollte, um dann über die *Höhen* des bis 256 m ansteigenden Pommerschen Landrückens in die dunklen, einsamen Kiefernforsten der Tucheler *Heide* zu führen – hinein nach Pommerellen, das auch in alter Zeit zu Pommern gehörte, wie schon der Name andeutet. Von der unteren Oder, dem Zentralraum Pommerns, bis zur unteren Weichsel, der Hauptachse Westpreußens, sollte der Bogen gespannt werden.

NAUGARD

Naugard war einst eine stille, (1939) 8148 Einwohner zählende Kreisstadt, deren zugehöriger Landkreis zwei sehr verschiedenartige Gesichter zeigte: Im Westen um Gollnow die weiten Kiefernforsten der Gollnower Heide, im Osten die offene, eiszeitlich überformte Drumlinlandschaft um Naugard und Daber mit ihren zahlreichen Senken, Rinnen und Seen, ihren Wallbergen (Osern), die alle von NNW nach SSO verlaufen. Der Ort entstand an der Stelle einer ,,neuen Burg" (= Naugard, im Gegensatz zu ,,Stargard", s. d.) und wird schon 1274 als ,,Burg und Stettlein Novgard" erwähnt. In diesem Jahre übertrug der Camminer Bischof Hermann von Gleichen seinem Neffen, dem Grafen Otto von Eberstein, das Naugarder Land als Lehen, es bildete bis 1663 die Grafschaft Eberstein. Naugard selbst erhielt 1309 das lübische Stadtrecht verliehen.

Die Stadt erlitt 1945 starke Zerstörungen (60 %), von der Altstadt blieb nicht viel übrig. Die Westhälfte zum Naugarder See hin ist nicht wiederaufgebaut worden: Weit schweift heute der Blick vom Marktplatz mit seinem protzigen Denkmal der ,,Waffenbrüderschaft" bis hin zum Wasser. Das kleine Rathaus an der SO-Seite blieb erhalten, rechts daneben entstand zu Beginn der 70er Jahre ein neues Kreishaus, das allerdings nach der Auflösung des Kreises 1975 überflüssig wurde und sich in ein Hotel verwandelte. Neuere Wohnblökke entstanden vor allem an der Greifenberger Straße, in der Umgebung der wiederhergestellten gotischen Marienkirche. Heute leben in Naugard 11 322 Bewohner.

Die Straße führte dann weiter nach Nordosten durch Groß Sabow, ein altes Bauerndorf, das in Geschichte und Lebensweise seiner Bewohner zu den besterforschten Pommerns gehört, und vorbei am früheren Abzweigbahnhof Piepenburg (die Nebenlinie nach Regenwalde wurde 1945 demontiert) nach

PLATHE

Das kleine Städtchen war vor dem Kriege eine Ackerbürgerstadt, die nie befestigt war. Es wird erstmals 1277 erwähnt, als der Ritter Dubislaw von Woedtke

*Rathaus (links)
und frühere
polnische
Kreisverwaltung
(jetzt Hotel)
in NAUGARD*

*Blick auf das
Osten-Schloß
in PLATHE*

*Am Marktplatz
in KÖRLIN*

78

die damals neuangelegte Stadt mit 100 Hufen bewidmete. Sie blieb fortan eine adlige Mediatstadt und war jahrhundertelang im Besitz des Geschlechts von der Osten, zeitweilig auch der von Blücher. Die erst 1904 fertiggestellte neugotische Stadtkirche ist erhalten, ebenso die beiden Schlösser: Sowohl das dem Grafen v. Bismarck-Osten gehörige Osten-Schloß (östlich vom Marktplatz), als auch das sog. Blücher-Schloß. Dieses 1866 durch Brandstiftung zerstörte und seither nur als Ruine erhaltene Gebäude ist von den Polen 1957−63 wiederaufgebaut worden und beherbergt heute eine Dependenz des Stettiner Staatsarchivs, die wohl die Reste der einstmals berühmten Bismarck-Ostenschen Bibliothek enthält, die früher die größte pommersche Privatbibliothek war und bis zu ihrer Plünderung durch die Russen 1945 unschätzbare Dokumente zur pommerschen Geschichte enthielt.

Die Chaussee nach Köslin über Witzmitz − Körlin folgt ungefähr der alten, bereits im Mittelalter bekannten Poststraße durch Pommern nach Danzig, die oft auch Heere benutzten, so etwa im Siebenjährigen Krieg: Plathe war damals mehrfach Hauptquartier russischer Truppen. Nicht anders war es 1945, als die Stadt zu 60 % zerstört wurde. Plathe zählte im Jahre 1980 nurmehr 3727 Bewohner (1975 waren es noch 3981!); 1939 lebten hier 3646 deutsche Plather.

KÖRLIN

Körlins große Tage sind schon lange vorbei, denn einst besaß es einmal ein großes Schloß, in dem im 14./15. Jahrh. die Bischöfe von Cammin residierten. Doch hat die Lage der Stadt am Schnittpunkt der alten Heerstraßen Stettin − Danzig und Kolberg − Neustettin − Posen ihr in der Vergangenheit oft nur Not und Elend eingebracht: Das Schloß wurde zerstört, im Kriege erging es dem Städtchen nicht viel besser, nicht zuletzt 1945; doch hielten sich die Schäden − im Gegensatz zu vielen anderen Städten Pommerns − im letzten Krieg glücklicherweise in Grenzen, so daß Körlin mit seinem weitgehend intakten Stadtbild noch immer den Eindruck eines typischen pommerschen Landstädtchens vermittelt, es zählt heute 5169 Einwohner (1939: 3421).

KÖSLIN

Die alte, 1266 gegründete, spätere Hansestadt am Fuße des bis 133 m hohen Gollen war vor dem Kriege eine bedeutende Behörden- und Schulstadt und als solche administrativer und kultureller Mittelpunkt des nördöstlichen Hinterpommern. Seit 1815 war es Sitz eines Regierungsbezirks, der 1939 auf 12 769 km^2 676 800 Einwohner zählte, 10 Land- und 3 Stadtkreise umfaßte und von Greifenberg − Labes bis Lauenburg reichte. Die kreisförmige, in re-

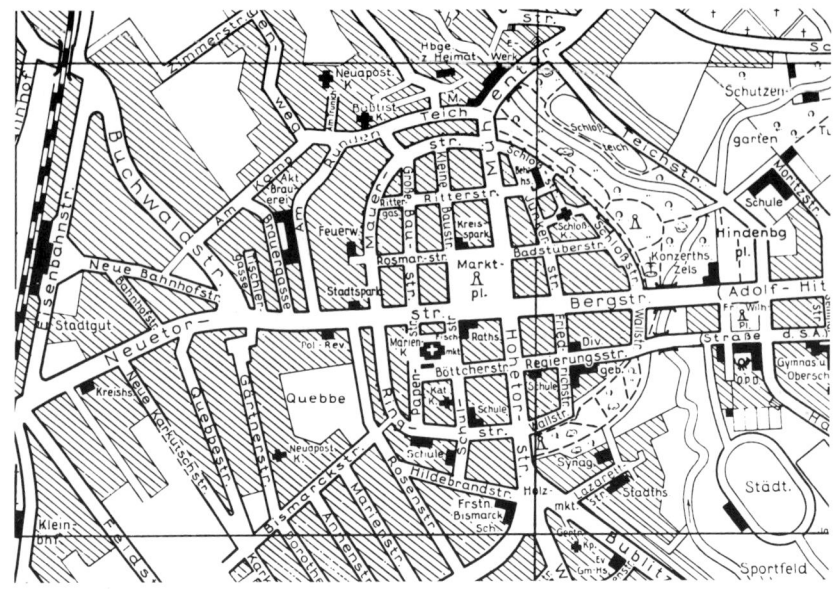

Übersichtsplan des Stadtzentrums von Köslin (1939)

gelmäßigem Schachbrettmuster angelegte Altstadt ist ein typisches Beispiel für die zur Zeit der deutschen Ostsiedlung des 13. Jahrh. erfolgten Stadtanlagen. Köslin zählte 1939 33 479 deutsche Bewohner.

Heute (1980) bevölkern 93 460 Polen die Stadt, die Einwohnerzahl nähert sich damit der statistischen Großstadtgrenze. Wie ist dieses rapide Wachstum zu erklären? Hatte doch die Stadt 1945 einige Kriegszerstörungen zu erleiden und vor allem die Brandschatzung der Innenstadt durch die Rote Armee hinzunehmen, bei der am Marktplatz nur ein Haus stehenblieb! Die Erklärung liegt in der Tatsache begründet, daß Köslin 1950 durch Teilung der Stettiner Wojewodschaft zum Sitz einer eigenen Provinzialverwaltung erhoben wurde, die das ganze östliche Hinterpommern einschließlich der Grenzmark östlich der Linie Treptow – Labes – Neuwedell (ohne diese Städte) umfaßte, jedoch ohne den zur Danziger Wojewodschaft geschlagenen Kreis Lauenburg und ohne den Netzekreis und die Stadt Schneidemühl, die zu Posen kamen. Diese so umrissene Wojewodschaft umfaßte 17 974 km².

Die Einrichtung einer polnischen Verwaltung war ·möglich, da die Gebäude des früheren deutschen Regierungspräsidiums nahezu unversehrt zur Verfügung standen, so wirkte die alte, zu deutscher Zeit geschaffene zentralörtliche Struktur auch nach 1945 weiter. Ähnlich war es 1946 in Allenstein und Oppeln,

Marktplatz und Marienkirche im heutigen KÖSLIN

Blick auf den geräumigen Marktplatz von KÖSLIN, in der Bildmitte links das Rathaus

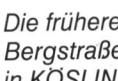

Die frühere Bergstraße in KÖSLIN

1975 in Liegnitz und Schneidemühl. Als Bezirksstadt wurde Köslin nun in der zentralgelenkten Wiederherstellung der Innenstadt bevorzugt, übrigens unter wohltuender Einhaltung der alten Fluchtlinien und im Gegensatz zu manchen, durch Betonkästen verschandelten Altstadtkernen anderer Städte (Kolberg, Stargard, Pyritz, Schneidemühl) – die auch verhältnismäßig rasch erfolgte. An der Nordseite des Marktplatzes entstand ein modernes Rathaus. Die Marienkirche wurde ebenfalls wiederaufgebaut, sie ist seit 1972 Kathedrale des Bistums ,,Kolberg-Köslin", das das Gebiet der damaligen Wojewodschaft Köslin sowie des Kreises Lauenburg in insgesamt 174 Pfarreien mit 207 Welt- und 136 Ordensgeistlichen (1973) umfaßt und dem Erzbischof von Gnesen unterstellt ist.

Überhaupt ist die Stadt sehr ausgebaut worden, eine innerstädtische Umgehungsstraße führt vom Bahnhof über den Galgenberg durch die Mühlentorvorstadt in weitem Bogen zur Gohrbander Straße, an der eine neue große Siedlung errichtet wurde, weitere Ringstraßen sind im Entstehen. Die Einwohnerzahl wuchs besonders nach 1950 rasch an, nicht nur durch die Eingemeindung von Rogzow und Gollendorf. Die folgende Zahlenreihe mag das beweisen: 1950: 18 900, 1960: 44 400, 1970: 65 200, 1975: 77 600 Bewohner; bei gleichbleibendem Wachstum wird Köslin bald die Großstadtgrenze erreicht haben.

Doch vollzieht sich dieses Ansteigen der Bevölkerung auf Kosten des flachen Landes: So ist die ländliche Bevölkerung innerhalb der gesamten (verkleinerten) Wojewodschaft zwischen 1970 und 1975 mit rd. 187 000 Personen konstant geblieben, bis 1977 schon um 2000, bis 1980 sogar auf 183 400 gesunken. Diese beginnende *Landflucht,* die regional unterschiedlich ausgeprägt ist und in manchen Gegenden bereits früher einsetzte, hat die Phase der Aufsiedlung im ländlichen Bereich innerhalb der deutschen Ostgebiete beendet. In Zukunft muß daher mit einer weiteren Entleerung der Dörfer gerechnet werden. Sinkende Geburtenraten, Abwanderung junger Menschen in die Städte und eine wachsende Überalterung in den Landgemeinden sind die Ursachen.

Wie schon angedeutet, wurde die Kösliner Wojewodschaft 1975 erheblich verkleinert: Sie verlor im Süden die Kreise Deutsch Krone und Flatow an Schneidemühl, im Osten alle Gebiete östlich der Linie Neustettin – Baldenburg – Rügenwalde an Stolp und umfaßt nunmehr 8470 km^2. Die bisher von den Polen veröffentlichten Zahlen sind ein beredtes Zeugnis für die gewaltsame Bevölkerungsumschichtung der Jahre 1945–48, aber auch für die Unfähigkeit der Polen, das flache Land wieder voll zu besiedeln; trotz der von ihnen gern gebrauchten Begriffe ,,Ost- und Landflucht" in Bezug auf die deutschen Vorkriegsverhältnisse. Im Zusammenhang mit der deutsche Bevölkerung vor 1945 hat der ländliche Aufsiedlungsgrad bis 1973 nur maximal 80 % erreicht, um fortan zu sinken – eine Erscheinung, die auch für den Stettiner und Stolper Bezirk gilt. –

Alternativroute

Von Köslin über Stolp nach Bütow

(Köslin – Zanow – Rügenwalde – Schlawe – Stolp – Schmolsin – Leba – Lauenburg – Lupow – Bütow, 334 km)

Wenn man Zeit hat, sollte man auch dem reizvollen äußersten Nordosten Pommerns einen Besuch abstatten, so wie wir es schon mehrfach getan haben. Dabei empfiehlt es sich, von Köslin aus die alte Danziger Str. (heute „Straße der Roten Armee") in Richtung Gollen zu nehmen, sie führt direkt auf diese bis 133 m ansteigende, weithin sichtbare Erhebung zu – den Hausberg der Kösliner. Oben auf der Höhe stand einst das Gollenkreuz, 1829 in Erinnerung an die Befreiungskriege errichtet. Heute ist es verschwunden. Schöne Laubwälder bedecken den Berg, der zur Nordostseite ziemlich flach abfällt; er gehört heute wie einst ganz zum Stadtgebiet von Köslin. Am Waldrand führt die Straße dann durch Kluß und nimmt hier die neue, von Gohrband kommende Fernstraße von Köslin auf (die Gohrbander Str. ist jetzt zur Hauptausfallstraße von Köslin in Richtung Danzig ausgebaut worden).

ZANOW

ist ein kleines offenes Städtchen, das im letzten Krieg nahezu verschont blieb und daher noch heute ziemlich unverfälscht den Charakter einer pommerschen Landstadt bewahrt hat. Es war vor 1945 als die „Stadt der Zündhölzer" bekannt. Die Zündholzfabrik liegt am Eingang der Stadt (von Köslin her gesehen) linkerhand auf dem Gelände des einstigen Schlosses, das von den Swenzonen, einem alten im Schlawer Land im Mittelalter einst herrschenden pommerschen Adelsgeschlecht, erbaut worden war. 1343 verlieh Peter von Pollnow Zanow das lübische Stadtrecht, doch konnte sich der Ort durch die Nähe Köslins nicht recht entwickeln. Den Kern der Stadt bilden bis heute zwei parallele Straßen: die Breite und die Hinterstraße. 1939 zählte Zanow 3050 Seelen.
Die Zanower erfreuten sich in Pommern einst eines besonderen Rufes: Als „Schildbürger Pommerns" rankten sich zahllose mehr oder weniger derbe Schwänke um sie, die der verdienstvolle Rügenwalder Heimatforscher *Karl Rosenow* gesammelt und 1924 herausgegeben hat. Doch hören sie es nicht gerne, die Zanower, wenn man sie darauf anspricht . . .
Nach Verlassen der Stadt folgt man am besten der Bahnhofstr. in Richtung auf den nicht mehr auf Zanower Stadtgebiet liegenden Bahnhof Schübben-Zanow. Über Zuchen geht es dann weiter nach Eventin ins Rügenwalder Amt hinein, das als fruchtbare, bäuerlich geprägte Landschaft früher weithin berühmt war. Es erstreckt sich zu beiden Seiten der unteren Wipper und reicht

vom Buckower bis zum Vietzker See; in der Mitte des 18. Jahrh. bestand es aus 52 Dörfern (davon gehörten 24 zu den sog. *Abteidörfern*), 14 Domänen, 12 Mühlen und 7 Förstereien mit über 36 000 Morgen Wald. Die Abteidörfer waren im Mittelalter auf den Besitzungen des 1253 gegründeten Klosters Buckow (die Abteikirche steht in dem später *See Buckow* genannten Ort noch heute und ist sehenswert!) angelegt worden, dem die Swenzonen umfangreiche Ländereien geschenkt hatten; nach der Reformation und der dadurch erfolgten Säkularisation des Klosters kam dieses Gebiet in den Besitz der pommerschen Herzöge und bildete fortan den Südteil des Rügenwalder Amtes.

Die Siedler kamen im Mittelalter zwar überwiegend aus dem niederdeutschen Raum, nahmen aber dann doch durch die kolonisatorische Tätigkeit der Mönche einige fränkische Einflüsse auf: So etwa den fränkischen Vierseithof, eine geschlossene, z. T. in Fachwerk errichtete Hofanlage. Die Gehöfte gruppieren sich als eng gebaute Haufendörfer, zumeist aber als Hagenhufendörfer, deren den Waldhufendörfern ähnelnde Langstreifenflur noch heute das Landschaftsbild beherrscht (besonders schön zu sehen in Abtshagen). Die mittlere Betriebsgröße lag vor 1939 bei 20−50 ha, sie erlaubte das Entstehen eines wohlhabenden Bauernstandes: So manch ein Rügenwalder Amtsbauer war im 1. Weltkrieg imstande, Kriegsanleihen in Höhe von 100 000 Goldmark zu zeichnen!

RÜGENWALDE

Rügenwalde ist mit seinem Hafen Rügenwaldermünde ein kleines Hafenstädtchen an der Wipper, unweit deren Mündung in die Ostsee. Fischfang, ein bescheidener Handel und die Verarbeitung der Produkte der reichen agrarischen Umgebung (wer denkt da nicht gleich an die berühmte ,,Rügenwalder Teewurst"?) bestimmten das Bild der (1939) 8363 Einwohner zählenden Stadt. Ihr Name geht auf die Fürsten von Rügen zurück, zu deren Besitz sie zeitweilig gehörte, 1312 erhielt sie das lübische Stadtrecht verliehen und trat 1365 der Hanse bei. Im Mittelalter war die Stadt der bedeutendste Hafenplatz an der hinterpommerschen Küste zwischen Kolberg und Danzig, zeitweilig war sie Residenz pommerscher Herzöge. Die alte Wendenburg Dirlow wurde im 14. Jahrh. zu einer mittelalterlichen Burg ausgebaut und bot 1449−1459 dem flüchtenden Pommernherzog Erich Schutz; er ist als gleichzeitiger König von Dänemark, Schweden und Norwegen sowie Herzog von Schleswig-Holstein unter dem Namen *Erich von Pommern* in die Geschichte eingegangen. Sein Sarkophag steht heute in der Turmkapelle der Rügenwalder Marienkirche.

Das Schloß ist die einzige mittelalterliche, nicht durch Umbauten veränderte − wenn auch nicht vollständig erhaltene − Burganlage Pommerns, abgesehen von den im Mittelalter nicht zu Pommern gehörenden Ordensburgen in Bütow, Lauenburg und Schivelbein. Der hochaufragende Bau machte leider

lange einen heruntergekommenen Eindruck, eine gründliche Renovierung ist derzeit im Gange. Im Schloß ist das Heimatmuseum untergebracht, das einst von dem bereits erwähnten Rügenwalder Heimatforscher Karl Rosenow aufgebaut wurde; es ist das einzige, dessen Übergabe an den polnischen Nachfolger sich in menschlich anständiger Form vollzog: Der neue Leiter wußte das Lebenswerk Rosenows zu würdigen und sorgte für eine ordentliche Behandlung seines deutschen Kollegen bis zu dessen Aussiedlung 1947. Ein leider damals nur selten zu verzeichnendes Beispiel humanitärer Gesinnung – wußten sich doch beide eins in der Liebe zu dem, was jeder unter Heimat verstand!
Rügenwalde gehört zu den wenigen pommerschen Städten, die 1945 nahezu unversehrt geblieben sind. Entsprechend anheimelnd zeigt sich die kleine Stadt: Das reizvolle Bild städtebaulicher Geschlossenheit und Ordnung um den Marktplatz läßt einem erst richtig bewußt werden, was die anderenorts erfolgte „Entkernung" wirklich bedeutet!

Ein Abstecher nach JERSHÖFT

Von Rügenwalde aus lohnt ein Abstecher nach Jershöft; er führt durch den nordöstlichen Teil des Rügenwalder Amtes, in dem besonders in *Barzwitz* und *Grupenhagen* noch viele Fachwerkhöfe, z. T. in der schon erwähnten geschlossenen Vierkantform, erhalten sind.
Die Dörfer wurden im 14. Jahrh. auf den bis 72 m hohen, das Land in West-Ost-Richtung durchziehenden Moränenzügen angelegt, die weithin sichtbaren Kirchtürme von Rützenhagen und Zizow werden schon im 14. Jahrh. als Landmarken für die Schiffahrt erwähnt. Diese Weitsicht zeigte sich gelegentlich auch vom Land zum Meere: Besonders bei Kopnitz hat man von der Höhe einen weiten Blick zum Vitter See, dabei ist die ihn von der Ostsee abriegelnde Nehrung deutlich erkennbar. Das leuchtende Gelb der blühenden Rapsfelder, die schwingende Weiträumigkeit des Landes und das Blau der Ostsee schaffen besonders im Mai ein Landschaftsbild, das wohl jeden beeindruckt.
Jershöft ist eine der markanten Stellen an der weiten hinterpommerschen Ausgleichsküste, biegt hier doch die Küstenlinie von Nordost- in Ostnordost-Richtung um! An der auffälligen Steilküste steht ein weithin sichtbarer Leuchtturm. Der feinsandige Strand hatte schon vor 1945 zur Entwicklung eines bescheidenen Badebetriebes geführt, auch heute ist das Dorf wieder ein Badeort.

SCHLAWE

Von Jershöft geht es weiter nach Schlawe, das schon früh durch den weithin sichtbaren massigen Turm der Marienkirche in der flachwelligen Landschaft zu erkennen ist. Die an einem günstigen Übergang über die Wipper im 14. Jahrh. als planmäßige Gründung angelegte Stadt (in beträchtlicher Entfernung ihrer slawischen Vorgängersiedlung, die als Dorf *Alt Schlawe* noch heute besteht) war vor 1945 ein reger Mittelpunkt eines großen Landkreises. Charakteristisch für die Stadt Schlawe sind ihre gedrungenen, schwer und erdhaft wirkenden Türme: die massige Marienkirche sowie die beiden klotzigen Stadttore (Stolper und Kösliner Tor). Das dicke Mauerwerk dieser drei Bauten hielt dem Kriegsgeschehen von 1945 im wesentlichen stand, nicht so die kleinen Häuser im Stadtzentrum: Auch Schlawe ist leider ein Beispiel für die nach der Besetzung durch die Rote Armee vorgenommene „Entkernung". Das Stadtzentrum wirkt heute leer und ungeordnet – die sich in das Schachbrettschema einfügenden und daher überschaubaren kleinen Bürgerhäuser fehlen, an ihre Stelle traten großformatige, monotone Häuserblocks, die z. T. in sehr große Nähe historischer Bauten gesetzt worden sind. Die heute rd. 13 000 Einwohner zählende Stadt verlor 1975 ihre Funktion als Kreisstadt und wurde der neugebildeten Stolper Wojewodschaft zugelegt; am westlichen Stadtrand sind große Möbelfabriken entstanden.

In Schlawe wird dann wieder die Köslin-Danziger Chaussee (die alte Reichsstraße 2) erreicht und die Fahrt verläuft nun weiter über Zitzewitz, dem alten Stammsitz des berühmten pommerschen Adelsgeschlechts, nach Stolp.

STOLP

Stolp war früher der wirtschaftliche Mittelpunkt NO-Pommerns. Als Sitz zahlreicher Behörden, Firmen und Verbände stand es in reger Konkurrenz zur Regierungshauptstadt Köslin, das es schon vor 1900 überflügelte. Die Stadt zählte 1939 50 377 Einwohner, sie war damit nach Stettin und Stralsund die drittgrößte Stadt Pommerns. Als Schulstadt zeichnete sie sich durch ein reges kulturelles Leben aus, der Beiname „Klein-Paris" deutet an, daß man für Vergnügungen auch etwas übrig hatte. Berühmt war die Stadt als Garnison der „Blücherhusaren". Die 1310 von den brandenburgischen Markgrafen gegründete Stadt stand lange im Schatten ihrer damals bedeutenden Nachbarn Köslin und Lauenburg, entwickelte sich aber bald zum Mittelpunkt ihrer weiten ländlichen Umgebung, aus der später der Landkreis Stolp hervorging – 1939 mit 2226 qkm und 83 009 in 193 Landgemeinden lebenden (die Kreisstadt selbst war seit 1898 kreisfrei) Einwohnern Deutschlands größter Kreis. Stolp ist der Geburtsort *Heinrich v. Stephans,* des Reorganisators der preußischen Post, er war der Begründer des Weltpostvereins und erster Generalpostmeister des Deutschen Reiches. Nach ihm war früher der Stephan-Platz benannt – der große, weite Platz zwischen dem imposanten neugotischen Rathaus und dem ehemaligen Kaufhaus Zeeck.

Auch die Stolper Altstadt mußte 1945 erhebliche Zerstörungen erleiden. Obwohl um die Stadt kaum gekämpft wurde – die Schäden waren entsprechend

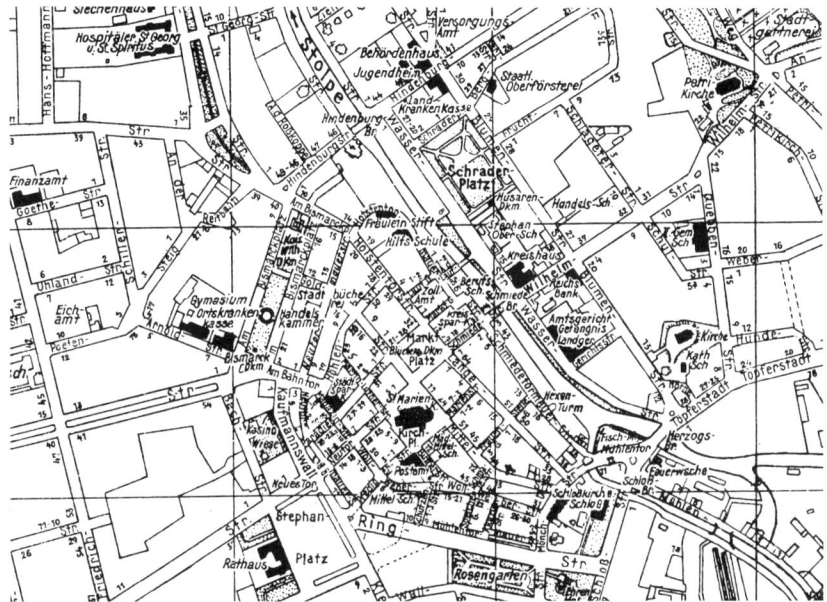

Plan des Stadtkerns von Stolp

gering − setzten auch hier nach Einnahme der Stadt durch die Rote Armee die Brandschatzungen ein, denen bis auf drei Häuser die ganze Marktbebauung und der südliche und östliche Teil der Altstadt zum Opfer fielen (insgesamt 36 % der Stadt mit 1162 Häusern).

Der Wiederaufbau der Stadt zeigt manche Parallelen zu Stargard, wenn auch in gefälligeren Formen. Dank der Pflege der Grünanlagen und vieler älterer Gebäude macht die Stadt einen freundlichen Eindruck, besonders im Bereich um die Bahnhofstraße. Die südliche Altstadt wurde in aufgelockerter Weise neu bebaut, z. T. unter Aufgabe einiger Straßenzüge). Der Marktplatz ist durch Hinzunahme des (zerstörten) Häuserblocks zwischen Holstentor- (man beachte den Namen!), Gold- und Höhlenstr. erheblich vergrößert worden, an dieser Stelle wurde ein riesiges Kino errichtet. Die Marienkirche wurde wiederhergestellt, doch ohne ihre charakteristische barocke Turmhaube. Verwirrend für unsere Augen erscheinen die bunten Bänder und Girlanden, die die Polen in ihrem Inneren aufgehängt haben, eine Erscheinung, die man auch anderenorts in Pommern heute beobachten kann: Außer der Kath. Kirche ist auch fremdes Brauchtum hier eingezogen, nicht immer geschmackvoll und den Umständen angemessen.

Vom Marktplatz schweift der Blick weithin durch die frühere Lange Str. zum Schloß, das jetzt mit einer Turmspitze versehen und weiß gestrichen ist; zusammen mit der alten Mühle, dem Mühlentor und der benachbarten Schloßkirche bildet es eine reizvolle „Traditionsinsel".

Die Bahnhofstraße ist heute die Hauptgeschäftsstraße, zahlreiche Läden sowie die Herrichtung der nördlichen Fahrbahn als Fußgängerzone geben ihr einen, auch für unsere Augen angenehmen Anstrich − zumal die alte Bebauung weitgehend erhalten ist und in den letzten Jahren eine farbenfreudige Bemalung erhalten hat. Die Straßenbahn wurde schon vor längerer Zeit stillgelegt. Das Bahnhofsgebäude hat man nicht wiederaufgebaut; nur ein kleiner Teil blieb 1945 stehen, er dient heute der Gepäckabfertigung. Für den Fahrkartenverkauf wurde eine Baracke errichtet.

Stolp ist seit 1975 Sitz von Wojewodschaftsbehörden, die in mehreren alten Dienstgebäuden (z. B. im ehem. Landratsamt) untergebracht sind und deren Zuständigkeitsbereich den Ost-Teil des alten Kr. Schlawe, das Stolper Land selbst sowie die einstigen Kreise Rummelsburg, Bütow, Schlochau und Lauenburg (nur die W-Hälfte) umfaßt. Die Einwohnerzahl der Stadt ist auf fast 90 000 gestiegen; für die vielen neuen Bewohner sind vor allem westlich der Eisenbahn ausgedehnte Neubauviertel mit großen Wohnblocks entstanden.

Um von Stolp nach Leba zu gelangen, sollte man die Straße nach Schmolsin nehmen, die zwar ein Umweg ist, aber dafür jedoch die ganze Schönheit dieses hinterpommerschen Küstenstrichs erschließt. Man fährt dabei auf der Kassuberstr. aus Stolp heraus, passiert Schmaatz und zweigt in Lübzow von der Straße nach Leba ab in Richtung Schmolsin. Bei Groß Garde hat man einen großartigen Blick auf den Garder See mit seiner Steininsel und dann geht es am Fuße eines Höhenzuges, dessen höchste Erhebung der weithin sichtbare Revekol ist, nach

SCHMOLSIN

Es ist ein großes Kirchdorf, einem Flecken gleich, dessen Schloß vor etwa 350 Jahren zum Ausgang der pommerschen Herzogszeit den Herzoginnen Erdmut und Anna als Witwensitz diente. Von diesem Schloß wurde das herzogliche Amt verwaltet, zu dem noch 1784 10 Dörfer, 5 Vorwerke, 20 Viehhöfe und sog. Buschkaten sowie eine Wassermühle gehörten.

Seine Entwicklung verdankt der 1281 erstmals bezeugte Ort dem *Revekol,* einem der drei heiligen Berge Pommerns. Im Mittelalter stand auf dem weithin sichtbaren, 115 m hohen Berg eine Kapelle, die dem hl. Nikolaus geweiht war. Sie war Ziel aller Wallfahrer, die dem früheren Fischerdorf einen erheblichen wirtschaftlichen Auftrieb brachten. Nach der Reformation verfiel die Kapelle und im Dorf selbst entstand ein neues kleines Kirchlein, das 1632 auf Veranlassung der Herzogin Anna durch die noch heute stehende eindrucksvolle Saalkirche ersetzt wurde.

*Blick über die
Wipper zum Schloß
in
RÜGENWALDE*

*Mühlentor (rechts)
und Schloß
in
STOLP*

*Marktplatz
mit
Jakobikirche
in
LAUENBURG*

89

Noch zu Beginn des 19. Jahrh. lebten um Schmolsin in der wenig zugänglichen, von Sumpf, Wasser und Dünen geprägten Landschaft um Garder und Lebasee viele Kaschuben, die jedoch im Gegensatz zu ihren Landsleuten in Westpreußen *evangelisch* waren und sich selbst *Slowinzen* nannten. Auf sie ist der alte Spruch zurückzuführen: ,,Wo kommen denn all' die Kaschuben her? Aus Stolp, aus Stolp, aus Stolp!" Im Laufe des vorigen Jahrhunderts nahmen sie allmählich die deutsche Sprache an und um 1900 starben die letzten noch kaschubisch redenden Menschen in Giesebitz und Klucken aus. Trotzdem ist noch bis in unsere Tage hier viel Urwüchsiges geblieben — *Siegfried Gliewe* hat es in seinem dichterischen Schaffen immer wieder dargestellt und gewürdigt.

Die Polen haben die weitere Naturlandschaft dieses Raumes zu einem Nationalpark gemacht und dabei den alten vergessenen Namen der Slowinzen wieder bemüht; in *Klucken* (wo noch viele Menschen in ihrer Heimat verblieben sind) haben sie ein Fischergehöft als Freilichtmuseum eingerichtet.

Hinter Zezenow, dem früheren Endpunkt der Stolper Kreisbahnen, überschreitet die Straße das breite Leba-Urstromtal, um bei Vietzig die von Lauenburg kommende Chaussee nach Leba zu erreichen. Hier am Rande des weiten Niederungsmoores am Lebasee, dem mit 76 qkm größten See Pommerns, wurde 1897 unweit von Charbrow (Degendorf) ein 13,5 m langes und 3,3 m breites Ruderboot wikingischer Herkunft ausgegraben; es befindet sich heute im Stettiner Museum.

LEBA

Das nächste Ziel ist Leba. Einst ein verschlafenes kleines Fischerstädtchen, hat sich der Ort seit 1900 zu einem Seebad entwickelt — was nicht weiter verwundert: Wer je den breiten, weithin sich erstreckenden Ostseestrand von Leba gesehen hat, wird das eindrucksvolle Bild nicht vergessen. Ein Strand, der noch nicht überlaufen ist, nur das alte Kurhaus aus der Zeit vor 1914 steht als einziges Gebäude dort. Nach 1945 ist unter polnischer Herrschaft im nahen Wald ein größeres Viertel mit Ferienheimen im Anschluß an das schon früher errichtete Villenviertel entstanden, es wird durch eine Stichstraße erschlossen.

Die früher auch Lebamünde genannte Stadt erhielt 1357 Stadtrechte, sie lag damals am jenseitigen linken Ufer der Leba, 1,5 km nordwestlich der heutigen Stadt. Doch Wanderdünen (noch bis um 1900 war der ganze Raum um Leba unbewaldet) und Abspülung des Strandes zwangen die Bewohner 1570 den alten Siedlungsplatz aufzugeben und sich an der jetzigen Stelle niederzulassen. Als letzter Zeuge von Alt-Leba steht inmitten der Dünen ein Rest der mittelalterlichen Kirche — wie schon in Hoff ein Mahnmal des Vergänglichen. Das neue Leba blieb jedoch klein, im Grunde besteht der Stadtkern nur aus den Häusern an der Hauptstraße, er hat also den Grundriß eines Straßendorfes

und war nie befestigt. 1939 zählte das Städtchen 2846, heute über 4000 Einwohner.
Auf der Lebanehrung zieht sich von hier ein Kranz mächtiger Wanderdünen nach Westen entlang, die in der Lonzkedüne 42 m, in der Leuchtturmdüne sogar 56 m erreichen und in ihrer grenzenlosen Weite und Abgeschiedenheit zu den großartigsten Landschaftsbildern Pommerns gehören. Von Leba geht es dann zurück nach Vietzig und über *Belgard,* den ältesten Ort des Landes Lauenburg und früheren Sitz einer Kastellanei weiter nach

LAUENBURG i. Pom.

Lauenburg war Pommerns nordöstlichste Kreisstadt, sie liegt 275 km von Stettin, aber nur 20 km von der damaligen Reichsgrenze entfernt in einem weiten, noch von der Hektik unserer Zeit unberührten Landstrich, der wegen seines blau schimmernden Horizontes auch „blaues Ländchen" genannt wurde. Die Stadt wurde 1341 vom Deutschen Orden durch den Lokator Rutger von Emmerich angelegt, nach dem Schema der im Ordensland erfolgten Stadtgründungen: rechteckiger Grundriß, an einer Ecke die Burg. Deren Einbeziehung in das Mauerquadrat weist auf eine Burganlage geringerer Bedeutung hin, die wohl mehr als Amtssitz, denn als Verteidigungsanlage gedacht war. Die Stadt erhielt das Kulmer Recht verliehen, eine im Ordensstaat gebräuchliche Weiterentwicklung des Magdeburger Stadtrechtes. Lauenburg erhielt eine Stadtmauer, die 2 Tore und 3 Ecktürme sowie 29 turmähnliche Wiekhäuser aufwies. Der einzige noch erhaltene Eckturm ist der Efeuturm mit einem Stück Stadtmauer an der NO-Ecke der Altstadt.
Lauenburg war mit seinen 19 114 (1939) Einwohnern eine rege Kreisstadt im äußersten NO-Zipfel Pommerns, mit einer 1933 errichteten Hochschule für Lehrerbildung (die modernen Gebäude in der Nähe des Schlosses sind erhalten). Die Stadt wurde 1945 stark zerstört – nach Beendigung der Kampfhandlungen fiel ein Drittel aller Häuser der Stadt (in der Innenstadt über die Hälfte) Bränden zum Opfer. Auch in Lauenburg wurde das Zentrum um den Marktplatz durch diese „Entkernung" besonders betroffen: Von den 34 Häusern blieben hier nur zwei unversehrt. Durch den Abriß der Ruinen und den nicht erfolgten Wiederaufbau der Ost-Seite wirkt der Platz heute viel größer, die unveränderte St. Jakobi-Kirche grüßt heute ohne dazwischenliegende Häuser direkt zum Markt hinüber.
Die Stadt wurde bald nach 1945 der Stettiner Verwaltung entzogen (was die Polen am liebsten schon 1919 getan hätten) und Danzig unterstellt, 1975 wurde sie mit der W-Hälfte des Kreises der neuerrichteten Stolper Wojewodschaft zugeschlagen.
Von Lauenburg nach Bütow kann man sowohl direkt auf der alten R 158 über Zewitz – Schwarzdamerkow – Wundichow fahren als auch einen Umweg über Lupow machen oder die reizvolle Route am Jassener See wählen.

LUPOW

ist ein größeres Dorf im Kreis Stolp (1939 740 Einw.), das 1689 sogar die Rechte einer Mediatstadt erhielt, sie aber später wieder verlor; es war der wirtschaftliche Mittelpunkt des südlichen Stolper Kreisgebietes. Das beim Dorf liegende *Schloß Canitz,* einst ein Grumbkow'sches Lehn und bis 1945 im Besitz von Hans Jesko v. Puttkamer, ist heute verfallen: Die polnischen Bewohner Lupows bedienen sich aus dem im 17./18. Jahrh. erbauten Gebäude, wenn sie einen Balken, Bretter oder Ziegelsteine benötigen, um ihre armseligen Katen auszubessern. Zerschlagen sind die wertvollen Stuckdecken, verkritzelt die Wände, Latrinengestank durchzieht den verwilderten Park. Diese mutwillige Zerstörung eines historischen Baudenkmals ist relativ jungen Datums, denn nach dem Krieg diente das Schloß noch einer LPG-Verwaltung. Wieder einmal zeigt sich hier die Unfähigkeit des heute dort herrschenden Systems, ein historisches Erbe vor der eigenen Bevölkerung zu schützen, die man anfangs zum Klassenkampf gegen das „ostelbische Junkertum" aufgerufen hatte. Die Folgen sind fatal . . .

Doch es muß nicht so sein: In Krangen (Kr. Schlawe) ist es dem Schloß ähnlich ergangen, heute wird es vom polnischen Staat mit großem Aufwand wiederaufgebaut; das Bismarckschloß in Varzin (Kr. Rummelsburg) ist erhaltengeblieben und beherbergt nun eine Forsthochschule. Schlöser als Symbole für die „herrschende Klasse" sind offenbar im „real existierenden Sozialismus" erst einmal zur Vernichtung bestimmt, um sie dann als bedeutende Leistungen des „werktätigen Volkes" von Staats wegen wiederaufzubauen. Das gilt auch für die Ordensburg in Bütow (s. S. 97 ff.)

Literatur

DOMINIK, Walter: Stolpmünder Chronik. Aus 600 Jahren Geschichte des Ostseebades Stolpmünde. Hrsg. v. Walter Kuschfeldt. Lübeck 1959

EICK, Margarete u. JUHNKE, Willi: Der Kreis Lauenburg/Pom. Gummersbach (1978)

(JUHNKE. W. u. SCHÄFERS. W. J.:) Lauenburg/Pom. − Stadt und Kreis mit Ostseebad Leba. Gummersbach (1974)

(KOOPS, Heinrich:) Heimatbuch Lauenburg/Pom. Gummersbach 1967

Lebasee. „Unser Pommerland", 22. Jahrg. Stettin 1937, Heft 7/8 (Sonderheft)

PAGEL, Karl-Heinz: Stolp in Pommern − eine ostdeutsche Stadt. Lübeck 1977

POEPEL, Walter u. KÄMMERER, Leo: Aus der Heimat. Kultur- und zeitgeschichtliche Erinnerungen aus Stadt und Kreis Schlawe. (Münster/Westf.) 1961

ROSENOW, Karl: Herzogsschloß und Fürstengruft. Rügenwalder Bau- und Kunstdenkmäler. Rügenwalde (1925). (Heimatkunde des Kreises Schlawe, 4)

Kleine Geschichte der Hansestadt Rügenwalde. Ergänzt von Carlheinz Rosenow. (Rottenburg/Neckar 1967)

Rügenwalde − Stadt und Amt. „Unser Pommerland", 9. Jahrg. Stettin 1924, H. 4/5 (Sonderheft)

SCHMIDT, Günther: Ostseebad Stolpmünde. Eine Ergänzung der im Jahre 1936 erschienenen Stolpmünder Chronik. Hamburg (1973).

Zurück zur Hauptroute über

Bublitz – Rummelsburg – Bütow nach Thorn

Die alte R 160 führt südwestlich aus Köslin heraus auf Krettmin zu, wo sie die immer noch im Betrieb befindliche schmalspurige Kleinbahn nach Bublitz kreuzt. Links wird über einer vom Lüptow-See ausgefüllten Senke hinweg die hoch aufragende Erdmoräne des Gollen sichtbar, die die Chaussee noch eine Weile begleitet. Vorbei geht es an der kleinen, lange verfallenen und erst 1910 restaurierten Kapelle von Bonin und dem früheren Abzweigbahnhof Manow, von dem einst die Kleinbahn nach Pollnow ausging; sie ist nach 1945 demontiert worden. Bald hinter dem alten, bis ins 19. Jahrh. den Glasenapps gehörenden Gutsdorf Manow tritt die Straße in den Manower Forst ein, um beim Brückenkrug die Radüe und damit die Grenze des Bublitzer Landes zu erreichen.

BUBLITZ

Reizvoll von bis zu 200 m aufragenden Höhen umgeben, liegt Bublitz im Tal der Gozel, doch ist von der Stadt selbst nur wenig übriggeblieben. Die Zerstörungen des Jahres 1945 waren mit 75 % der Bausubstanz so stark, daß der Ort vorübergehend (bis 1958) sein Stadtrecht verlor. Diese Tatsache sowie die von den Sowjets nach dem Kriege demontierte, 1897 erbaute Bahnlinie Gramenz – Bublitz – Pollnow ließen das 1939 noch 6186 Einwohner zählende Städtchen zur Bedeutungslosigkeit herabsinken. Die Bautätigkeit blieb seither bescheiden. Noch heute ist das Stadtzentrum tot: Von der alten Marktplatzbebauung steht nur noch die NO-Seite, auf der SO-Seite ist ein moderner Supermarkt errichtet worden, die nordwestlich und südwestlich an den Markt anstoßenden Viertel der Innenstadt blieben praktisch unbebaut, die 1886 erbaute und nach dem Kriege wiederhergestellte Kirche steht heute frei, die sie einst umgebenden Häuser fehlen. 1980 lebten erst wieder 3898 polnische Einwohner in Bublitz.

Der Name des Ortes wird erstmals 1339 in einer Landschaftsbezeichnung als „terra Bubulzik" erwähnt, in der der Camminer Bischof Friedrich von Eickstädt 1340 die Stadt Bublitz nach lübischem Recht gründete. Jahrhundertelang gehörte das nie befestigte Städtchen fortan zum Camminer Bischofsland, später zum „Fürstenthumer Kreis", bis es 1872 selbst Kreisstadt wurde (bis 1932, seither zu Köslin). Eigenartig war die Bublitzer Mundart, die sich wie der benachbarte Schlochauer Dialekt viele altertümliche Formen bewahrt hatte: „Hoch klingt das Lied der tapf'ren Bublitzen!" war ein liebevoll-ironisch gemeinter Spruch, den die Bublitzer wohl nicht zuletzt wegen ihrer Sprache vor 1945 über sich ergehen lassen mußten!

Östlich von Bublitz verläuft die Chaussee noch bis kurz vor Porst, einem alten, nach dem in den vielen Hochmooren der Umgebung vorkommenden Sumpf-porst benannten Kirchdorf, im Tal der Gozel, um dann die Höhen des Pom-merschen Landrückens zu erklimmen. Erhebungen von 170−190 m, bedeckt von weiten Wäldern, säumen hier die Straße; große Flächen sind hier nach 1945 aufgeforstet worden. Tiefeingeschnittene Rinnenseen, wie der Gr. Kle-we-, Gr. Pinnow- und Linow-See ziehen sich weit ins Land hinein. Eine große Stille ruht über dem weiten Hochland, die Einsamkeit und Leere des Landes läßt es ahnen: dies ist uraltes Grenzland, durch das schon vor über 800 Jah-ren die Trennungslinie zwischen dem westlichen Pommern und dem östli-chen, später Pommerellen genannten, verlief. 1309 legten hier der Deutsche Ritterorden, der Pommerellen damals erworben hatte, und die Herzöge von Pommern die gemeinsame Grenze fest, die bis 1945 in wechselnder Gestalt als Landes- (bis 1466), Staats- (1466−1772), Provinz- (1772−1938) und Re-gierungsbezirksgrenze erhalten blieb. Der an der Chaussee gelegene Einzel-hof Grünbaum erinnert mit seinem Namen noch an den hier einst vorhande-nen Schlagbaum.

BALDENBURG

Wenn man nicht weiß, wo Baldenburg liegt, wird man es heute kaum finden: Das kleine, 1382 vom Orden in der Nordwestecke der Komturei Schlochau gegründete Städtchen, das in einer tiefen, zumeist von Seen (Tessenthin-, Labes-, Bölzig-See) ausgefüllten Senke liegt, wurde 1945 vor allem in seinem Zentrum fast völlig (80 %) zerstört, hier ist fast nichts erhalten oder wiederauf-gebaut. Die früher auf dem Markt stehende evangelische Kirche ist ebenfalls verschwunden. Von Ferne grüßt hingegen noch der ziegelrote Giebel des um 1900 im Ordensstil errichteten früheren Amtsgerichts herüber, dann windet sich die Straße wieder auf die Höhe hinauf − das war Baldenburg!

Wenn man auf dem Marktplatz steht, hat man jetzt einen freien Blick in die Landschaft der Umgebung, denn alle vier Seiten sind nicht mehr vorhanden, die Häuser dahinter auch nicht mehr! Baldenburg ist ein typisches Beispiel für die 1945 erfolgte ,,Entkernung'' und daher heute eine sterbende Stadt.

Der Ort verlor nach 1945 vorübergehend sein Stadtrecht und wurde bereits 1958 vom Schlochauer Kreis abgetrennt und zu Rummelsburg gelegt, er blieb daher 1975 bei der Kösliner Wojewodschaft. 1974 lebten in dem vor dem Kriege 2292 deutsche Einwohner zählenden Städtchen nur noch 1801 (1980: 1916) polnische Bewohner. In der Nähe befindet sich ein von den Polen nach 1945 er-richtetes Staatsgestüt, das auch für West-Touristen ,,Reiterferien'' anbietet.

RUMMELSBURG

Ein stark welliges, hügeliges Land – schließlich machte sich auch hier die Nähe des Pommerschen Landrückens deutlich bemerkbar – und eine abwechslungsreiche, von tiefen Tälern durchzogene Landschaft, das ist die Umgebung von Rummelsburg. Große Wälder (etwa die Hälfte des umliegenden Landes nahmen Forsten ein; der frühere Kreis Rummelsburg war mit 44 % der Kreis mit dem zweithöchsten Waldanteil Pommerns) und über 100 Seen prägen diesen „steinreichen" Landstrich, von dem der Volksmund einst sagte: Die Kreise Rummelsburg und Bütow seien so arm, daß sie sich *eine* Lerche teilen müßten: Vormittags singt sie im Rummelsburger, nachmittags im Bütower Land. Die frühere R 158 führt auf steiler, kurvenreicher Trasse in das in einem Talkessel der Stüdnitz gelegene frühere Kreisstädtchen (1939: 8516 Einw.) hinein. Doch auch hier muß man feststellen: Der 2. Weltkrieg mit seinen Zerstörungen im Stadtzentrum (auch hier wieder die typische „Entkernung"!) ist keineswegs überwunden, wenn auch neuere Einheits-Wohnblocks die Innenstadt „verzieren". Die barocke, aus dem Jahre 1730 stammende Kirche wurde wiederhergestellt, die sie früher umgebende Bebauung des dreieckigen Marktplatzes ist verschwunden. Heute zählt Rummelsburg etwa 9000 Bewohner!

Rummelsburg war früher eine Tuchmacherstadt, die 1478 als Dorf, aber 1506 als „Stedeken" im Lehnsbesitz des Geschlechts von Massow genannt wird. Als adelige Mediatstadt mußte es sich sein Stadtrecht 1617 durch einen Spruch des Stettiner Hofgerichts erkämpfen, doch die Massows ließen das Urteil nicht zur Wirkung kommen, so daß es 1707 wiederholt werden mußte. Als das auch nichts half, erzwang König Friedrich Wilhelm I. 1721 die Durchführung. Die Entstehung der Stadt aus einem Dorf ist bis heute an der Unregelmäßigkeit des Stadtgrundrisses zu erkennen.

Auf der Breiten Straße ging es dann aus Rummelsburg hinaus auf die Höhen des Pommerschen Landrückens, der die Straße nun bis Bütow begleitete. Zahlreiche, von Seen ausgefüllte Senken (Wurdel-, Dutzig-, Piaschen-, Bluggen-, Naletten-See) und Höhen bis zu 200 m säumen die kurvenreiche Straße. Ihr parallel verlief früher die Nebenbahn Rummelsburg – Bütow – Lauenburg, die nach 1945 der Demontage zum Opfer fiel, der Bahndamm ist noch an vielen Stellen deutlich im Gelände auszumachen. Bei Gloddow tritt die alte Reichsgrenze von 1937 in unmittelbare Nähe von Bahn und Straße, bis nur wenige 100 m weiter südöstlich reichte der polnische Korridor (Kreis Konitz) hier an diese beiden für die nordostpommersche Grenzregion wichtigen Verkehrsstränge heran.

Bei Groß Tuchen war das Bütower Land erreicht, das auf lange Strecken seiner Geschichte zusammen mit dem Lauenburger Land dessen Geschicke teilte und innerhalb Pommerns eine Sonderstellung einnahm: 1329 erwarb es

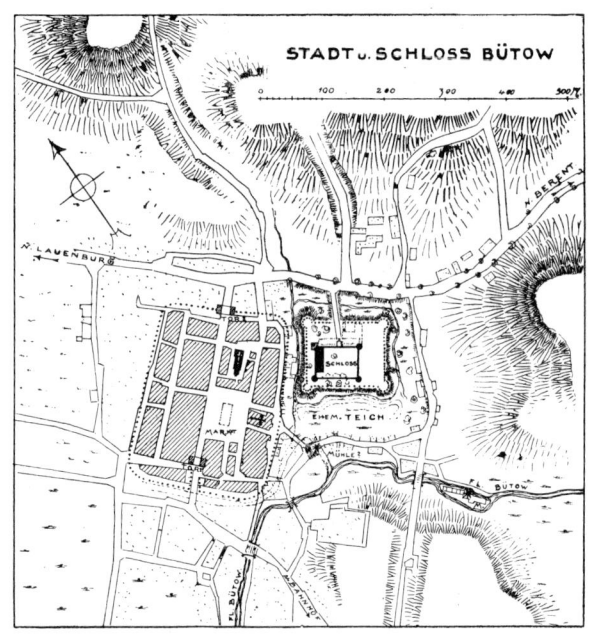

STADT u. SCHLOSS BÜTOW

Lageplan von Stadt und Schloß BÜTOW (links). Die Karte läßt deutlich die ordenszeitliche Stadtanlage von Bütow mit ihrem rechteckigen Grundriß deutlich werden: Die Stadt war nur durch einen Palisadenzaun (mit zwei Durchlässen) geschützt, in Notzeiten flüchtete die Bevölkerung in die stark befestigte Ordensburg.

So dürften Ordensburg und Stadt Bütow im 14./15. Jahrhundert ausgesehen haben (unten).

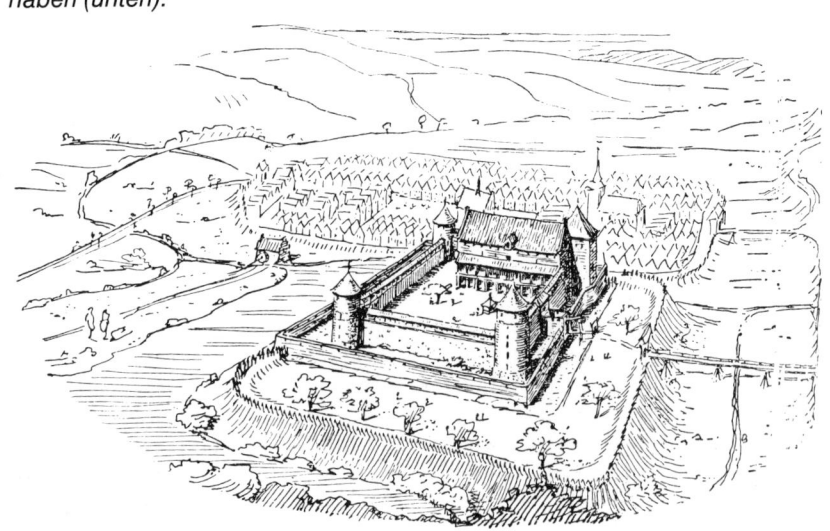

der Deutsche Orden, 1466 erhielten es die pommerschen Herzöge vom polnischen König als Lehen, 1637 − 1657 war es polnisch (in diesen zwanzig Jahren versuchten die Polen die Gegenreformation durchzuführen), seit 1657 gehörte es zu Brandenburg-Preußen und damit wieder zu Pommern.

BÜTOW

Die Stadt war vor 1945 mit ihren (1939) 10 045 Bewohnern Hauptort des kleinsten pommerschen Landkreises. Sie übte darüber hinaus aber zugleich auch wichtige zentralörtliche Funktionen für das nordostpommersche Grenzland aus. Der 1329 erstmals als „castrum Bütow" genannte Ort erhielt 1346 nach Errichtung einer regelmäßig angelegten Stadt Kulmer Recht verliehen. Bütow blieb, da die 1390 − 1405 errichtete Ordensburg in unmittelbarer Nähe genügend Schutz bot, unbefestigt, nur ein einfacher Palisadenzaun umgab die Stadt. Das mächtige, 74 × 50 m messende Ordensschloß wurde Sitz eines Komturs, später verwaltete von hier aus ein herzoglicher, dann königlich-preußischer Amtmann das Amt Bütow. Seit 1930 Jugendherberge, wurde sie 1937 − 1940 durchgreifend restauriert, um dann zusammen mit der Stadt 1945 schwere Zerstörungen zu erleiden (40 % aller Gebäude).
Auch hier ist der Kern der Altstadt 1945 vernichtet worden, von den vier Seiten des Marktplatzes einschließlich des um 1850 erbauten Rathauses blieb nichts übrig. Von der katholischen Katharinen-Kirche steht nur noch der Turm. Hauptpfarrkirche ist jetzt die frühere evangelische, 1854 errichtete Elisabethkirche mit ihren, der Berliner Matthäuskirche (im Tiergarten) ähnlichen Bauformen. Auf dem heute nach dem „Wiederaufbau" viel zu groß geratenen Marktplatz steht jetzt ein Denkmal für die „Kämpfer um das Polentum im Bütower Lande". Der Wiederaufbau der Ordensburg zieht sich schon lange hin, er ist noch immer nicht abgeschlossen. In den wiederhergestellten Teilen sind ein Museum und eine Bibliothek untergebracht. Die Einwohnerzahl Bütows beläuft sich mittlerweile auf 12 500 Personen.
Die Stadt Bütow mit ihrer eindrucksvollen Ordensburg markiert in sehr deutlicher Weise den Übergang von Pommern nach Westpreußen − nicht nur kulturgeschichtlich, sondern auch geographisch: Hier erreicht der Pommersche Landrücken mit 256 m im Schimmritzberg seine höchste Höhe, östlich davon beginnen die großen Sandergebiete im mittleren und südlichen Pommerellen (= Klein Pommern) mit ihren riesigen Wäldern, vor allem in der Tucheler Heide. Hier, in einigen Gemeinden des Kreises Bütow und vor allem hinter Kniprode, jenseits der Reichsgrenze von 1937, leben die *Kaschuben*. Sie sind der letzte Rest der einstigen vordeutschen slawischen Bewohner Pommerns, der Pomoranen, mit einer selbständigen, aber wenig entwickelten und in letzter Zeit stark vom Polnischen beeinflußten Sprache. Als gläubige Katholiken fühlten sie sich unter deutscher Herrschaft oft mehr zu den Polen hingezogen,

unter polnischem Zepter mehr zu deutschem Wesen, sie bilden eine ca. 150 000 Köpfe starke Gruppe mit nur wenig entwickeltem Eigenbewußtsein – ähnlich wie die Wenden oder Sorben im Spreewald – ein Beispiel für „schwebendes Volkstum"!

BERENT

Die Stadt liegt am Südrand der Kaschubei, der Kreis Berent war einst einer der drei westpreußischen „Kaschubenkreise": Seine Bevölkerung war noch in der Mitte des 19. Jahrh. – soweit nicht deutsch – überwiegend den Kaschuben zuzurechnen, doch hatte die besonders nach dem Kulturkampf einsetzende eifrige polnische Propaganda es erreicht, daß 1910 nur noch 5,9 % der Einwohner Kaschubisch als Muttersprache, hingegen aber 50,8 % Polnisch angaben (42,3 % Deutsch); daß dies nicht den wirklichen Verhältnissen entspricht, zeigt die Tatsache, daß die Polen heute wieder das ganze Kreisgebiet bis hin nach Konitz zum Verbreitungsgebiet der Kaschuben rechnen. Da die Polen ihnen einen eigenständigen Charakter als Volk mit besonderer Sprache absprechen, und sie das Kaschubische nur als polnische *Mundart* ansehen, dokumentieren sie heute ohne weiteres deren wirkliches Verbreitungsgebiet, was vor 1939 nicht der Fall war.

Berent ging aus dem alten Hauptort Costerin der pommerellischen Landschaft Pirsna hervor (als solches 1346 genannt) und wurde um 1350 zu einer Stadt erhoben, die den Namen Bern bzw. Berent erhielt. Der Orden legte hier später einen Wirtschaftshof, dann auch einen Eisenhammer an. In den Schwedenkriegen sank es in Schutt und Asche; 1772 lebten nur 602 Seelen in der verarmten Stadt, 1910 waren es bereits 6474 Einwohner (44,8 % Deutsche). Nach dem 1. Weltkrieg an Polen gefallen, geriet Berent in eine schwierige verkehrsgeographische Lage: An einer der schmalsten Stellen des hier nur 40 km breiten „Polnischen Korridors" gelegen, war die Stadt durch die neue Grenzziehung (im Westen Deutschland, im Osten Danzig, zu dem sogar ein Teil des Kreises geschlagen wurde) nur auf Umwegen von der neuen Provinzhauptstadt Thorn zu erreichen. Das änderte sich erst nach dem Bau der sog. „Kohlenmagistrale" in den 30er Jahren, die von Bromberg über Berent nach Gdingen verläuft und z. Zt. zweigleisig ausgebaut wird. 1975 zählte Berent 17 100 Einwohner.

Diese Strecke wurde bei der Weiterfahrt bei Schneefelde überquert, um dann über Alt Kischau und Hochstüblau an der Ostbahn, den Nordostrand der weiten Tucheler Heide berührend, Skurz zu erreichen.

Die Tucheler Heide gehört mit 3000 km^2 Fläche zu den größten Waldgebieten im Osten, die ärmlichen Sandböden wurden im Mittelalter von den deutschen Siedlern gemieden, daher kam es hier kaum zur Gründung von Städten und die zahlenmäßig geringe Bevölkerung blieb bis in die Gegenwart slawisch (ursprünglich pomoranisch, d. h. kaschubisch, später polonisiert).

SKURZ (GROSSWOLLENTAL)

Das frühere Dorf wurde um 1355 durch den Komtur von Mewe gegründet und hieß zur Ordenszeit Schoritz, auch Schortz; erst 1528 erscheint erstmals die polonisierte Namensform Skurz, die auch von 1772 − 1920 gültig war und um 1940 durch die Bezeichnung „Großwollental" abgelöst wurde. Der Ort entwikkelte sich seit dem 18. Jahrhundert in dem städtearmen Gebiet am Rande der Tucheler Heide zu einem wichtigen Marktflecken, der um 1900 Eisenbahnknotenpunkt wurde und 1910 2863 Einwohner (22,9 % Deutsche) zählte. Er erhielt 1935 Stadtrechte. Von hier aus wurden 1943 − 1945 mehrere Einsätze deutscher Polizeitruppen gegen polnische Partisanen geleitet, die damals in der Tucheler Heide operierten. Heute ist Skurz eine kleine Marktstadt mit (1974) 2583 Einwohnern.

Die Fahrtroute verlief dann weiter südlich über Osiek (Burgfelde) durch den Ostteil der Tucheler Heide, um in Warlubien (Warlieb) auf die von Danzig kommende Fernstraße nach Bromberg zu treffen. Dort querte sie auch die schon 1852 als königlich preußische Ostbahn erbaute Strecke (Berlin-Schneidemühl-) Bromberg-Dirschau (-Königsberg), die 1968 elektrifiziert worden ist. Bei dem durch seinen Truppenübungsplatz der früheren Graudenzer Garnison bekannten Ort Gruppe zweigt nach Osten die Straße nach Graudenz ab (s. S. 100). Weiter ging es am Rande des Weichselurstromtales vorbei an zahlreichen, einst im 16./17. Jahrh. auf kleinen Werdern, den sog. „Kämpen", von Deutschen (z. T. Mennoniten) angelegten „Holländerdörfern" wie Neunhuben bei Sartowitz, nach Schwetz.

SCHWETZ

Die am Unterlauf des Schwarzwassers kurz vor dessen Einmündung in die Weichsel gelegene frühere Kreisstadt ist schon 1178 als Burgort und Sitz eines pommerellischen Teilfürstentums bezeugt. 1198 wurde unter Herzog Grimislaw eine Marienkirche geweiht. 1310 kam das damals bereits als „civitas" bezeichnete Schwetz an den Deutschen Ritterorden und erhielt 1338 Kulmisches Stadtrecht. Diese städtische Siedlung lag damals noch auf dem Hochufer der Weichsel, doch ließ der Hochmeister Dietrich von Altenburg eine Ordensburg an der Stelle der einstigen pommerellischen Burg im Tal nahe der Mündung des Schwarzwassers in die Weichsel errichten. Die Stadt wurde wohl nach einem Brand ebenfalls dorthin in die Niederung verlegt und in den regelmäßigen Formen der deutschen Stadtanlagen des Ostens (Geviert mit 430 × 250 m Seitenlänge) ausgeführt und mit einer Stadtmauer umgeben.

Vor der Schlacht von Tannenberg war Heinrich von Plauen Komtur von Schwetz. Er befestigte die Stadt in weiser Voraussicht des Kommenden, so daß sie später von polnischen Truppen nicht eingenommen werden konnte.

Doch gelangten Stadt und Burg im Dreizehnjährigen Krieg schon 1454 in die Hand der Polen. Später sank Schwetz, vor allem nach den Verwüstungen der Schwedenkriege, zu einer armen Landstadt herab, die 1772 nur noch 109 „geschworene Bürger" zählte, darunter allein 53 Bierbrauer. Unter preußischer Herrschaft nahm die Stadt wieder einen wirtschaftlichen Aufschwung, wurde 1815 Kreisstadt und erhielt 1852 in dem nahen Terespol Bahnanschluß.

Infolge der häufigen Überschwemmungen durch die Weichsel wurde die Stadt in der Zeit von 1847−79 auf die Höhe zurückverlegt, die alte Siedlungsstätte ist heute verlassen. Gespenstisch muten die einsamen Ruinen von Stadtmauer, Pfarrkirche und Ordensburg an und doch reichen die Gedanken zurück zu Heinrich von Plauen . . . tempora mutantur!

Schwetz zählte 1910 8042 Seelen, darunter 53,1 % Deutsche; der Landkreis wies damals immerhin 47 % Deutsche auf, die vorwiegend in der Weichselniederung ansässig waren. 1943 lebten in der Stadt 11 664 Bewohner, 1975 war die Einwohnerzahl auf 20 700 Personen angestiegen. Schwetz hat sich heute zu einem kleinen Mittelzentrum gemausert, vor allem durch die Errichtung einer Zellulose- und Papierfabrik; die Ordensburg wurde konserviert, dabei hat man sogar die Mauern neu hochgezogen. Der Bahnhof der Zweigbahn nach Terespol entstand neu, zusammen mit einem neuen Omnibusbahnhof. Doch ging die Kreisverwaltung 1975 im Zuge der Verwaltungsreform verloren.

Über eine neue, nach dem Kriege erbaute Weichselbrücke ging es dann weiter, mit einem herrlichen Blick auf das hochgelegene Kulm auf die Hochfläche des Kulmerlandes hinauf über Stolno vorbei an Kulmsee nach Thorn.

Literatur:

BENDOMIR, Waldemar: Landkreis Berent/Westpreußen in alten und neuen Bildern. (Marburg) 1981

BRONISCH, Gerhard: OHLE, Walter und TEICHMÜLLER, Hans: Kreis Bütow. Nachdruck der Ausgabe Stettin 1938. (Frankenberg/Eder 1962) (Die Kunst- und Kulturdenkmäler der Provinz Pommern)

DAMEROW, Max: Körlin. Geschichten, Erzählungen, Anekdoten und Chronik einer hinterpommerschen Kleinstadt und deren Umgebung . . . Salzgitter-Bad 1980

(GRAWITZ, Artur): Plathe in Pommern. Die Geschichte einer deutschen Landstadt. Hamburg (1966)

KATH, Emil: Naugard, Kr. Naugard. In: Deutsches Städtebuch. Bd. 1 Nordostdeutschland. Stuttgart Berlin (1939). S. 204−205

MODROW, Hans Joachim von: Aus der Geschichte der Chronik des Kreises Schwetz an der Weichsel. Cadenberge (1972)

Der Kreis Rummelsberg. Ein Heimatbuch. Hrsg. v. Kreisausschuß des Kreises Rummelsburg 1938. Neu hrsg. v. Heimatkreisausschuß Rummelsburg. (Hamburg) 1979

SCHWENKLER, Franz: 1266−1966 Köslin. Die siebenhundertjährige Geschichte einer pommerschen Stadt und ihres Kreises. (Lübeck) 1966

VOLLACK, Manfred und LEMKE, Heinrich: Der Kreis Schlochau. Ein Buch aus preußisch-pommerscher Heimat. 2. Aufl. Kiel 1976

Zwischen Weichsel, Ossa und Drewenz – Das Kulmerland

(Thorn – Kulmsee – Kulm – Graudenz – Engelsburg – Okonin – Rehden – Briesen – Gollub – Schönsee – Thorn; 175 km)

27.5.8⌁

Blick durch das Seglertor auf die St. Johannis-Kirche in der Thorner Altstadt (Zeichnung: Dr. Heinz Walsdorff)

THORVNIVM.

Thoren.

Das Hohe Landt.

Schencke graben

FLVIVS

Pons.

VISTVLA

A. Templum S. Iohannis.
B. Templ. S. Mariæ Gymnasii.
C. T. S. Iacobi.
D. Monasterium Franciscanorum.
E. Monast. S. Spiritus.
F. T. S. Laurentij.
G. Domus Senatorii Veteris Vrbis.
H. Domi Senator Civitatis Novæ.
I. Mons areis vesselaa.
K. Locus Melandriorum.
L. Porta Carcerijs.
M. Porta S. Catharina.
N. Porta Culmensis.
O. Domus Oeconomica.
P. Alt Thornisch thor.
Q. Heln. thor.
R. Bggerthuß.
S. Iiffer thor.
T. Schlagt port.
V. Alt Schloß.

Thorn nach einem Kupferstich von Matth. Merian (1652)

THORN

Mit Danzig teilte es sich in den ehrenvollen Ruf „Königin der Weichsel" zu sein: Thorn – mit Recht auch als das „Tor zum Ordensland" bezeichnet. Wir erreichten die Stadt von Norden, also nicht von der schönsten Seite, die man jedoch vor sich hat, wenn man sich dieser einstigen Hansestadt von Süden her nähert. Besonders von der Bahn aus, die bei Schlüsselmühle recht nahe am Weichselufer verläuft, bevor sie den südlich dieses Flusses liegenden Thorner Hauptbahnhof erreicht, oder auch von der Straßenbrücke her bietet sich dem Reisenden ein Panorama, wie es kaum schöner sein kann: Der Blick über den majestätisch dahinziehenden Strom auf die eindrucksvolle Stadtsilhouette Thorns hätte gewiß mehrere Sternchen im Reiseführer verdient. A propos Reiseführer! Lesen wir doch einmal nach, was der berühmte *Baedeker* in seinem Nordostdeutschland-Band Anno 1911 schreibt:

139km **Thorn.** — Gasth.: T h o r n e r H o f (Pl. a : A 2), 40 Z. zu 2¹/₂-5, F. 1, M. 1¹/₂-3 *M*, gut; S c h w a r z e r A d l e r (Pl. b: B 2), Brückenstr. 19, Z. 2-4, F. 1, M. 2¹/₄ *M*; H. V i k t o r i a (Pl. c: B 3), Seglerstr. 15; D r e i K r o n e n (Pl. d: A 2), Altstädt. Markt 19. — Bierrestaur.: *Artushof*, M. 1¹/₂ *M*, *Ratskeller*, M. 1¹/₂ *M*, beide Altstädt. **Markt** (Pl. A 2); *Löwenbräu*, Baderstr. 19 (Pl. B 2, 3); *Schützenhaus* (Pl. B 2), mit Garten: *Automat. Restaurant*, Ecke Breite- u. Mauerstraße (Pl. B 2). — Weinstuben: *Schwartz*, Kulmer Str. 14 (Pl. A 2); *Dammann & Kordes* (auch Delikatessenhandlung), Altstädt. Markt 32 (Pl. A 2). — Cafés: *Nowak*, Breite Str. 23 (Pl. B 2); *Kaiserkrone*, Ecke Elisabeth- und Gerberstr. (Pl. B 2). — Post u. Telegraph (Pl. A 2), Altstädt. Markt. — Thorner Pfefferkuchen bei *G. Weese*, Elisabethstr. 20 u. a.

Taxameterdroschken: innere Stadt 1 und 2 Pers. 1000m ¹/₂ *M*, jede 500m mehr 10 Pf.; Vorstädte und vom Hauptbahnhof in die Stadt 1 und 2 Pers. 750m ¹/₂ *M*, jede 375m mehr 10 Pf.; nachts (10-6 bzw. 7 Uhr) 1 und 2 Pers. 500m ¹/₂ *M*, jede 250m mehr 10 Pf.; jede Pers. mehr 25 Pf.; Gepäck 10kg frei, 25kg 25 Pf. — Elektr. Straßenbahn: vom Stadtbahnhof in die Bromberger Vorstadt (Rathaus-Ziegeleipark 10 Min.) und vom Altstädt. Markt nach Mocker und in die Culmer Vorstadt. — Dampffähre (Pl. B 3; 5 Pf.) über den Fluß.

Thorn, alte Stadt und Festung am r. Ufer der *Weichsel*, hat 46 200 Einwohner.

Thorn wurde 1231 vom Deutschen Orden durch deutsche Einwanderer gegründet, gehörte als blühende Handelsstadt im xiv. und xv. Jahrh. zur Hansa, sagte sich vom Orden nach dem ersten Thorner Frieden (1411), in dem Samositien an Polen abgetreten wurde, 1454 los und begab sich unter den Schutz des Königs Johann Kasimir von Polen. Die Zerstörung der Ordensburg durch die Bürger gab Anlaß zu einem Kriege zwischen dem Orden und Polen, den der zweite Thorner Friede 1466 beendete. Die Reformation fand 1557 Einlaß. Streitigkeiten zwischen Katholiken und Protestanten führten zu dem „Thorner Blutbad", in dem auf Befehl der polnischen Regierung der Bürgermeister Rösner und neun protestantische Bürger am 7. Dez. 1724 enthauptet wurden. 1793-1807 und wieder seit 1815 gehört die Stadt zu Preußen.

Vom Stadtbahnhof (Pl. D 2) geradeaus durch die Wilhelmstr. in die modernen Stadtteile; am Wilhelmplatz die *Garnisonkirche*

(1897). Weiter l. durch die Hospitalstr. zum Neustädtischen Markt (Pl. C 2) in der alten Neustadt (die Elisabethstr. führt s.w. in die älteste Stadt). Die (kath.) *Jakobskirche*, eine Glanzleistung der Ordensbaukunst, aber jetzt im Äußern vernachlässigt, ist ein gotischer Backsteinbau aus der I. Hälfte des xiv. Jahrh., mit Zwillingsdach auf dem Turm und bemerkenswertem Ostgiebel (unten Inschrift aus Glasursteinen); im Innern ein reichgeschnitztes Orgelgehäuse von 1601 (Küster Junkerstr.1). Vom Neustädt. Markt durch die Elisabethstraße, dann l. durch die Schloßstraße, gelangt man zu den (unzugänglichen) Resten des *Alten Schlosses* an der Weichsel (Pl. C 3); der vorgebaute „Dansker", eine große Abortanlage aus dem xiii. Jahrh., ist noch wohl erhalten. Der Ende des xv. Jahrh. aufgeführte *Junkerhof* (Pl. B C 3) wurde 1883 wiederhergestellt und ist an Private vermietet. Weiter an der Weichsel abwärts, dann r. in die Seglerstraße. In dieser r. die im xiii. und xiv. Jahrh. erbaute (kath.) *Johanniskirche* (Pl. B 3; Küster Kopernikusstr. 4), eine stattliche Hallenkirche. In der 1. Kapelle r. ein Denkmal und eine Gedächtnistafel mit Bild des Kopernikus; im Chor r. eine gravierte flandrische Messinggrabplatte des Bürgermeisters Johann von Soest (†1363) und seiner Frau.

In der Mitte des Altstädtischen Marktes (Pl. A 2) steht das *Rathaus*, nach 1259 begonnen, nach 1393 völlig erneut, 1602 umgebaut und nach einem Brande vom J. 1703 wiederhergestellt. Oben an der Hofwand erinnert ein Reliefbrustbild an den Bürgermeister Rösner (S.174). Im Ratskeller, mit Gewölben auf gewaltigen Granitsäulen, ein Restaurant (S.174). Im dritten Geschoß des Westflügels das städt. Museum (So. 11-1 Uhr frei, werktags 12-3 Uhr gegen ½ *M*). Von dem 43m hohen Turm, der z. T. noch von dem ältesten Bau stammt, lohnende Rundsicht. — Dem Rathaus südl. gegenüber ein Bronzestandbild des 1473 zu Thorn geb. *Kopernikus* († 1543), nach Tieck's Modell, 1853 errichtet (sein Geburtshaus ist in der Kopernikus-Straße Nr. 28; sein Grab in Frauenburg s. S. 158); westl. ein *Bronzestandbild Kaiser Wilhelms I.*, von Herter (1904). Nördl. vom Postamt die (kath.) *Marienkirche* (Pl. A 2), im xiv. Jahrh. erbaut; der Ostgiebel hat drei Türmchen. Im Chor spätgotische Chorstühle; an der Kanzel (1616) reiches Holzschnitzwerk; l. vom Hochaltar in einer Nische das Grabdenkmal der schwed. Prinzessin Anna († 1625), Schwester des Königs Sigismund III. Neben der Kirche Reste eines Kreuzganges (Küster im Hof der Kirche). Am S.-Ende der Bäckerstraße der *Schiefe Turm* (Pl. A 3), ein Rest der mittelalterlichen Stadtbefestigung (xiii. Jahrh.); er hängt auf 15m Höhe 1,5m über. Am N.-Ende der Kulmer Str. erhebt sich ein turmartiges *Kriegerdenkmal* (Pl. 8: A 2), von Otzen (1880); l. das *Stadttheater* (Pl. A 2), 1904 von Fellner u. Helmer erbaut. — Abwärts an der Weichsel der *Ziegelei-Park* mit Wirtschaften.

Von Thorn nach *Posen* s. R. 28; — nach *Warschau*, Schnellzug in 7¼ St., über *Alexandrowo*, s. *Bædekers Rußland*.

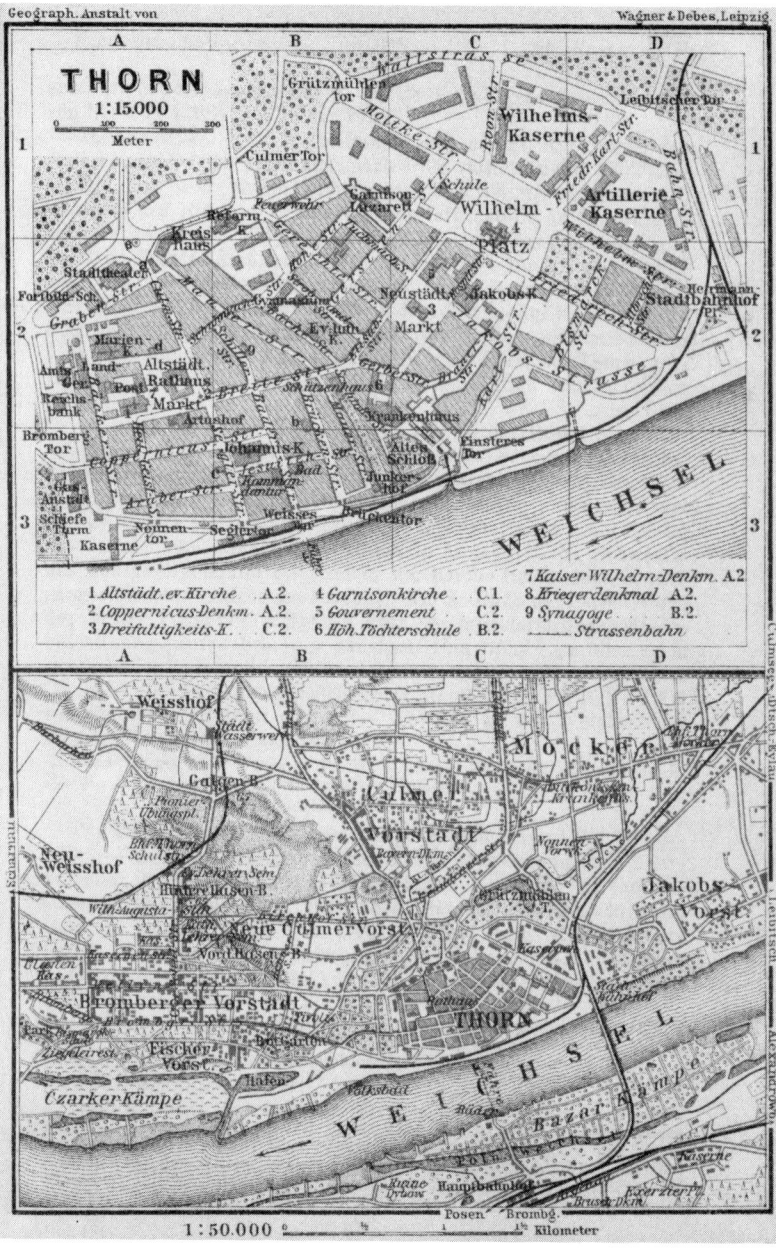

Geograph. Anstalt von   Wagner & Debes, Leipzig.

THORN

1:15.000

0   100   200   200
Meter

Grützmühlen-tor
Matstrasse
Wilhelms-Kaserne
Leibitscher-Tor
Culmer Tor
Schule
Artillerie Kaserne
Feuerwehr
Garnison Lazarett
Wilhelm-Platz
Reform
Kreishaus
Stadttheater
Fortbild.-Sch.
Graben
Neustädt. Jakobs-K.
Stadtbahnhof
Marien-K.
Altstädt. Rathaus
Ev. luth. Markt
Land-Ger.
Amts-Ger.
Reichsbank
Post
Markt
Strafenhaus
Krankenhaus
Artushof
Johannis-K.
Bromberg. Tor
Altes Schloss
Finsteres Tor
Bad-Hammerdünr.
Junkerhof
Gas-Anstalt
Schiefe Turm
Nonnen-tor
Segletor
Weisses Tor
Brückentor

WEICHSEL

1 Altstädt. ev. Kirche . . . . A.2.
2 Coppernicus-Denkm. . A.2.
3 Dreifaltigkeits-K. . . . C.2.
4 Garnisonkirche . . . . . C.1.
5 Gouvernement . . . . . C.2.
6 Höh. Töchterschule . . B.2.
7 Kaiser Wilhelm-Denkm. A.2
8 Kriegerdenkmal . . . . A.2.
9 Synagoge . . . . B.2.
———— Strassenbahn.

Weisshof
Möcker
Stadt-Wasserwerk
Gärten
Culmer Vorstadt
Pionier-Übungspl.
Neu-weisshof
Nonnen-Vorst.
Jakobs-Vorst.
Neue Culmer Vorst.
Bromberger Vorstadt
THORN
Fischer-Vorst.
Czarker Kämpe
Hafen
Volksbad
WEICHSEL
Bazar-Kämpe
Posen   Bromb.
Kaimbahnhof

1:50.000

0   ½   1 Kilometer

Sieben Jahrzehnte sind seitdem vergangen, zwei fürchterliche Kriege haben seither die Welt verändert und auch den Charakter der alten Hansestadt Thorn von Grund auf gewandelt. Dreimal hat sie bisher den Besitzer gewechselt: Am 18. 1. 1920 zogen die Polen in die mehrheitlich deutsche Stadt ein (1910 waren 66,0 % der Bewohner Deutsche), mit dem Ergebnis, daß diese Stadt, die ihr Deutschtum in Jahrhunderten behaupten konnte, in wenigen Jahren eine eindeutige polnische Mehrheit hatte (1931: 95,5 %).

Der Grund für diese Entwicklung ist vor allem in zwei Tatsachen zu suchen: Zum ersten war von den polnischen Entdeutschungsmaßnahmen (Entlassung aller deutschen Beamten, Boykott deutscher Geschäfte durch die polnische Bevölkerung, zahlreiche Übergriffe der Behörden, Einengung des kulturellen Lebens) besonders das deutsche *Bürgertum* betroffen und hier vor allem die vom Staate Abhängigen: Staats- und Kommunalbeamte, Eisenbahner, Lehrer, Zöllner; aber auch Ärzte und Rechtsanwälte. Zum anderen wurde die Stadt Thorn 1920 zum Sitz der aus den an Polen gefallenen Teilen Westpreußens gebildeten polnischen Wojewodschaft ,,Pomorze" (eigentlich: ,,Pommern", hier wohl am besten mit ,,Pommerellen" wiedergegeben) erhoben, was natürlich eine starke Zuwanderung polnischer Bevölkerungsteile mit sich brachte. Thorn wurde in den 20 Jahren der Ersten polnischen Republik zu einem Vorort des Polentums ausgebaut, von dem aus oft besonders schrille Töne gegenüber allem Deutschen ausgingen.

Äußerlich wandelte sich die Stadt in jenen Jahren kaum – der alte, in Jahrhunderten geprägte, von seinen Bauten her deutsche Charakter der Stadt blieb. Als wesentliche Neuerung kam eine zweite Weichselbrücke hinzu, die hier zum 700jährigen Stadtjubiläum 1931 am Westrand der Altstadt erbaut wurde (s. a. S. 164).

Schreiben wir die Geschichte weiter fort: Am 7. 9. 1939 nahmen deutsche Truppen die Stadt ein; gekämpft wurde nur wenig, so daß das Stadtbild kaum Schaden litt. Thorn wurde nun mit seinem Landkreis dem neugeschaffenen ,,Reichsgau Danzig-Westpreußen" eingegliedert und innerhalb dieses Verwaltungsbezirks dem Reg.-Bez. Bromberg unterstellt (bis 1920 unterstand es der Regierung in Marienwerder). 1939 wurden im Spätherbst 67 200 Bewohner ermittelt (von denen hingegen wieder 17 % deutscher Volkszugehörigkeit waren), 1943 betrug die Einwohnerzahl 80 302 Personen. Doch war dieser kriegsbedingten Rückkehr zu Deutschland keine lange Dauer beschieden: 1945 rückte die Rote Armee in Thorn ein und die polnische Herrschaft begann von neuem.

Neu war auch eine der ersten Maßnahmen, die die Polen ergriffen, um nun auch geistig diese Stadt in den Griff zu bekommen: Sie gründeten noch 1945 hier eine *Universität* und benannten sie nach dem größten Sohn der Stadt, dem 1473 hier geborenen Astronomen *Nikolaus Coppernicus*. Doch mußte Thorn den Rang einer Provinzhauptstadt nunmehr an Bromberg abtreten, das

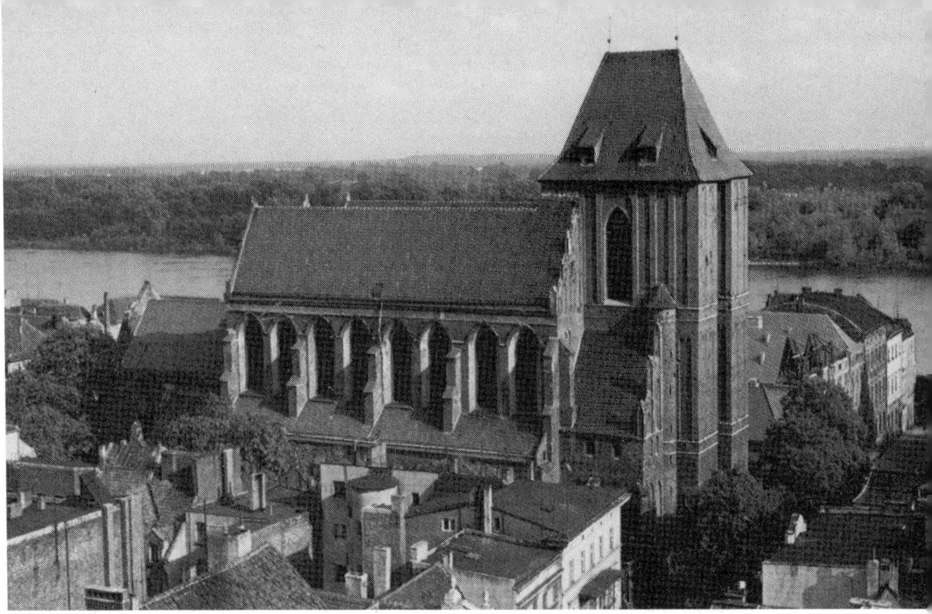

Noch immer beherrschen die Bauten aus der Ordenszeit das Stadtbild von THORN. Über die Dächer der Altstadt ragt weithin sichtbar die St. Johannis-Kirche hinaus (oben). Das Rathaus ist das größte seiner Art aus dem Mittel-alter im deutschen Kulturraum (unten rechts). Die zweite große Pfarrkirche der Altstadt ist St. Marien (unten links).

jetzt Verwaltungsmittelpunkt für einen Bezirk wurde, der von Konitz und Wirsitz im Westen bis Graudenz und Hohensalza im Norden bzw. Süden sowie Strasburg im Osten reichte. 1975 erhielt Thorn den Rang einer Bezirkshauptstadt zurück (der Bezirk wurde allerdings stark verkleinert und umfaßt im Wesentlichen das Kulmerland und einige Randgebiete). Dennoch wuchs die Bevölkerung der Stadt stark an, erreichte bis Ende der 60er Jahre die Großstadtgrenze und zählt jetzt etwa 135 000 Einwohner. Sichtbares Zeichen dieses Wachstums sind die öden Neubauviertel, u. a. im Osten der Stadt, etwa im neuen Stadtteil „Rubinkowo", der in seiner betonhaften Monotonie den stärkstmöglichen Gegensatz zur pittoresken, nach dem Krieg restaurierten Innenstadt darstellt.

Das heutige Thorn zeigt sich dem Besucher als geistig rege Stadt: Beim Bummeln durch die Altstadt fallen die vielen Buchhandlungen ins Auge – ein deutlicher Hinweis auf die Funktion Thorns als Universitätsstadt. Es ist zudem Sitz verschiedener Institute und einer der geistigen Mittelpunkte der polnischen Geschichtsforschung, soweit sie sich auf West- und Ostpreußen sowie Pommern bezieht. Vorreiter ist hier die „Wissenschaftliche Gesellschaft zu Thorn" gewesen, die bereits im vorigen Jahrhundert, also zu preußischer Zeit, gegründet wurde und seither zahlreiche wissenschaftliche Quellenausgaben, Jahrbücher und Monographien veröffentlicht hat.

A propos Pittoreske: Die Thorner Altstadt mit ihren stillen Vierteln, vielen gotischen Giebelhäusern und Speichern, dem „Schiefen Turm" und der alten Stadtmauer, nicht zuletzt mit ihren drei gewaltigen Kirchen und dem imposanten Rathaus, dem größten mittelalterlichen Rathausbau im deutschen Kultur- und Sprachraum, mußte sogar jüngst als Kulisse für einen deutschen Film herhalten: In Lübeck fanden die deutschen Filmemacher wohl nicht mehr das, was sie an Hansischem für die Verfilmung von Thomas Manns „Buddenbrooks" suchten – hier im heute polnischen Thorn (und im rekonstruierten Danzig) entdeckten sie es!

Das ist nicht unbedingt ein Plus für die Bewahrung von historischer Bausubstanz in unserer Bundesrepublik, wo die Modernisierungssucht mit der allgemeinen Bauwut eine oft unheilvolle Koalition einging – mit dem Ergebnis der Öde und Langeweile – auf der Strecke blieb das historisch Gewachsene, gerade auch von jüngeren Menschen oft als humaner, von mehr Lebensqualität erfüllt Gesehene.

Doch zurück zu Thorn. Restauriert wird viel, doch spielt oft das Schicksal in merkwürdiger Weise mit: Eigenartig, daß die Farbanstriche polnischer Herkunft schon nach einigen Jahren wieder abfallen, da sie Wind und Wetter und den sonstigen Unbilden der Zeit nicht standhalten, so daß „für die wertvolleren Bauten Farben aus der BRD" verwendet wurden – wie man uns augenzwinkernd versicherte. So kann die Stadt denn doch nicht ganz ihr deutsches Farbenkleid ablegen, auch nicht „äußerlich . . ."

Die Fahrt führte aus Thorn auf der alten Kulmer Heerstraße hinaus – zuerst durch die Kulmer Vorstadt, vorbei am Bahnhof Thorn-Nord in den Thorner Stadtwald hinein. Das Gelände südwestlich der Kulmer Chaussee war zu Kaiser Wilhelms Zeiten Exerzierplatz der Thorner Garnison, – bis hin nach Barberken – wie überhaupt an jene Zeit als bedeutende Festung unweit der damaligen russischen Grenze noch die ziegelroten Reste einiger Außenforts erinnern. Bei Rosenberg war dann bald darauf die offene, weiträumige Hochfläche des Kulmerlandes erreicht. Der Weg zweigte an der Kreuzung über Biskupitz in Richtung Kulmsee ab und führte durch eine äußerst fruchtbare, intensiv genutzte Agrarlandschaft, deren lehmige Böden den Anbau von Weizen und Zuckerrüben erlauben. Zu deutscher Zeit wurde 1881 im nahen Kulmsee eine Zuckerfabrik erbaut, die nach 1904 zur größten ihrer Art in Europa erweitert wurde.

KULMSEE

Die etwa auf halbem Wege zwischen Thorn und Kulm am Westende des langgestreckten, rinnenförmigen Kulm-Sees gelegene Stadt ist der Mittelpunkt des südwestlichen Kulmerlandes. Nächst den beiden vorgenannten Städten ist es die historisch bedeutendste Stadt dieses Landstrichs: Bereits 1222 unter seinem damaligen, vermutlich prußischen Namen Loza erwähnt, wurde das Dorf 1243 mit 600 Hufen und dem See dem Kulmer Bischof Heidenreich übertragen. Die Bedeutung des Ortes stieg schlagartig, als 1251 hier die Kathedrale des das ganze Kulmerland umfassenden Bistums Kulm gestiftet wurde; in diesem Jahre erscheint „Culmensee" erstmals unter seinem neuen Namen und als Stadt. Der Bau des Domes erfolgte von etwa 1251 bis 1359, die später evang. Stadtpfarrkirche zu St. Jakob erstand bis zum Ende des 13. Jahrh. Seit dem 14. Jahrh. residierten die Bischöfe in Löbau, seit 1466 gehörte die Stadt zu Polen, unter dessen Herrschaft es so verarmte, daß zu Beginn der preußischen Zeit 1772 in nur 52 Häusern 359 Einwohner in Kulmsee gezählt wurden. Die Verlegung des Bischofsitzes 1781 zurück nach Kulmsee sowie die Fürsorge der preußischen Verwaltung ließen die Stadt rasch aufblühen; die erneute (und endgültige) Verlegung des Bischofsitzes nach Pelplin 1824 ließen die Stadt, besonders nach der Errichtung der Zuckerfabrik und dem Eisenbahnbau (1882) zu einer kleinen Arbeiterstadt werden, die 1910 10 612 Einwohner, darunter 27,0 % Deutsche, zählte (1943: 12 277, 1975: 14 900). Die nahezu unzerstört gebliebene, im traditionellen Schachbrettmuster angelegte Stadt wirkt heute zwar lebhaft, aber grau, der Verfall besonders in den Seitenstraßen und auf Hinterhöfen ist weit fortgeschritten. Beherrscht wird das Stadtbild, besonders vom Markt aus, von den zwei verschiedenartigen Türmen des Domes: Der Nordturm trägt einen barocken Helm von 1692 mit

2 Haubenlaternen übereinander. Geplant waren ursprünglich 4 Türme, die 2 kleineren Osttürme wurden noch im 13. Jahrh. errichtet, das westliche große Turmpaar blieb unvollendet. Die Kirche ist eine dreischiffige Hallenkirche mit Querschiff. Von der Innenausstattung sind u. a. die spätgotischen Wandmalereien im Gewölbe des Mittelschiffs (14. Jh.), der barocke Hochaltar von 1650 und das von einem ital. Meister stammende Wandgrab des Bischofs Petrus Kostka († 1695) hervorzuheben.

KULM

Kurz hinter der Weggabelung von Stolno erscheint erstmals linker Hand von der Chaussee her ein kurzer Durchblick auf das türmereiche Kulm, das sich majestätisch auf steiler Höhe über dem weiten Urstromtal der Weichsel erstreckt. Diese bevorzugte Lage ließ den Ort schon in grauer Vorzeit zum Hauptort des Landes zwischen Weichsel, Drewenz und Ossa werden, das schließlich folgerichtig nach ihm seinen Namen erhielt. Bis hierher waren die Polen schon im 11. Jahrh. christianisierend und kolonisierend vorgestoßen, doch konnten sie das Kulmerland gegenüber den heidnischen Prußen nicht behaupten.

Der deutsche Ritterorden legte schon kurz nach seiner Ankunft hier 1232 eine städtische Siedlung an, der er 1233 ein dem Magdeburger Recht nachgebildetes Stadtrecht verlieh. Diese „Kulmer Handfeste" wurde fortan zum Muster und Vorbild für alle Stadtrechtsverleihungen im Ordensland, auch die Herzöge von Masowien übernahmen sie (so erhielt z. B. Warschau 1342 das Kulmer Stadtrecht verliehen), Kulm selbst nahm die Rolle des Oberhofs ein und galt lange als Hauptstadt des Ordensstaates. Dieser Bedeutung entsprechend erhielt der Orden sogar 1397 die Erlaubnis zur Gründung einer Universität in Kulm, das in der 1. Hälfte des 15. Jahrh. ungefähr 15 000 Einwohner gezählt haben soll und damit zu den größten Städten Mitteleuropas rechnete.

Doch die Wirren der Kriege mit Polen und die Unterstellung des Kulmerlandes unter den poln. König (1466) haben der beherrschenden Rolle Kulms ein Ende bereitet. Danzig und Thorn liefen der Stadt den Rang ab; sie sank in den folgenden drei Jahrhunderten polnischer Oberhoheit zu einer Ackerbürgerstadt herab, die 1772 nur noch 257 Feuerstellen (Haushalte) mit 1644 Einwohnern zählte; von den 40 Häusern an dem riesigen Marktplatz waren allein 28 baufällig. 1775 wurde eine Kadettenanstalt gegründet (1890 nach Köslin verlegt), und mit bedeutenden finanziellen Mitteln kümmerte sich Friedrich der Große um die Hebung des Wohlstands der Stadt, die 1837 wieder 5394, 1910 sogar 11 718 Bewohner (43,0 % Deutsche) zählte. Nach 1920 wanderten viele Deutsche ab, andererseits zogen zahlreiche Polen zu, doch die Einwohnerzahl stieg seither nur langsam (1943: 13 339, 1975: 19 300 Personen). Kulm

Der riesige Marktplatz von KULM (oben) gehört mit seinen fast zwei Hektar Fläche zu den größten seiner Art im Osten. Im Hintergrund ist die ehem. Franziskanerkirche sichtbar. Die Marienkirche ist die Hauptpfarrkirche der Stadt (unten links; n. e. Aquarell von C. Rave). – Blick auf die Westfassade des Domes zu KULMSEE (unten rechts; Aquarell v. C. Rave).

ist der Geburtsort des Heidedichters *Hermann Löns* (* 1866) und des Generalobersten *Heinz Guderian* (* 1888).

Der Stadtplan der Altstadt zeigt eine sehr regelmäßige Anlage im typischen ostdeutschen Schachbrettmuster, mit einem 160 × 120 m großen Marktplatz in der Mitte. Die Hauptpfarrkirche St. Marien, ein hochgotischer (1300−1330) Backsteinbau mit gerade geschlossenem Chor und einer zweitürmigen Westfassade (nur ein Turm ausgeführt) liegt über Eck (südwestlich) zum Marktplatz, auch das ist ein Charakteristikum ostdeutscher Stadtanlagen. Die drei früheren Klöster (Franziskaner-, Zisterzienser- und Dominikanerkloster; letzteres beherbergte seit 1829 die evangelische Pfarrkirche der Stadt) stehen im Nordteil der Altstadt, z. T. auf zur Weichsel hin abfallendem Gelände, das von der mächtigen, auf Stützen errichteten Stadtmauer geschützt wird. Das Rathaus mitten auf dem Marktplatz ist ein Putzbau in italienischen Renaissanceformen (1567−95 errichtet). Die wirtschaftliche Stagnation der Stadt, u. a. im 17. und 18. Jahrh., hat durch Verhinderung von Um- und Neubauten das Stadtbild Kulms in einzigartiger Weise konserviert, auch die 7−8 m hohe Stadtmauer mit dem Graudenzer Tor ist fast vollständig erhalten.

GRAUDENZ

Den wohl eindrucksvollsten Blick hat man auf Graudenz, wenn man sich von Westen auf der über 1000 m langen, 1879 erbauten Eisenbahn-Straßenbrükke der Stadt nähert: Festungsartig ragen die mächtigen, aus Backsteinen errichteten Wehrspeicher aus der Ordenszeit vor einem auf, das natürliche Hochufer der Weichsel noch eindrucksvoll erhöhend. Dieser Blick gehört mit dem Anblick von Thorn und den Panoramen der Marienburg und von Kulm zu den großartigsten Stadtbildern Westpreußens, wenn man von Danzig einmal absieht, das sich dem Auge aber nicht auf einen Blick erschließt.

Der Ort gehört zu den ältesten im Kulmerlande, bereits 1015 soll bis hierher der polnische Herzog Boleslaw I. Chrobry (= der Tapfere) vorgedrungen sein. 1222 wird er als Burgplatz wieder erwähnt und um 1234 vom Deutschen Ritterorden wiederum befestigt. Vor 1270 erscheint die zwischenzeitlich errichtete Ordensburg als Sitz einer Komturei, zu ihren Füßen entstand eine Stadt, die 1292 ihre zweite Handfeste (die erste ist nicht erhalten) ausgestellt bekam. Wohl ebenfalls noch aus dem 13. Jahrh. stammen die ältesten Teile der St. Nikolai-Kirche, unweit des auch hier rechteckigen Marktplatzes. 1466 kam Graudenz unter die Krone Polens, doch die Religionsstreitigkeiten und Schwedenkriege des 17./18. Jahrh. (1655−59 war die Stadt in schwedischen Händen) ließen die überwiegend deutsche und evangelische Stadt zu einer kleinen Landstadt herabsinken, die beim Übergang an Preußen 1772 nur 2172 Einwohner zählte.

Blick von der Weichsel auf Graudenz mit seinen Wehrspeichern

Die nun folgende preußische Zeit brachte mit dem Bau der Festung im Norden der Stadt (seit 1776) einen tiefen Einschnitt: Zwar fiel der größte Teil der allerdings recht verwahrlosten Ordensburg dem Festungsbau zum Opfer, doch brachte dieser ein wirtschaftliches Aufblühen der verarmten Stadt. Schon bald sollte der Name Graudenz einen ruhmreichen Klang bekommen: 1806/07 konnte sich diese Festung unter ihrem Kommandanten, dem einer Hugenottenfamilie entstammenden preuß. General de Courbière, gegen die Truppen Napoleons behaupten. Die Folge war, daß Stadt und Festung Graudenz nicht, wie das übrige Kulmerland an das „Großherzogtum Warschau fielen, sondern bei Preußen verblieben. Die Festung erhielt nun den Namen ihres Verteidigers: „Feste Courbière".

Besonders nach dem Eisenbahnbau entwickelte sich die Stadt zu einem Mittelpunkt ostdeutschen Kulturlebens mit vielen Schulen, Stadttheater, Museum und der 1826 in Graudenz gegründeten Zeitung „Der Gesellige", die zu den meistgelesenen Blättern Ostdeutschlands gehörte (nach 1920 in Schneidemühl). 1910 waren von den 40 325 Einwohnern immerhin 83,0 % Deutsche, nur 12,5 % Polen, mithin konnte Graudenz als nahezu rein deutsche Stadt angesehen werden, zumal auch der umliegende Landkreis zu (1910) 58,9 % deutsche Bewohner aufwies. Das Graudenzer Gebiet hätte also 1920 beim Reich verbleiben müssen.

Doch es kam anders. Das Selbstbestimmungsrecht galt hier nur für die Polen, die bald nach 1920 die deutsche Bevölkerung systematisch zu verdrängen begannen, so daß 1931 nur noch 19 % der Bewohner Deutsche waren. 1939–1945 gehörte Graudenz noch einmal zum Reich, doch die heftigen Kämpfe um die wiederum zur „Festung" erklärte Stadt ließen 1945 große Teile (60 %) in Schutt und Asche sinken, darunter auch den Bergfried, den letzten Rest der Ordensburg.

Das heutige Graudenz ist zwar in seinem alten Zentrum in den alten Formen wieder aufgebaut, doch sind alle Spuren der einstigen deutschen Vergangenheit vernichtet. Die heutige Beinahe-Großstadt (1978 85 000 Einwohner) ist ein wichtiger Industrieplatz geworden (Gummi-, chem.-, Eisenindustrie, Maschinenbau). –

Die Rehdener Straße führt südöstlich aus Graudenz heraus, bis sie bei Marusch den hier bis 50 m hohen Rand des Urstromtales der Weichsel erreicht. In langen, engen Windungen zieht die frühere Reichsstraße 384 dann in einem kleinen Tal auf die Höhen des Kulmerlandes.

ENGELSBURG

Hier liegt in geschützter Lage auf einer Anhöhe die Ruine der ordenszeitlichen Engelsburg. Der Platz erscheint erstmals 1222 in einer Urkunde, in der Herzog Konrad von Masowien dem zur Christianisierung der Prußen ausgesandten Bischof Christian die von den Polen (wohl schon unter Boleslaw I., dem Tapferen) errichtete, von den Prußen aber zerstörte Burg Copriven schenkte. 1237 errichtete der Orden hier einen Rittersitz, später entstand daraus das Ordensschloß Engelsburg, das 1278–1416 Sitz einer Komturei war (einer der letzten Komture war 1413/14 der von den aufrührerischen Ordensbrüdern abgesetzte frühere Hochmeister Heinrich von Plauen, der Retter des Ordens von 1410).

In polnischer Zeit verfiel das Schloß, vor allem durch die Schwedenkriege, blieb aber bis 1772 Sitz eines Starosten. In preußischer Zeit wurden Teile der Burganlage abgebrochen und eine Domänenverwaltung eingerichtet, die kurz nach 1930 mit polnischen Bauern aufgesiedelt wurde.

Wenige km östlich liegt das alte Kirchdorf

OKONIN (OCKENIN)

Bemerkenswert ist die aus der Ordenszeit stammende Dorfkirche: Der aus dem 14. Jahrhundert stammende Ziegelbau, eine Saalanlage, hat seinen Turm – wie die Kirchen in Pomesanien – an der Nordseite über der Sakristei. Der Ostgiebel weist eine schöne, kräftige Gliederung aus. – 1743 betrug die Zahl der Evangelischen im katholischen Kirchspiel Okonin über 1000 Seelen, die alle dem katholischen Pfarrer abgabepflichtig waren; Okonin selbst war überwiegend polnisch-katholisch. Das Dorf wurde am 2. 9. 1939 zu Beginn des Polenfeldzuges stark zerstört.

Unweit von hier liegt Melno, an der Bahnlinie Graudenz – Goßlershausen mit großer Zuckerfabrik, und etwas weiter östlich der Melno-See, an dessen Ufern 1422 zwischen dem Ordenshochmeister Paul von Rußdorf und dem poln. König Wladyslaw Jagiello der Friede vom Melno-See abgeschlossen wurde. In ihm wurden die Grenzen des Ordensstaates bestimmt, sie haben in ihrem ostpreußischen Teil als deutsche Ostgrenzen bis 1920, auf weite Strekken hin bis 1945 Bestand gehabt und gehören somit zu den ältesten und beständigsten Grenzen Europas überhaupt. An eine andere Grenze erinnert der Name des in der Nähe gelegenen Dorfes Slupp: Einer alten Überlieferung zufolge setzte der polnische König Boleslaw I., der Tapfere, 1015 nach der Eroberung des Kulmerlandes an der Ossa eine eiserne Gedenksäule (slup = Pfeiler, Säule), als Hinweis darauf, daß die Ossa von nun an die Grenze zwischen Prußen und Polen bilden solle. Hier entstand später die Mühle Slupp, nicht weit von hier hatten auch die Ordensritter eine Ordensburg mit dem Namen Starkenberg erbaut, die aber 1388 letztmalig genannt wird.

Die Straße führt nach Süden über die „Zuckerrüben-Kleinbahn" Melno – Kulmsee hinweg und läßt nach einer starken Kurve unmittelbar neben sich die mächtig aufragende Ordensburg Rehden sichtbar werden.

REHDEN

Der Orden errichtete hier bereits 1234 eine Burg, die ab 1310 in Backstein auf Feldsteinsockel aufgeführt wurde. Sie galt nach der Marienburg wegen ihrer klaren Formen als das schönste Ordenshaus Westpreußens, die Komturei Rehden war einst die bedeutendste des Kulmerlandes. Zwischen 1234 – 38 erhielt auch die kleine, zu Füßen der Burg entstandene Siedlung Stadtrechte. Das Städtchen Rehden blieb jedoch bis in die Gegenwart hinein klein: 1910 zählte es 2010 Seelen (41,9 % Deutsche), 1943: 1999 und 1975: 1517 Einwohner.

Die Ordensburg bildet ein Quadrat mit einer Seitenlänge von 52,5 m, der einst von einem zweigeschossigen gewölbten Kreuzgang umsäumte Innenhof umfaßte eine Fläche von 23 m². Der nicht mehr vorhandene, einst achteckige Bergfried hatte einen Durchmesser von 13 m, die Außenmauern der Ordensburg im unteren Teil sind 3 m dick! Am besten erhalten ist die Südfront, vom Gelände der ehemaligen Vorburg hat man einen eindrucksvollen Blick auf die Burg. Leider sind die anderen Seiten kaum erhalten, war doch die ganze Anlage seit dem zweiten schwedisch-polnischen Krieg verwüstet und verfallen, nach 1772 diente sie vorübergehend sogar als Steinbruch. Seit 1837 wird sie geschützt: 1911 erhielt die Kapelle ein Notdach, in den letzten Jahren haben die Polen einen Teil der Südwand um einige Meter erhöht.

Die Ruine der Ordensburg Rehden (Südseite)

Kurz vor Arnoldsdorf verläßt die Chaussee das Graudenzer Kreisgebiet und tritt in den ehemaligen Kreis Briesen ein. Dieser Kreis wurde als letzter der Kulmerland-Kreise erst 1887 gebildet und zählte 1910 49 506 Einwohner, von denen 48,5 % Deutsch als Muttersprache angaben. Bis 1931 sank dieser Anteil durch Verdrängung und Abwanderung der deutschen Bevölkerung auf nurmehr 20 $^0/_0$

BRIESEN

Die frühere Kreisstadt Briesen entwickelte sich an der Stelle einer altpreußischen Befestigung, die die Landenge zwischen zwei Seen kontrollierte. Der Ort erscheint erstmals 1246 als Wambrez, 1251 als Wambresin – nur wenig später trägt die vom Orden hier errichtete Stadt den deutschen Namen Friedeck. Der Bischof von Kulm errichtete zudem eine bischöfliche Burg, von der allerdings kaum Reste geblieben sind. Briesen war am Ausgang der polnischen Zeit 1772 ein bescheidenes Ackerbürgerstädtchen, das damals nur 502 Seelen zählte. Erst nach 1872 gewann Briesen nach dem Bau der Thorn––Insterburger Bahn Anschluß an die große Welt – doch nicht ganz: Die Bahn führt etwas südlich an der Stadt vorbei, so daß 1896 eine 4 km lange elektrische Anschlußbahn von der Stadt zum Bahnhof gebaut werden mußte. Sie fährt noch heute, doch mit einer Diesellok und mit einem (!) Wagen. Nach der

Die wiederhergestellte Ordensburg Golau (Gollub)

Erhebung zur Kreisstadt wuchs Briesen bis 1910 auf 8174 Einwohner an (davon 44,6 % Deutsche), 1943 wurden 10 051 Seelen, 1975 12 452 Personen gezählt.
Die Straße führt uns nun über Bahrendorf, Lipnitza (wo sie die wichtige Fernstraße Thorn−Allenstein kreuzt) weiter in das südliche Briesener Kreisgebiet nach

GOLLUB

Auf steiler Anhöhe über dem Drewenztal leuchtet weithin in das bereits zu Kongreßpolen gehörige Dobriner Land hinein die ziegelrote Ordensburg Golau; sie hatte in der Ordenszeit die Aufgabe, die hier entlang der Drewenz verlaufende Südostgrenze des Kulmerlandes gegen Polen zu bewachen. Sie wurde im ersten Jahrzehnt des 14. Jahrhunderts auf einer Grundfläche von 39,4 × 42 m erbaut. Anfang des 17. Jahrhunderts wurde dem Bau noch eine später verputzte, mit geschweiften Ziergiebeln aufgesetzte Abschlußmauer aufgesetzt, die dem Gebäude ein etwas fremdartiges Aussehen gibt. Lange Zeit hindurch war die Ordensburg eine, allerdings guterhaltene Ruine. In den letzten Jahren ist sie von den Polen äußerlich vollständig wiederhergestellt worden. Hier, wie schon anderenorts wird damit das Bestreben der polnischen Denkmalspflege sichtbar, selbst an schon länger zerstörten Bauten die

117

Vergangenheit durch totale Rekonstruktion wiederherzustellen – verständlich bei einem Volk, das sich an die Geschichte als Teil der eigenen Identität klammert, in einer desolaten Gegenwart, selbst wenn es nicht die eigene Geschichte ist.

Gollub zählte 1910 unter 3063 Einwohnern 34,7 % Deutsche, 1943 waren es 2914. Heute ist es mit dem benachbarten Dobrzyń vereinigt und hatte 1975 7913 polnische Bewohner. Im 19. Jahrhundert war es eine berühmte Schmuggelstadt – ließ sich doch der russische Zoll seinerzeit gern bestechen und damit boten sich den Golluber Händlern, vor dem 1. Weltkrieg zumeist Juden, zahlreiche Geschäftsmöglichkeiten bis weit nach Kongreßpolen hinein. Beim Blick von der Höhe des Ordensschlosses Golau in die Weiten Masowiens kamen einem aber noch andere Gedanken. Wohl nur an wenigen Stellen wird die jahrhundertealte Grenze deutschen Wirkens als Kulturgrenze so sichtbar wie in Gollub. Unten am Strom das von roten Ziegeldächern und den roten Backsteinkirchen geprägte Kleinstädtchen Gollub, jenseits der Drewenz das graue, einförmige Dobrzyń. Hüben die geradlinig angelegten Dörfer mit ihren offenen Fluren, geraden, mit Obstbäumen bestandenen Chausseen, drüben die grundlosen Wege und unregelmäßigen, oft entsetzlich langgezogenen, eintönigen Liniendörfer. Und doch war im 19. Jahrhundert das jenseits liegende Dobriner Land auch für zahlreiche Deutsche zur Heimat geworden, der ersten Station auf ihrer weiten Wanderung aus Deutschland hinaus ins Zarenreich, ihre Söhne und Kindeskinder siedelten sich dann im Inneren Kongreßpolens an, wanderten weiter über Wolhynien nach Rußland hinein: Wer denkt heute schon daran, daß im Russischen Reich 1913 allein 2,6 Millionen Deutsche lebten (selbst heute in der Sowjetunion sind es noch 1,9 Millionen!), davon allein 21 000 im Dobriner Land.

Wer einmal auf der steilen Anhöhe von Golau gestanden hat, wird den großartigen Blick in die Weite des Ostens nicht vergessen; der frische Höhenwind wird einem vielleicht Worte und Klänge aus der Vergangenheit zuführen, man wird gefangengenommen von der Größe und Erhabenheit einer nun mehr als sechs Jahrhunderte zurückliegenden Zeit. Und doch sind es wehmütige Gedanken, die einen befallen: Die mächtigen Zeugen der Vergangenheit sind heute hier wie anderswo das einzige, was noch deutsch „redet", die Menschen um sie herum sprechen die Sprache derjenigen, gegen deren Einfälle Burgen wie Golau einst Schutz bieten sollten. Lassen wir das Wirken der Unseren in diesem Land nicht in das Grab der Vergessenheit sinken!

Über Ostbitz ging es dann nach

SCHÖNSEE

Einem kleinen Landstädtchen im Südwesten des früheren Briesener Kreises, das schon 1222 als zerstörter Burgplatz genannt wird. Um 1275 enstand die

Stadt Schönsee, seit 1278 residierten in der einst bei der Stadt befindlichen Ordensburg auch Komture. Doch bald nach 1466 sank der Ort zu einem unbedeutenden Marktflecken herab, die Burg verfiel und wurde im 19. Jahrhundert abgetragen, auf ihrem Platz entstand aus ihrem Baumaterial die evangelische Stadtpfarrkirche. Der Volksmund bezeichnete die Stadt Schönsee als „Ort der drei Lügen": er sei weder schön, noch habe er einen See, noch sei er eine Stadt. Doch so etwas haben wohl boshafte Nachbarn erfunden, denn mit der Wiederverleihung der Stadtrechte 1873 erhielt er auch seinen schon um 1230 als „Schönensee" bezeugten Ortsnamen zurück, der seit 1466 übliche Name Kowalewo (= Schmiedeort) ist heute wieder im Gebrauch. Das Städtchen zählte 1910 unter 3356 Seelen 50,1 % Deutsche, 1943 3702, 1975 3865 Bewohner.

Der Weg führte dann zurück auf der früheren Reichsstraße über Heynerode, Wielkalonka, Wolffserbe, Deutsch Rogan nach Gramtschen, dem früheren Thorner Stadtdorf Grembotschin, das heute wieder zum Stadtgebiet Thorns gehört. Nach der Einmündung in die Leibitscher Chaussee wurde rechts ein riesiges Neubaugebiet in der früheren Gemarkung Bachau (jetzt Siedlung „Rubinkowo") sichtbar, das mit seiner seelenlosen, großklotzigen Monotonie an ähnliche Vorbilder sozialistischer Wohnungsbauvorhaben in Moskau, Warschau und Ost-Berlin erinnert. Nach einer kurzen Fahrt durch die Thorner Jacobs-Vorstadt war das Zentrum der „Königin an der Weichsel" wieder erreicht.

Literatur

BAEDEKER, Karl: Nordost-Deutschland nebst Dänemark. Handbuch für Reisende. 30. Aufl. Leipzig 1911
DEHIO'/ GALL: Deutschordensland Preußen. Bearb. unter Mitwirkung von Bernhard Schmid und Grete Tiemann. München Berlin 1952 (Handbuch der deutschen Kunstdenkmäler)
DIEST-KOERBER, Nordewin von; MEISSNER, Gerhart und SCHUCH, Hans-Jürgen: Die Stadt und der Landkreis Graudenz. Aus sieben Jahrhunderten deutscher Geschichte (Osnabrück 1976)
ENGEL, Gerhard und MATTHES, Martin: Kreis Briesen Westpreußen. Erlesenes und Erlebtes (Kassel 1971)
HEISE, J. (Bearb.): Die Bau- und Kunstdenkmäler des Kreises Kulm. Danzig 1887 (Die Bau- und Kunstdenkmäler der Prov. Westpreußen, H. V)
HENATSCH, Horand (Hrsg.): Kulm an der Weichsel. Stadt und Land im Wechsel der Geschichte. 1232 – 1982. (Bremervörde 1982)
KRÜGER, Horst Ernst (Hrsg.): Thorn-Stadt und Land. Geschichte – Geschichten – Namen – Erinnerungen 1231 – 1981. (Hannover 1981)
MASCHKE, E. und KASISKE, K.: Der Deutsche Ritterorden. Seine politische Bedeutung und kulturelle Leistung im deutschen Osten. Mit Bildern von Caesar Rave. Berlin 1942
WEISE, Erich: Ost- und Westpreußen. Stuttgart (1966). (Handbuch der historischen Stätten)

Daten zur Geschichte Westpreußens

1.–4. Jahrh.	sind an der unteren Weichsel *Goten* und *Gepiden* ansässig
ab 6./7. Jahrh.	wandern die slawischen *Pomoranen* in das Gebiet westlich der Weichsel ein und vermischen sich mit den verbliebenen *Restgermanen*; die baltischen *Prußen* rücken bis zur unteren Weichsel vor
um 890	besucht der angelsächsische Seefahrer Wulfstan *Truso* (an der Stelle des heutigen Elbing)
997	Aufenthalt Adalberts v. Prag in *Gyddanizk* (Danzig), wo er am Hofe eines pommerschen Fürsten predigt und viele Heiden tauft
1178	Gründung des Zisterzienserklosters *Oliva* durch Mönche aus dem pommerschen Kloster Kolbatz
1226	ruft der masowische Herzog Konrad den *Deutschen Ritterorden* gegen die ihn hart bedrängenden Prußen zur Hilfe und schenkt ihm das derzeit nicht in seinem Besitz befindliche Kulmerland. Diese Übertragung und der ewige Besitz allen noch zu erobernden Gebietes wird dem Orden in der kaiserlichen *Goldbulle von Rimini* 1226 bestätigt.
1231	überschreitet Landmeister Hermann Balk in der Höhe von Nessau die Weichsel und gründet an der Stelle von Alt Thorn eine Befestigung, bei der sich sofort Ansiedler niederlassen. Diese Siedlung wird jedoch 1236 an die Stelle des heutigen Thorn verlegt
1233	verleiht der Deutsche Ritterorden den Städten Thorn und Kulm die *Kulmer Handfeste*, die fortan für alle im Ordensland gegründeten Städte Geltung bekam
1237	Gründung von Burg und Stadt Elbing durch den Orden und lübische Kaufleute
1243	Errichtung der Bistümer Kulm und Pomesanien, die 1245 der neugebildeten Kirchenprovinz Riga unterstellt werden
1249	Friede von Christburg: Beendigung der ersten Phase der Christianisierung der Prußen
1309	kauft der Deutsche Ritterorden im Vertrag von Soldin für 10 000 Mark Silber den brandenburgischen Markgrafen ihre Ansprüche auf Pommerellen ab und nimmt das Land in Besitz; gleichzeitig verlegt Ordenshochmeister Siegfried v. Feuchtwangen seinen Sitz von Venedig nach der Marienburg
1343	anerkennen der poln. König Kasimir d. Gr. und die poln. Stände im Frieden von Kalisch für alle Zeiten den Deutschen Ritterorden im Besitz Pommerellens
ab 1356	nehmen die preußischen *Hansestädte* (Danzig, Kulm, Thorn, Elbing, Braunsberg und Königsberg) an den Tagfahrten der Hanse nach Lübeck teil
1386	plant der Orden die Gründung einer Universität in Kulm
1411	wird nach der Schlacht von Tannenberg (1410) auf der Bazarkämpe bei Thorn der 1. Thorner Friede geschlossen, in dem der poln. König den territorialen Bestand des Ordensstaates anerkennt
1440	schließen sich in Marienwerder 53 Landadelige und 19 Städte gegen den Orden zum *Preußischen Bund* zusammen

1454−1466	wenden sich im sog. *13jährigen Krieg* die Ritterschaft des Kulmerlandes und die großen Städte unter der Führung des Thorner Bürgermeisters Tilemann vom Wege gegen den Orden. Der poln. König zieht 1454 in Thorn ein, nimmt die Huldigung der Aufständischen entgegen und erteilt zahlreiche Privilegien.
1466	im 2. Thorner Frieden verzichtet der Orden auf die Hoheit über das Weichselland zugunsten der polnischen Krone; dieses Gebiet wird als *Königliches Preußen* neben Polen und Litauen der 3. Staat unter der Personalunion der poln. Krone; die Lande Lauenburg und Bütow fallen als Lehen der poln. Krone an Pommern. Das Bistum Kulm wird nunmehr der Kirchenprovinz Gnesen unterstellt.
1473	wird in Thorn der spätere große Astronom und Frauenburger Domherr *Nikolaus Coppernicus* als Sohn des deutschen Bürgers Niklas Koppernik und seiner Ehefrau Barbara, geb. Watzenrode, geboren.
nach 1520	setzt sich in den westpreuß. Städten die *Reformation* durch, die 1588 durch ein kgl. poln. Religionsprivileg abgesichert wird
1569	wird auf dem Lubliner Reichstag die Autonomie der (west)preuß. Stände beseitigt
1617−1629	1. Schwed.-poln. Krieg, der durch den Waffenstillstand von Altmark (bei Stuhm) beendet wird.
1656−1660	2. Schwed.-poln. Krieg; Friedensschluß von Oliva
1724	werden im sog. *Thorner Blutgericht* zwei Thorner Bürgermeister und 12 Bürger der Stadt hingerichtet. Diese Maßnahme bildet den Höhepunkt der von kath./poln. Seite im Zuge der *Gegenreformation* vorgenommenen Verfolgungen der Evangelischen im alten Polen
1772	fallen im Zuge der 1. poln. Teilung das Königl. Preußen (ohne Danzig und Thorn) sowie der Netzedistrikt an *Preußen*
1793	kommen Danzig und Thorn unter preußische Herrschaft
1806−1815	fallen der größte Teil des Kulmerlandes und des Netzedistrikts an das Großherzogtum Warschau, Danzig wird mit seinem Landgebiet eine „Freie Stadt"
1815	erhält Westpreußen nach dem Wiener Kongreß seine bis 1920 gültige Abgrenzung als *preußische Provinz* und wird in die beiden Reg.-Bez. Danzig und Marienwerder mit zus. 20 Kreisen eingeteilt
1852	Bau der *Ostbahn* Schneidemühl − Bromberg − Dirschau − Danzig (erste Eisenbahn Westpreußens)
1920	Teilung Westpreußens durch den Versailler Vertrag in 4 Teile: 1. *Polnischer Korridor* (Pommerellen und Kulmerland), 2. *Freie Stadt Danzig*, 3. Abstimmungsgebiet um Marienwerder, das nach dem großen Erfolg für Deutschland (92 %) zu Ostpreußen gelegt wird, 4. überwiegender Teil der Kreise *Schlochau* und *Flatow*, die beim Reich verbleiben (Grenzmark Posen-Westpreußen)
1939	Wiedervereinigung Danzigs und des poln. Teiles von Westpreußen mit dem Reich *(Reichsgau Danzig-Westpreußen)* während des 2. Weltkrieges
1945	*Flucht und Vertreibung* der deutschen Bevölkerung nach der Eroberung Westpreußens durch die Rote Armee; ganz Westpreußen seither unter poln. Herrschaft.

Rechts und links der unteren Weichsel —
Von Pomesanien nach Pommerellen

(Thorn — Garnsee — Marienwerder — Stuhm — Marienburg — Tiegenhof — Danzig — Dirschau — Pelplin — Mewe — Neuenburg — Thorn, 366 km)

Blick durch die Langgasse zum Rechtstädtischen Rathaus in Danzig (Zeichnung: Dr. Heinz Walsdorff)

Mit dem Kulmerland hatten wir die Ausgangsbasis des Deutschordensstaates kennengelernt – die vielen Ordensburgen gerade in diesem Landesteil deuten noch heute darauf hin. Diesmal galt es nun, erstmals altpreußischen Boden zu betreten: Wie 1233 der Deutsche Ritterorden nördlich des Kulmerlandes zuerst auf den altpreußischen Gau *Pomesanien* stieß, so erreichten wir jenseits von Graudenz dieses Gebiet, das von 1922–39 als „Regierungsbezirk Westpreußen" der Provinz Ostpreußen angegliedert war.

Die etwa 5 km nördlich von Graudenz in die Weichsel mündende Ossa ist die vorgeschichtliche Grenze zwischen dem Siedlungsgebiet der Prußen und dem damals nur dünn von Polen besiedelten Kulmerland. Die Prußen hatten in dieses Gebiet mehrfach Vorstöße unternommen und waren zum Teil selbst ansässig geworden, so daß die polnische Oberhoheit zumeist nicht wirksam war. Boleslaw I. Chrobry (der Tapfere) war angeblich 1015 als erster polnischer Herrscher bis hierher vorgedrungen und hatte an der Ossa einen Pfahl einschlagen lassen, zum Zeichen dafür, daß dies die Grenze zwischen seinem Herrschaftsgebiet und den Prußen sei, wie im vorigen Kapitel schon ausgeführt. Doch haben die Prußen von Pomesanien aus noch über zwei Jahrhunderte hindurch immer wieder Einfälle ins Kulmerland unternommen, erst mit der Ankunft des Ordens hörte das auf.

1243 wurde die Grenze Pomesaniens zum Kulmerland etwas nördlich der Ossa festgelegt – so wie sie weithin noch bis 1945 bestand, indem die sog. *Wildnis,* d. h. das Niemandsland zwischen beiden Landschaften, der zum Kulmerland gehörigen Komturei Graudenz unterstellt wurde. Das nördlich anstoßende Gebiet Pomesaniens um Marienwerder wurde das weltliche Territorium des Bischofs von Pomesanien, von dem weiter unten noch die Rede sein wird.

GARNSEE

Ein paar Kilometer nach Schöntal im Kreis Graudenz erreichten wir den Bahnhof Garnsee. Wohl nur wenige wissen, daß er ein unrühmliches Beispiel der „Politik der Nadelstiche" darstellt, die in Versailles erstmals in die große Politik einzog und hier bei der Grenzfestsetzung in Westpreußen an vielen Stellen auf die Landkarte fixiert wurde.

Im Bahnhof Garnsee zweigt die Nebenbahn nach Lessen ab; da nun 1920 das Graudenzer Land trotz seiner eindeutigen deutschen Mehrheit (Stadt- und Landkreis wiesen 1910 zusammen 70,6 % deutsche Bewohner auf) an Polen fiel, wäre Lessen nur über das deutschgebliebene Garnsee (Stadt und Bahnhof gehörten zum Kreis Marienwerder) von der Kreisstadt Graudenz her zu erreichen gewesen. Folglich tat man das, was Sieger in ähnlichen Fällen immer zu tun pflegen: Man trennte den Bahnhof von der Stadt Garnsee ab und schlug ihn zu Polen. Erst 1927 erhielt die Stadt nördlich der Grenze einen eigenen neuen Bahnhof.

Garnsee selbst ist ein kleines Landstädtchen mit (1939) 2196 Einwohnern, das 1334 vom Deutschen Ritterorden das kulmische Stadtrecht erhielt und 1466, nach der Übernahme des Kulmerlandes durch die Polen, in eine bedrohliche Grenznähe geriet. Im 16. Jahrh. siedelten sich hier viele *Böhmische Brüder* (evangelische Glaubensvertriebene aus Böhmen und Mähren) an, im 17. Jahrh. zogen zahlreiche Ackerbürger aus *Pommern* zu. Die neugezogene Grenze traf das kleine, treudeutsche Städtchen, das 1920 mit 98 % für Deutschland gestimmt hatte, hart; denn als Marktort hatte es auch für den nördlichen Teil des Kreises Graudenz Bedeutung, die nun entfiel.

1945 wurde Garnsee zu drei Vierteln zerstört; die Stadtrechte wurden ihm entzogen und heute ist es eine ländliche Großgemeinde, zusammen mit etwa 20 Dörfern der Umgebung und − dem Bahnhof!

MARIENWERDER

Gründlich und genau, wie man in Preußen früher war, lernten die Kinder vor dem 1. Weltkrieg im Geographieunterricht unter anderem auch die Verwaltungseinteilung des Landes auswendig. Da hieß es dann: ,,Das Königreich Preußen ist in 12 Provinzen eingeteilt, diese wiederum zerfallen in insgesamt 36 Regierungsbezirke." Und dann mußte es in der richtigen Reihenfolge aufgesagt werden: ,,Die Provinz Ostpreußen besteht aus den drei Regierungsbezirken Königsberg, Gumbinnen und Allenstein, die Provinz Westpreußen gliedert sich in die beiden Regierungsbezirke Danzig und Marienwerder . . ."

Diesem eifrigen Lernen jener Tage verdankt die westpreußische Regierungsstadt einen Bekanntheitsgrad, wie nur wenige Städte gleicher Größe im Osten. Auch für die Beamten war Marienwerder ein fester Begriff. Bestand doch immerhin die Möglichkeit, dorthin versetzt zu werden. Im Westen des Königreiches befürchtete man es, in den ,,Fernen Osten" gehen zu müssen; war es erst einmal soweit und hatte man sich nach 2 − 3 Jahren eingelebt, so wollte manch einer dort gar nicht wieder weg! Den deutschen Osten mußte man erst entdecken: Wer ihn kennengelernt hatte, wurde von ihm nicht wieder losgelassen.

So ging es auch mit Marienwerder. Schwer fiel es nicht, diese Stadt zu mögen. Überschaubar, anheimelnd und doch auch wieder großartig, wenn man an Schloß und Dom denkt. Und auch ehrwürdig − vom Alter her gesehen − ist diese Stadt: Ist sie doch die drittälteste unter den Städten des alten Preußenlandes, nach Thorn und Kulm.

Bereits 1233 legte der Deutsche Ritterorden etwa 5 km nördlich der heutigen Stadt auf dem Unterberg gegenüber dem in der Weichselniederung gelegenen

Marienwerder.

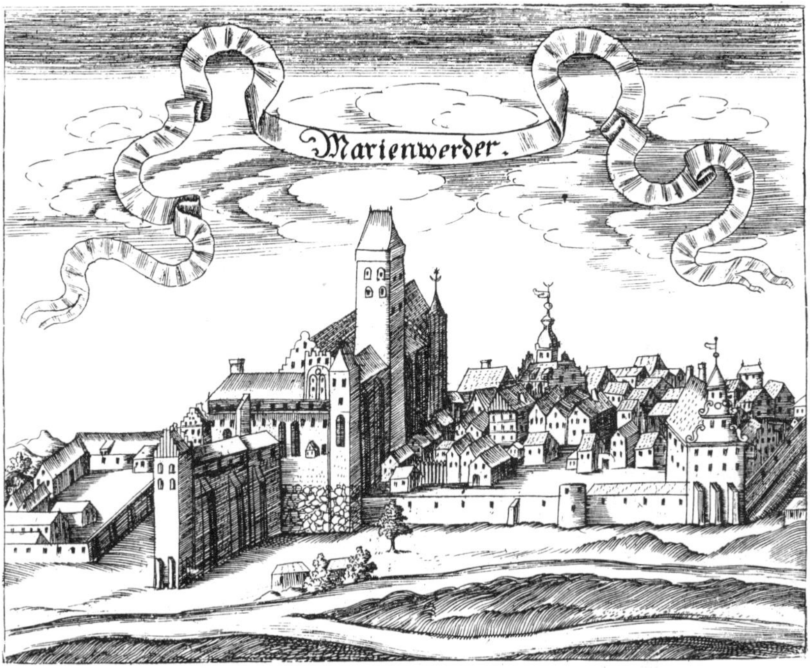

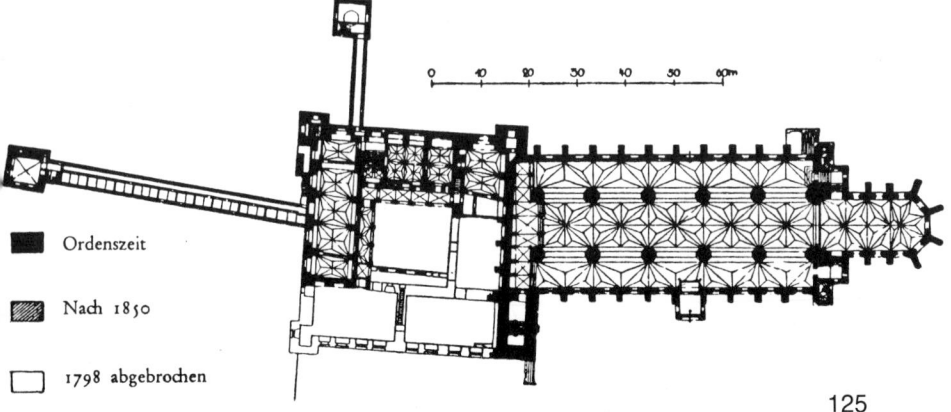

Marienwerder im Jahre 1684 (Kupferstich, v. Hartknoch)

Grundriß des Domes und des ehemaligen Kapitelschlosses zu Marienwerder (n. Dehio/Gall)

0
10
20
30
40
50
60m
Ordenszeit
Nach 1850
1798 abgebrochen

Werder Queden eine erste Burg an, die den Namen Insula sanctae Mariae, d. i. „Marienwerder", erhielt. Doch schon nach einem Jahr wurde diese Befestigung aufgegeben und an eine andere Stelle verlegt, an den Südrand der heutigen Stadt. Im Jahre 1243 wurde das Bistum Pomesanien errichtet und Ernst, der erste Bischof, nahm hier fortan seinen Sitz, nachdem er die Gegend um Marienwerder innerhalb seines Bistums als *weltliches* Herrschaftsgebiet gewählt hatte. Dieses *Bistumsland* Pomesanien ist daher als eine Art Fürstentum vom viel größeren *geistlichen* Sprengel, der im katholischen Kirchenrecht *Diözese* genannt wird, zu unterscheiden. Hier im Bistumsland war der Bischof zugleich auch *Landesherr*, eine Eigentümlichkeit in der Regierungsform der katholischen Bischöfe des Mittelalters, die das Ordensland aus dem übrigen Reich entlehnt hatte. Das Bistumsland der pomesanischen Bischöfe umfaßte den späteren Kreis Marienwerder (dabei bildete die Weichsel die Westgrenze) und den größten Teil des Kreises Rosenberg.

Bald nach dem Bau der Burg wurde auch die Stadt angelegt, doch verlegte der Bischof seinen ständigen Wohnsitz später nach Riesenburg, so daß das „Altschlößchen", wie es dann genannt wurde, ihm nur noch zu gelegentlichem Aufenthalt diente. Durch die Prußenaufstände, die endgültig 1283 niedergeworfen werden konnten, kam es erst 1284 zur Einsetzung eines Domkapitels für Pomesanien. Dieses Kapitel war dem Orden inkorporiert (wie auch das samländische und kulmische), d. h. es setzte sich aus Priesterbrüdern des Ordens zusammen, Bischöfe wurden demnach immer auch Angehörige des Ordens. Nach 1322 begann man dann mit dem Bau des Kapitelschlosses und zugleich auch mit dem Neubau des Domes, die beide um 1360 im wesentlichen fertiggestellt waren. Sie bilden beide eine zusammenhängende, den Steilabfall zur Weichselniederung wirkungsvoll beherrschende Baugruppe, die nach der Marienburg wohl die großartigste Burganlage ist, die der Orden geschaffen hat. Wohl niemand wird den erhabenen Eindruck je vergessen, wenn man – in der Niederung stehend – die Burg mit ihrem lang vorspringenden Danzker und bekrönt vom mächtigen Turm des Domes im Licht der Abendsonne erstrahlen sieht, wenn das dunkle Rot der Ziegel warm erhellt widerscheint.

In einer Klause des Domes ließ sich im Jahre 1393 die später heiliggesprochene Dorothea von Montau einmauern, sie ist nach ihrem ein Jahr später erfolgten Tode im Dom bestattet und durch einen kostbaren Reliquienschrein geehrt worden – ein typisches Beispiel mittelalterlicher Frömmigkeit.

Das Schloß diente dem Kapitel als Wohnsitz, die Domherren lebten hier wie in einem Ordenskonvent zusammen. Die Beziehungen zwischen dem Bistum Pomesanien und dem Orden sind immer sehr eng gewesen, auch im 13jährigen Krieg hielt der pomesanische Bischof Kaspar Linke (1440–63) treu zum Orden. Nicht zuletzt deshalb blieb das Bistumsland nach 1466 beim Ordensstaat, es bildete fortan seinen westlichen Zipfel, seine Nord- und Südgrenzen

Kapitelschloß und Dom zu MARIENWERDER bilden zusammen eine besonders malerische Baugruppe (oben). Der Dom der Bischöfe von Pomesanien
(unten links) ist an das Kapitelschloß angebaut, dessen Danzker (unten
rechts) weit in die Niederung hinausreicht.

wurden nun zugleich Grenzen zum „Königlichen Preußen", das unter die Herrschaft der Polnischen Krone kam.

Nach 1523 setzte sich auch hier die Reformation durch und Marienwerder wurde zum Sitz eines herzoglichen Amtes, doch seine frühere Funktion als Bischofssitz wirkte weiter nach: In brandenburg-preußischer Zeit saß das Domänenamt im Schloß, es zog später als „Kriegs- und Domänenkammer" (im 19. Jahrh. wurde daraus die „Regierung") in ein neues, auf dem Gelände des früheren Vorschlosses errichtetes Amtsgebäude, im Schloß nahm 1772 die Verwaltung der neuen Provinz Westpreußen ihren Sitz. Das blieb so bis 1793, als Danzig preußisch wurde und nun die Hauptstadtrolle für den Raum zu *beiden* Seiten der unteren Weichsel erstmals übernahm.

Leider ließ man 1798 einen Teil des Schlosses abbrechen, um aus den daraus gewonnenen Ziegeln das Oberlandesgericht zu bauen, das als einzige Provinzbehörde in Marienwerder verblieb. Die Zeit war noch nicht reif für ein Geschichtsbewußtsein und die daraus wirkende Denkmalpflege − im Gegenteil: derartige Vorkommnisse führten erst die Wende dazu herbei. 30 Jahre später wurden unter dem Einfluß des Oberpräsidenten Theodor v. Schön dann Wiederherstellungsarbeiten begonnen und dem weiteren Verfall damit Einhalt geboten.

1815 wurde der nunmehrige *Regierungsbezirk Marienwerder* innerhalb der Provinz Westpreußen so festgelegt, wie er bis 1920 bestanden hat. Er umfaßte mit 17 596 qkm etwa zwei Drittel ganz Westpreußens und zählte in 17 Stadt- und Landkreisen 1910 960 855 Bewohner, die zu 60,2 % deutschsprachig waren. 9 Kreise wiesen eine deutsche Bevölkerungsmehrheit auf (Stuhm, Marienwerder, Rosenberg/Wpr., Graudenz-Stadt und -Land, Thorn-Stadt, Schlochau, Flatow und Deutsch Krone), 5 lagen knapp unter 50 % (Kulm, Thorn-Land, Briesen, Schwetz und Konitz) und nur 3 hatten einen höheren Anteil polnischer Bevölkerung (Tuchel, Löbau und Strasburg/Wpr.).

Dennoch gerieten weite Teile des Regierungsbezirks nach dem 1. Weltkrieg in eine bedrohliche Lage: Polen sollte aufgrund der 14 Wilson'schen Punkte einen freien unkontrollierten Zugang zum Meere haben und forderte daher ganz Westpreußen für sich. Diesem Verlangen trat das mehrheitlich deutsche Land entgegen, so daß die Umgebung von Danzig zu einer „Freien Stadt Danzig" (s. S. 155) gemacht und in 4 westpreußischen Kreisen (Restkreis Marienburg, Restkreis Marienwerder, Stuhm und Rosenberg/Wpr.) eine Volksabstimmung festgesetzt wurde, die am 11. 7. 1920 in eindrucksvoller Weise mit 92,5 % der Stimmen den Wunsch nach einem Verbleiben der Bevölkerung beim Reich zum Ausdruck brachte. Daß dabei viele polnischsprachige Menschen sich zum Reich bekannten, wird im folgenden Kapitel über den Kreis Stuhm deutlich gemacht. Diese 4 Kreise wurden nun, nachdem noch entgegen allen Gepflogenheiten nun die deutsch-polnische Grenze am Ostufer der Weichsel und nicht in der Strommitte festgelegt worden war (wobei ein ledig-

lich 5 Meter breiter Zugang zum Strom bei Kurzebrack übrigblieb!) zusammen mit dem Elbinger Gebiet zum „Regierungsbezirk Westpreußen" innerhalb der Provinz Ostpreußen vereinigt; Regierungssitz blieb Marienwerder.
1945 erlitten Stadt und Schloß nur geringe Schäden, doch ein Jahr später brannte die Altstadt ganz ab. Die Ruinen der Häuser wurden völlig abgetragen und das Ziegelmaterial nach Warschau verbracht, nur mühsam kam der Wiederaufbau in Gang, der im Stadtzentrum noch weite Lücken zeigt. Anstelle der einst 20 932 deutschen Einwohner (1939) leben hier heute rd. 27 000 Polen.

STUHM und sein Kreis

Bald hinter dem Bahnhof Rachelshof an der Weichsel-Städtebahn wandte sich die Landstraße nach Nordosten dem Rehhofer Forst zu. Kurz vor der ersten der beiden Abzweigungen nach Rehhof und Dietrichsdorf überschritten wir die frühere Grenze zum Kreis Stuhm.
Bereits im Jahre 1243 wurde diese Scheidelinie festgelegt, als der Deutsche Ritterorden ein Drittel des Ordensstaates den vier Bischöfen als direktes Territorium überließ. Hier war es, wie schon erwähnt, das Herrschaftsgebiet des Bischofs von Pomesanien, dessen Nordgrenze bis 1945 als Marienwerder-Stuhm'sche Kreisgrenze fortlebte. Sie wurde nach 1466 zu einer Art Staatsgrenze zwischen dem Restgebiet des Ordensstaates (zu dem auch der bischöflich-pomesanische Bereich gehörte) und dem an die polnische Krone gefallenen Königlichen Preußen, in dem hier aus den früher direkt dem Orden unterstellten Komtureien Marienburg und Christburg (teilweise) die Wojewodschaft Marienburg gebildet wurde. Bis 1772 gebot in diesem Raum um Stuhm und Marienburg ein polnischer Provinzhauptmann und so ist es nicht verwunderlich, daß sich hier in dem ansonsten deutschbestimmten Gebiet ein kräftiger polnischer Einschlag bis in unser Jahrhundert halten konnte.
Doch ist das Polentum in diesem Raum zwar alt, aber nicht bodenständig. Pomesanien gehörte einst zum Gebiet der baltischen Prußen, die natürlich in ihrem Siedlungsbereich keine Polen duldeten. Das polnische Element kam erst in der Spätzeit des Ordens vereinzelt hierher, vor allem aber unter der direkten polnischen Herrschaft, besonders nach 1569 und unter der Einwirkung der Gegenreformation, die auf einen Teil der Bevölkerung derart einwirkte, indem diese mit der Rückkehr zur katholischen Kirche bald auch das Polnische als Kirchen- und schließlich als Umgangssprache übernahm.
Die preußische Verwaltung griff in die religiösen Angelegenheiten des Stuhmer Landes nach 1772 insofern ein, als sie die seit 1577 gültige Unterstellung des in der Reformation untergegangenen Bistums Pomesanien unter Kulm rückgängig machte: Die im alten Palatinat gelegenen Dekanate Für-

stenwerder, Neuteich, Marienburg, Stuhm und Christburg wurden fortan der Diözese Ermland zugewiesen. Mit dieser Maßnahme begann dann auch bald der polnische Einfluß zu schwinden, das Verhältnis der beiden Konfessionen entkrampfte sich und pendelte sich nunmehr auf folgende Werte ein: Im Jahre 1910 wurden bei der letzten Volkszählung vor dem 1. Weltkriege im Kreisgebiet 36 527 Einwohner ermittelt, von denen 11 843 der evangelischen (d. h. 32,4 %) und 23 878 der katholischen Kirche (65,4 %) angehörten; ihnen standen aber 20 923 Deutschsprachige (57,3 %), hingegen nur 15 535 Polnischsprachige gegenüber. Diese Zahlen zeigen wieder einmal, daß die so oft von den Polen ausgegebene Formel „Evangelisch = deutsch, katholisch = polnisch" nicht stimmt. Da sicher kein Protestant im Stuhmer Kreis den Polnischsprachigen zuzurechnen war, dagegen wohl alle Polnischsprachigen Katholiken waren, ergibt sich die Zahl von etwa 9000 deutschsprachigen Katholiken.

Daß selbst die Angaben zur *Muttersprache* noch nichts über die *nationale Gesinnung* aussagen, wurde spätestens am Tage der Volksabstimmung, also am 11. 7. 1920, klar. Damals sprachen sich im Kreis Stuhm nur 19,1 % der Abstimmungsberechtigten für einen Anschluß an Polen aus, hingegen 80,9 % für den Verbleib im Reich – d. h., daß mehr als die Hälfte der Polnischsprachigen (etwa 55 %!) keine Sehnsucht nach dem wiederentstandenen Polen hegte. Ähnliche Verhältnisse galten auch in anderen Teilen Westpreußens, doch wurde im sog. „Korridor" leider nicht abgestimmt. In diesem Licht besehen, gewinnen die Angaben der Volkszählung von 1910 über die Sprachen in ganz Westpreußen ein noch deutlicheres Gewicht, als sie es so schon besitzen: Damals gaben 64,5 % der Bevölkerung an, Deutsch als Muttersprache zu haben, 27,9 % Polnisch und 6,3 % Kaschubisch (zweisprachige 1,2 %, eine andere Sprache 0,1 %). Wenn man nun aufgrund der Stuhmer Ergebnisse bei der Volksabstimmung vorsichtig schätzt, daß von den Polnischsprachigen in Westpreußen bei einem eventuellem Referendum vielleicht 20 % und von den Kaschuben etwa die Hälfte für ein Verbleiben bei Deutschland gestimmt hätten, so wäre in ganz Westpreußen ein Prozentsatz von mindestens 73 % für Deutschland herausgekommen, d. h. nicht viel weniger, als bei der Abstimmung in der Zone II in mittleren Teil Schleswigs (Flensburg und Südtondern) 1920. Westpreußen hätte also nicht abgetreten werden dürfen. Doch Gerechtigkeit und Weitsicht waren 1919 nicht die Ratgeber und Begleiter der Versailler Friedenskonferenz.

Fortan nahm die Zahl der Stimmen für die polnischen Listen bei den Landtags- und Reichstagswahlen ständig ab, sie erreichte bei den letzten freien Wahlen vor Hitlers Machtergreifung den Satz von nur noch 6 % (1932). –

Die Kreisstadt Stuhm entstand an der Stelle einer 1236 zerstörten prußischen Fliehburg und erhielt erst 1416 ihre Handfeste (die Ordensburg wurde zwischen 1326 und 1335 errichtet). 1466 – 1772 stand es unter polnischer Herrschaft, seit 1772 war es preußisch. 1818 wurde Stuhm Kreisstadt. 1945 erlitt die Stadt erhebliche Schäden, sie zählte 1975 wieder 7485 Einwohner (1939: 7099). –

Ein paar Kilometer gerader Chaussee lagen vor uns, sie kreuzte bald die Weichsel-Städtebahn; Braunswalde wurde durchfahren und irgendetwas sagte in uns, daß bald etwas Besonderes auf uns zukommen würde. Wir näherten uns der Nogat und bald erschien das für uns nichtssagende Ortsschild „Malbork" – doch jedermann wußte es nun, daß wir das einstige Haupthaus des Deutschen Ritterordens vor uns hatten, die

MARIENBURG

Eigentlich kamen wir von der verkehrten Seite – wenn auch von der historisch richtigen.

Es war immer einer der erhebendsten Augenblicke, wenn die Reisenden des Zuges Berlin – Königsberg nach der Überquerung der Weichsel auf der Dirschauer Brücke, rechts und links das saftige grüne Wiesenland des Großen Marienburger Werders zu beiden Seiten, allmählich in der Ferne rechts einen grauen Punkt ausmachten, der – immer näher kommend – allmählich Konturen gewinnend, sich in eine Unzahl von Giebeln, Türmen, Mauern auflöste und sich farblich differenzierte. Besonders eindrucksvoll war dieses Schauspiel am Nachmittag, wenn die Sonne von Westen her das Ziegelrot der mächtigen Mauern wärmend erleuchtete. Majestätisch erstreckte sich vor den Augen des oft ahnungslosen Reisenden in einer Front von mehr als 700 m entlang des Nogatflusses die *Marienburg*, des Deutschen Ritterordens Haupthaus, wie es bescheiden genannt wurde. Dieser Anblick dieses gewaltigsten Ordensbauwerks gehört zu den größten Eindrücken, die man im deutschen Osten überhaupt gewinnen kann.

In Worte kann man es nicht kleiden; eine Beschreibung dieser riesigen Anlage, die *Hochmeisterresidenz, Konventsburg* und *Kloster* in einem ist, soll daher gar nicht erst versucht werden. Dazu gibt es eine umfangreiche Literatur, hat doch diese größte Burganlage auf deutschem Boden immer wieder viele Menschen herausgefordert, sich mit ihr zu beschäftigen und sie zu würdigen. Ein 19jähriger Königsberger Student war der erste, der in neuerer Zeit auf sie hinwies: *Max von Schenkendorff.* In flammenden Worten geißelte er 1803 in der Berliner Zeitung „Der Freimütige" den Verfall, der schon zu polnischer Zeit dieses Bauwerk heimsuchte und dem auch in den ersten Jahren der preußischen Herrschaft nach 1772 nicht Einhalt geboten wurde, ja dem sogar Abbrucharbeiten gefolgt waren. Sein Appell bewirkte die Wende. Der Minister Frhr. v. Schrötter verbot weitere Zerstörungsaktionen und bewirkte eine Kgl. Kabinettsorder, in der verfügt wurde, für die Erhaltung dieses bedeutenden

Baudenkmals alle Sorge aufzuwenden. Doch der unglückliche Krieg von 1806 und die Franzosenherrschaft verhinderten weitere Maßnahmen.

Die von Ostpreußen, dem letzten Refugium der preußischen Monarchie, ausgehenden Befreiungskriege führten im deutschen Volk in ungeahntem Maße ein nationales Erwachen herbei, ein Sich-selbst-finden, von Rufern und Mahnern wie dem Pommern Ernst Moritz Arndt vorbereitet. Nicht von ungefähr wurde das Kreuz des Deutschen Ritterordens mit der Stiftung des *Eisernen Kreuzes* 1813 wiederbelebt und erhielt damit einen Symbolwert wie nur wenige andere Ehrenzeichen.

Nach dem Wiener Kongreß, der 1815 die Ostgrenze Preußens für ein Jahrhundert festsetzte, begannen dann endlich die Wiederherstellungsarbeiten. Oberpräsident *Theodor von Schön* stellte 1815 den Antrag auf Wiederaufbau der Marienburg, der 1817 von Staatskanzler Fürst von Hardenberg genehmigt wurde. Viele setzten sich nun in Worten und Taten für dieses große Werk ein, das im nationalen Rahmen nur noch mit der Vollendung des Kölner Domes im 19. Jahrh. zu vergleichen ist. Zu Wort meldete sich auch ein ehemaliger Regierungsrat der Kgl. Preußischen Regierung zu Danzig:

,,Alles aber, was in den übrigen Burgen nur angedeutet und erstrebt wird, kommt in dem Mittelschlosse der Marienburg, der Blüte der ritterlich-preußischen Baukunst, zur vollkommenen, wunderbaren Erscheinung. Tief aus dem Boden, von den übermächtigen Kellern, die wie der gebändigte Erdgeist sich unwillig beugend das Ganze tragen, erhebt sich der kühne Bau, Pfeiler auf Pfeiler, durch vier Geschosse, wie ein Münster, immer höher, leichter, schlanker, luftiger bis in die lichten Sterngewölbe des oberen Prachtgeschosses hinein, die das Ganze mehr überschweben als bedecken. Und wenn oben *im Sommer*-Remter die von dem einen Granitpfeiler strahlengleich sich aufschwingenden Gewölbgurte wie ein feuriges Heldengebet den Himmel zu stürmen scheinen, so gleicht der weite, zarte Dom *von Meisters Großem* Remter dem Himmel selbst in einer gedankenvollen Mondnacht, die hie und da milde segnend den Boden berührt. Wahrlich, hier begreift man, was Schlegel meinte, als er einst in jugendlichem Übermut die Baukunst die gefrorene Musik nannte.''

Diese bewegenden Zeilen, die nicht nur aus der Feder eines Beamten, sondern aus dem empfindsamen Herzen eines Dichters kamen, stammen von keinem Geringeren als *Joseph Frhr. von Eichendorff.*

Seit 1819 lag die Bauleitung in den Händen von A. Gersdorff, begleitet von Friedrich Schinkel, der als oberster Baubeamter des preußischen Staates auch an der Wiederherstellung der Marienburg tätigen Anteil nahm. Vor allem aber durch die unermüdliche Archivarbeit des Marienburger Predigers Dr. Haebler, der die reichen Bestände des Königsberger Ordensarchivs durchforschte, konnten viele Details zur Baugeschichte der Marienburg erschlossen werden. 1831 war die erste Phase des Wiederaufbaues abgeschlossen.

MARIENBURG, Gesamtansicht von der Nogatseite. Kupferstich v. F. D. Werner (1709)

Die MARIENBURG von Südosten (vor der Wiederherstellung im 19. Jahrh.). Anonymes Aquarell von 1802 (aus Zacharias: Die Marienburg i. Wandel d. Jhdte.)

133

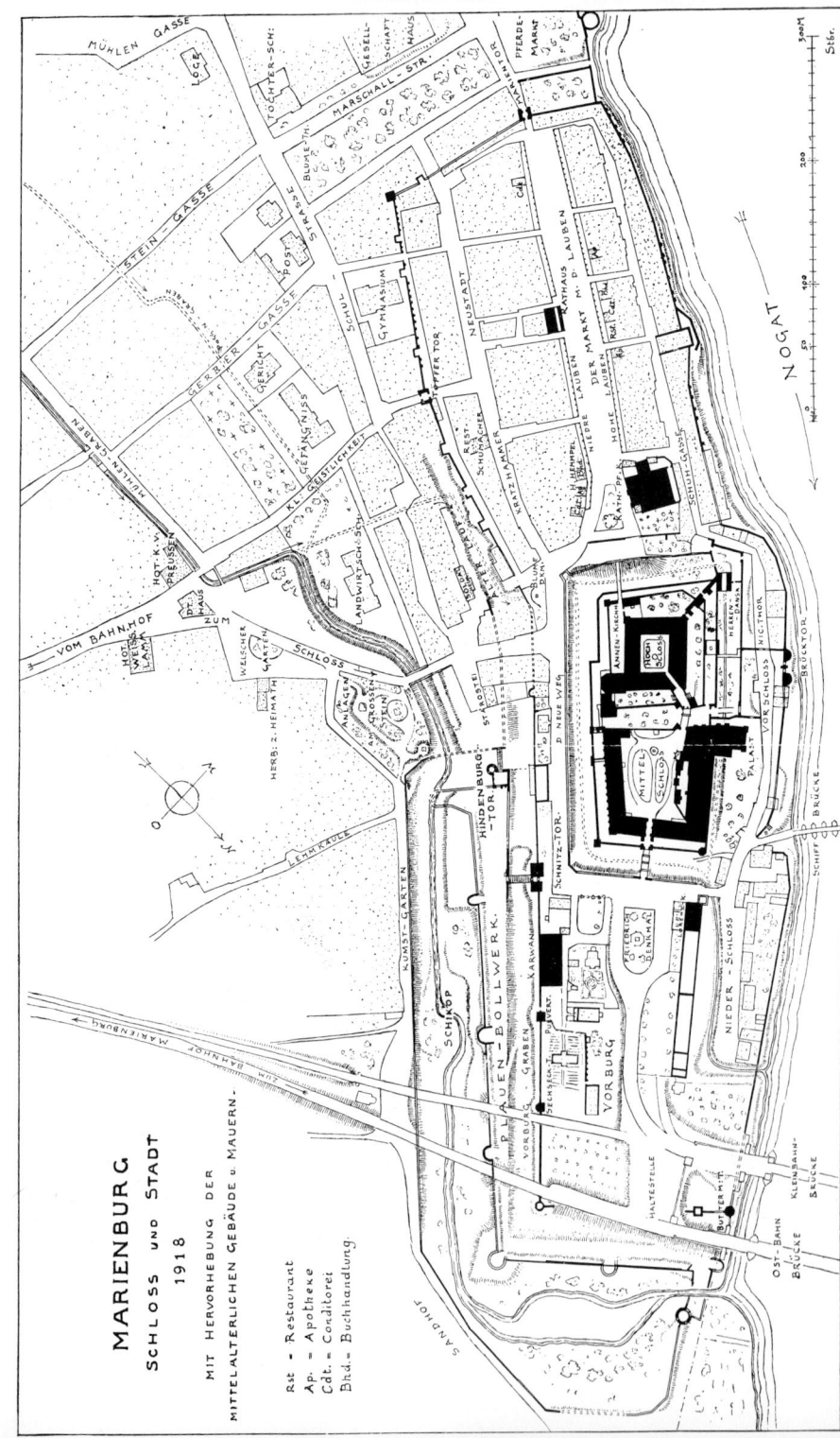

Die nächste Generation wagte sich dann an eine kritische Untersuchung des gesamten Baukomplexes heran: Die 1850 von Ferdinand von Quast veröffentlichte Untersuchung über die Baugeschichte der Marienburg ist bis heute grundlegend geblieben. Durch die Bemühungen von K. Blankenstein, A. Erhardt d. Ä. und J. Matz kamen dann die eigentlichen Restaurationsarbeiten ab 1882 in Gang. Eine besondere Förderung erfuhr das Bauwerk ab 1888 durch Kaiser Wilhelm II. Vorher schon hatte der preußische Kultusminister von Goßler 1882 den Mann an die Spitze der Bauleitung berufen, der zur Seele der Wiederherstellung der Marienburg werden sollte: *Conrad Steinbrecht*. In den 10 Jahren von 1886 bis 1896 vollendete er das Hochschloß, in weiteren 20 Jahren wurden die Arbeiten am Mittelschloß fortgesetzt. 1923 starb er, ein reiches Lebenswerk hinterlassend. Seinem Nachfolger *Bernhard Schmid* blieb es vorbehalten, die Wiederherstellung der Marienburg zu vollenden.

Seit 1920 war die Marienburg wieder eine Grenzfeste − wie einst, als 1274 mit ihrem Bau begonnen wurde, Es war daher für die Reisenden aus Berlin damals verständlicherweise ein Erlebnis eigener Art, nach der Fahrt durch den polnischen Korridor und einen Zipfel des Danziger Freistaates in Marienburg wieder deutsches Reichsgebiet zu betreten.

Die jüngste Vergangenheit spielte diesem symbolträchtigen Bauwerk übel mit: Durch die russische Märzoffensive wurde das Schloß von der Landseite her 1945 erheblich zerstört. Von der weit nach Osten vorspringenden Schloßkirche stürzte der Chor ein, das berühmte große Marienbild an ihrer Stirnseite zersprang in tausend Einzelteile. Auch der große Bergfried der Burg war zerschossen und selbst der Hochmeisterpalast hatte schwere Treffer erhalten.

Die polnischen Wiederherstellungarbeiten beschränkten sich anfangs auf eine notdürftige Sicherung und Ausbesserung der dringendsten Schäden. 1959 verzehrte ein Feuer das Dach des großen Remters im Mittelschloß, vermutlich durch Brandstiftung. Seither sind die Restaurationsarbeiten äußerlich nahezu abgeschlossen, lediglich das Innere der Schloßkirche wartet noch auf seine Wiederherstellung.

Scharen von polnischen Touristen suchen heute die mächtige Ordensburg heim und saugen begierig die Ausführungen der polnischen Führer auf − polnischen Sieg (1454) und polnische Größe kündend. Ob wohl manch einer darüber nachdenkt, daß hier einst im 13. Jahrh. deutsche Ordensritter − immerhin Angehörige der im heutigen Polen so hoch geschätzten katholischen Kirche − mit Wissen und Wollen gerade auch der polnischen Herrscher hier ein Werk der Christianisierung erfüllten, zu dem sie von *Polen* aufgefordert worden waren? Das Mittelalter kannte *keinen* Nationalismus, schon gar nicht einen messianisch verbrämten, und damit auch keinen Germanisierungsdrang, auch wenn man diese Formel aus durchsichtigen Gründen heute noch so oft beschwört; das Mittelalter kannte − in der Verkörperung des Deutschen Ritterordens − nur das Streben zum alleinigen Reiche Gottes. Gegen diesen geistlichen Orden, der eine Art Gottesstaat auf Erden schaffen wollte, traten die Polen 1410 unter ihrem noch halbheidnischen Herrscher Wladyslaw Jagiello in Tannenberg an, zusammen mit ebenfalls noch kaum christianisierten Litauern und moslemischen Tataren . . .

Terra Sancta − *Heiliges Land* − dies zu befreien, waren Kreuzritter ausgezogen. 1190 hatten sie in Akkon den Orden der *Brüder vom Deutschen Haus St. Mariens zu Jerusalem* gegründet, wie er sich wörtlich nannte, der sich 1237 mit dem livländischen Schwertbrüderorden vereinigte, ein Orden, der dem Dienen an den Kranken und Verwundeten geweiht war, ein Orden der Nächstenliebe und der Sorge um das Seelenheil der Menschen. Maria war von Anfang an die Schutzpatronin, ihr wurden viele Burgen geweiht, sie stand im Mittelpunkt der Verehrung − vielleicht ist dieser Hinweis nicht unwichtig für das heutige Polen, in dem die Himmelskönigin vom einfachen Volk auch als Königin des Landes verehrt wird.

Terra Sancta ist dann das Ordensland in *Preußen* geworden, nachdem 1231 Landmeister Hermann Balk beim späteren Thorn auf die rechte Weichselseite übersetzte und in kühnem Zuge 1232 Kulm, 1233 Marienwerder und 1237 Elbing gründete, in letzterem mit Lübecker Kaufleuten zusammentreffend, die fortan die Verbindung über die Ostsee sicherten.

Ab 1274 begann der Orden hier an der Nogat mit dem Bau einer Konventsburg, die die Rolle der an der Montauer Spitze gelegenen Burg Zantir übernehmen sollte. 1276 erhielt die zu Füßen der neuen Burg entstandene Siedlung ihre Handfeste, sie trug fortan nach der Burg ihren Namen: Marienburg. Nachdem 1309 der Orden auch Pommerellen mit Danzig erworben und damit eine Landverbindung zum Reich hergestellt hatte, verlegte Hochmeister Siegfried von Feuchtwangen im gleichen Jahre den Sitz der Ordensregierung von Venedig nach hier, hatte doch die Marienburg nunmehr eine zentrale Lage gewonnen. Eifrig wurde nun weitergebaut, wurde die Burganlage erheblich erweitert und systematisch zum Ordenshaupthaus ausgebaut.

Der ganze riesige Bau wurde in Ziegeln des Klosterformats (9 × 15 × 32 cm) ausgeführt. Man macht sich heute kaum einen Begriff allein von der gewaltigen technischen Leistung, die dahinter steckt: Bernhard Schmid nimmt an, daß acht Brennöfen in Betrieb waren; in jedem konnten zweimal jährlich je 40 000 Ziegel gebrannt werden. Das entspricht einer Jahresleistung von 640 000 Steinen. Die Wehrmauern, die rd. 1,28 Mill. Ziegel erforderten, konnten somit in den beiden Jahren 1274 und 1275 aufgeführt werden. Für die Hauptburg, das spätere Hochschloß, wurden 3,2 Mill. Steine einschließlich der Dachziegel benötigt, sie konnten in den Jahren 1276−80 bereitgestellt werden. Das bedeutet eine Produktion und Verarbeitung von etwa 4,5 Mill. Ziegeln in sieben Jahren! Insgesamt sind wohl mit den späteren Ausbauten rd. 12. Mill. Ziegel in der Marienburg verbaut worden; alles in allem auch eine staunenswerte organisatorische Leistung!

Gesamtansicht von der Nogatseite. Links der Hochmeisterpalast, rechts das Hochschloß, im Vordergrund das Brücktor.

DIE
MARIENBURG

Gesamtansicht des Hochschlosses von Südosten

Blick in den Hof des Mittelschlosses

Der Bau trotzte allen Angriffen der Feinde – weder 1410, als Heinrich von Plauen nach der Niederlage von Tannenberg die Verteidigung des Ordensstaates von der Marienburg aus in die Hand nahm, noch 1454, als Abfall, Untreue und Verrat sich im Lande ausbreiteten, konnte sie im Kampf genommen werden: Die Marienburg, Stuhm und das „allzeit getreue Konitz" waren die letzten Bastionen des Ordens in jenem Unglücksjahr. Schmählicher Verrat war es, gieriges Feilschen um Geld, als der böhmische Adelige Crvenk v. Leditz 1454 die Burg, in deren Besitz er sich mit seinen Söldnern gesetzt hatte, an die Polen verschacherte. Er wurde daraufhin von seinem Herrn, dem böhmischen König Georg v. Podiebrad, seiner Ritterwürde entkleidet und in den Kerker geworfen. Einmütig wurde der Verrat überall im Reiche verurteilt. Doch am 7. 6. 1457 zog der König von Polen in die Burg ein. Aber nur gelegentlich beehrten seine Nachfolger die Marienburg mit ihrem Besuch – und das blieb so bis 1772.

Verwaist war sie nun, die großartige Burg, nur ein polnischer Palatin (Provinzhauptmann/Wojewode) nahm hier seinen Sitz. Viele Räume blieben leer – der Wind pfiff durch hohle Fenster und kahle Säle; in Küchen und Kellern zog niederes Volk ein, baute seine Schuppen und Hühnerställe an und ein. Verklungen waren das „Gloria in excelsis deo", slawische Laute hatten Platz gegriffen. Eine Zeit des unaufhörlichen Niedergangs begann, Verfall und Verunstaltung machten sich breit. Als man nach den Befreiungskriegen mit der Wiederherstellung unter preußischer Herrschaft begann, mußten aus der Burg über 40 000 Fuhren Unrat und Moder abgefahren, zahlreiche Häuser und Schuppen aus dem Schloßbereich entfernt und eine Bevölkerung von der Größe eines ganzen Marktfleckens aus der Burg ausgesiedelt werden!

Die Marienburg ist heute das allesbeherrschende Moment hier an der Nogat. Die unmittelbar südlich anschließende *Stadt* ist heute zur Bedeutungslosigkeit herabgesunken. 1945 völlig zerstört, wurde die Altstadt bis 1965 als „20-Jahres-Siedlung" (der Zugehörigkeit zu Polen ist damit gemeint!) in extrem eintöniger Weise wiederaufgebaut. Das in alter Form rekonstruierte Rathaus, die auch schon früher katholische Johanneskirche und die beiden Stadttore (Marien- und Töpfertor) wirken verloren auf dieser Betonkastenspielwiese. Vielleicht will man städtebaulich das nachholen, was 1457 bis 1460 nicht voll gelang, die Vernichtung der allezeit ordenstreuen Stadt Marienburg, die sich damals so tapfer gegen die Polen wehrte und nach ihrer Eroberung erbarmungslos geplündert wurde (ihr Bürgermeister Bartholomäus Blume wurde enthauptet).

Der schroffe Gegensatz in der Behandlung von Ordensschloß und Stadt durch die polnischen Baubehörden ist frappierend. Marienburg lebt heute von seinem Bahnhof und dessen Umgebung, es zählt aber bereits etwa 34 000 Einwohner (1939 waren es 27 300), seine Funktion als Kreisstadt ging aber 1975 verloren.

Die großartige Raumgestaltung im Inneren der MARIENBURG wird in Meisters Großem Remter offenbar (oben). Verloren steht heute das Töpfertor in einer fremden Umgebung (unten links); die „Altstadt" von MARIENBURG ist mit ihrer Hauptstraße, dem Markt mit den „Lauben" jetzt eine modern-nüchterne Betonsiedlung (unten rechts).

*Vorlaubenhaus
im Werder*

*Kleinbahn mit
Werderland-
schaft*

*Die Danziger
Niederung
nördlich von
Dirschau*

IM WERDER

Wir überquerten die Nogat und genossen auf der Kalthöfer Seite noch einmal den schon geschilderten herrlichen Anblick der Marienburg, die sich majestätisch am Ostufer dieses Flusses entlangzieht. Es gibt nur wenige Augenblicke, in denen man von der einstigen geschichtlichen Größe des Ordens so gefesselt sein kann, wie an dieser Stelle. Im Bewußtsein, eine der Sternstunden auf unserer Fahrt in den Osten erlebt zu haben, tauchten wir ein in das saftige Grün der Niederungslandschaft des Werders.

Werder ist die Sammelbezeichnung für die entwässerte und urbar gemachte marschenähnliche Niederungslandschaft des Weichsel-Nogat-Deltas. Ursprünglich bedeutet dieses Wort eine trockene, besiedelbare Erhebung in feuchter Umgebung, eine flache Insel inmitten der Stromrinnen. Ein Blick auf die Karte zeigt, wie richtig diese Wortwahl ist: Das Weichselmündungsgebiet besteht aus zahlreichen Mündungsarmen der Weichsel, die nach ihrer historischen Zugehörigkeit als *Großes* und *Kleines Marienburger Werder,* als *Danziger* bzw. *Elbinger Niederung* zusammengefaßt werden.

Die Landstraße führte uns nun zuerst in das Große Marienburger Werder, das von alters her den Komturen der Marienburg unterstand und im Norden bis zur Elbinger Weichsel, dem ältesten Mündungsarm dieses Stromes, reicht. Bis 1920 gehörte es daher zum Kreis Marienburg, danach zum Gebiet der Freien Stadt Danzig (die Grenze verlief in der Nogat, der der Marienburg gegenüberliegende Ort Kalthof lag schon auf Danziger Gebiet), die daraus den Kreis „Großes Werder" mit Sitz in Tiegenhof machte.

Die Werderlandschaft ist heute eine vom Menschen geschaffene *Kulturlandschaft.* In wahrhaft mühsamem Einsatz hat er hier ab etwa 1300 Deiche aufgeworfen, Schöpfwerke angelegt und tiefliegende versumpfte Flächen trockengelegt. Der Orden leitete das große Werk, die Siedler kamen aus dem nordwestdeutschen Küstenraum und aus Holland, wo sie seit der Jahrtausendwende den Deichbau im Kampf gegen das Wasser entwickelt hatten. Ortsnamen wie *Ladekopp* weisen darauf hin.

Übrigens zeigt gerade dieser Name, wie Menschen an ihrer Heimat hängen: Mußten sie die Heimat verlassen, nahmen sie sie dennoch in der Form des Ortsnamens mit. So um 1100 aus Holland ins Alte Land zwischen Stade und Hamburg, von wo aus ab 1300 Siedler in die Weichselniederung zogen. Nach der Reformation nahmen im Werder viele den Glauben des aus Friesland stammenden Predigers Menno Simons an (Mennoniten), der u. a. den Kampf mit der Waffe verbietet. So verließen viele 1772, als das Marienburger Werdergebiet preußisch wurde, das Land und zogen nach Rußland, das ihnen damals mehr Freiheiten bot: Ladekopp wanderte mit und entstand auf der Krim ein viertes Mal, bis nach 1917 erneut der Wandererstrom diesen Namen nach

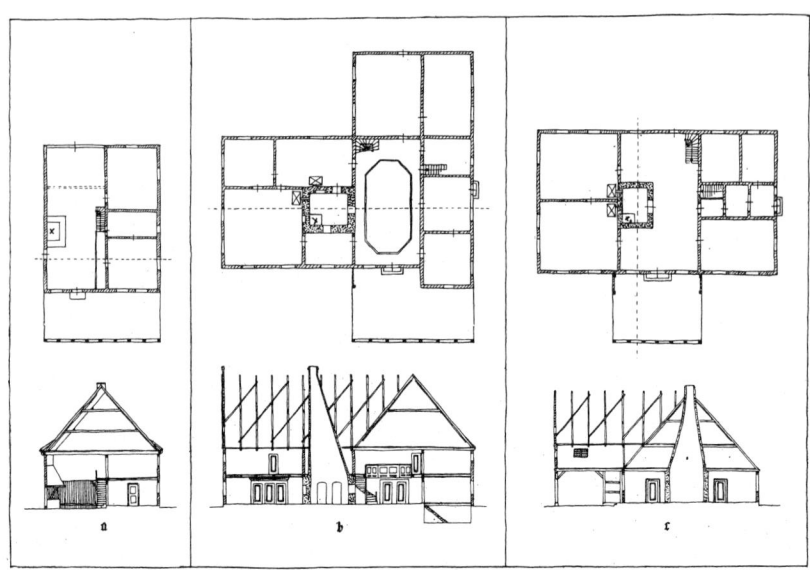

Grund- und Aufrisse der in den zur Ordenszeit gegründeten Dörfern vorkommenden drei Hausformen: a) niederdeutsch-sächsischer Typ (unten als Gehöftlage), b) Mischtyp, c) oberdeutsch-fränkischer Typ.

Gehöftlage mit Wohnhaus des oberdeutsch-fränkischen Typs (oben), dass. des Mischtyps (unten). Aus: Bertram/La Baume/Kloeppel: Das Weichsel-Nogat-Delta. Danzig 1924. S. 123 und 125.

Amerika trug. Versteht der Leser, warum wir Ostdeutschen an unseren heimatlichen Ortsnamen so hängen? Wer denkt dabei nicht auch an das niederdeutsche Vorbild, wenn man Max Halbe's „Strom" gesehen hat? Dieser große westpreußische Dichter war ein Kind des Werders: Er wurde 1865 in Güttland geboren (gestorben 1944).

Die großen Städte wie Danzig, Dirschau, Marienburg und Elbing liegen am Rande des Werders; städtische Mittelpunkte haben sich in der weiten Niederungslandschaft nur zögernd gebildet. Neben dem älteren Neuteich, das schon 1350 als Stadt genannt wird, ist vor allem Tiegenhof zu nennen, dem seit 1920 sogar die Ehre einer Kreisstadt für das Große Werder widerfuhr. Der Ort entstand aus einem Wirtschaftshof der Kaufmannsfamilie Loitze, der nach deren Konkurs 1572 zum Starosteigut wurde. Allmählich siedelten sich dann hier Handwerker an, ferner Händler und Krüger. 1859 erhielt Tiegenhof die Rechte als Marktflecken, 1880 wurde es Stadt. Bekannt wurde der Ort durch die Spirituosenfabrik Stobbe, die Heimat des berühmten Danziger *Machandels*, eines kräftigen Wacholderschnapses.

Eine reizvolle Eigenart der Werderdörfer sind die *Vorlaubenhäuser*. Diese wohl bis in die Zeit der *Ostgermanen* zurückreichende Sonderform des Fachwerkbauernhauses ist hier noch in verhältnismäßig häufigen Beispielen anzutreffen, sie kommt aber auch auf den Höhen rings um die Weichselniederung bis nach Ostpreußen hinein vor. Wie alte Darstellungen bezeugen, waren sie im Werder früher die Regelform, und zwar in drei Abwandlungen: der sächsischen, fränkischen und sächsisch-fränkischen Mischform. Die auffallende Vorliebe für reich entwickelte Schmuckgiebel erinnert sehr an holländische und niederelbische Vorbilder aus dem Alten Land und den schleswig-holsteinischen Marschen.

Plan des Angerdorfes Wossitz (Danziger Niederung) 1852.

Deutlich sind die in die Straße hineinragenden Vorlaubenhäuser zu erkennen.

144

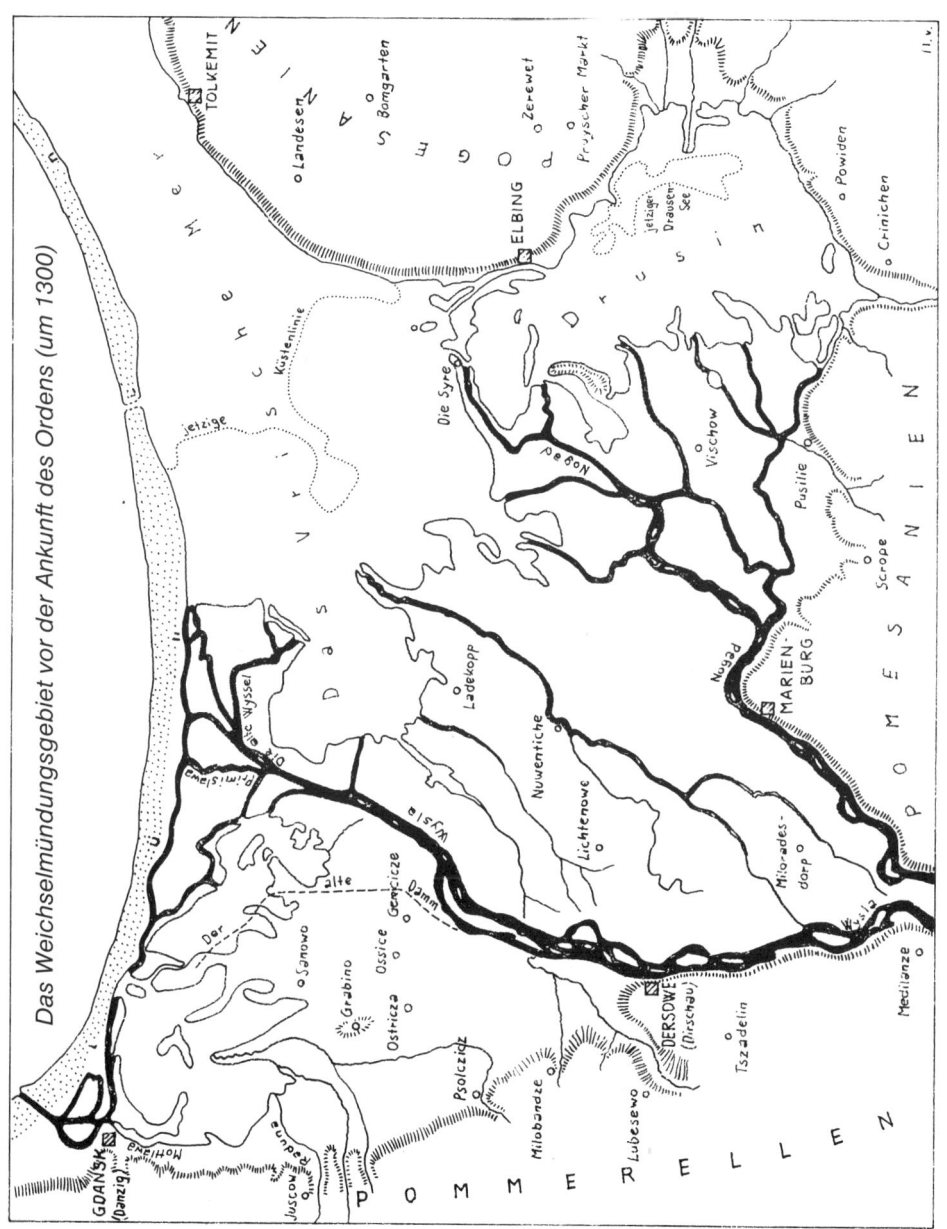

Das Weichselmündungsgebiet vor der Ankunft des Ordens (um 1300)

DANZIG

Bereits der *Name* der Stadt läßt auf eine weit in die Frühgeschichte zurückreichende Besiedlung des Danziger Raumes schließen. Wahrscheinlich geht er auf den gotischen Siedlungsnamen *Gothiskandza* zurück, der bereits von *Jordanes*, dem Geschichtsschreiber der Goten, Mitte des 6. Jahrh. erwähnt wird. Die nach der Völkerwanderung eingewanderten Slawen verstanden diesen Namen nicht mehr und veränderten ihn: Als *Gyddanizk* erscheint er erstmals in der Lebensbeschreibung des *Hl. Adalbert*, der hier im Jahre 997 auf seiner Missionsreise zu den heidnischen Prußen am Hofe eines pomoranischen Fürsten in Danzig gepredigt und viele Heiden getauft hat.

Demnach tritt uns Danzig zu Beginn unseres Jahrtausends bereits als Sitz eines Fürstentums entgegen, das damals zu *Pommern* gehörte und später als *Pommern-Danzig* oder *Pommerellen* bezeichnet wird. Die Danziger *Burg* lag wohl im Winkel zwischen Radaune und Mottlau, kurz vor deren Einmündung in die Weichsel (im Bereich der Burgstraße); 1148 erscheint sie erstmals urkundlich. In ihrer Nähe hatte sich schon früh ein *Suburbium*, d. h. eine Burgsiedlung gebildet – wohl die Wirkungsstätte Adalberts. Diese erste Siedlungszelle der späteren Stadt wurde wohl im 12. Jahrh. durch ein *Hakelwerk* erweitert (auch hier lebte der Name bis 1945 als Straßenbezeichnung fort), an dessen westlichem Rand wohl im ausgehenden 12. Jahrh. die St. Katharinen-Kirche als ältestes Gotteshaus der Stadt errichtet wurde.

Bald ließen sich hier die ersten deutschen Kaufleute nieder, besonders nachdem 1176 in der Nähe von Danzig bei *Oliva* von deutschen Zisterziensermönchen aus dem pommerschen Kolbatz ein Kloster gegründet worden war, dem Einkünfte aus der entstehenden *deutschen Marktsiedlung* in Danzig zugewiesen wurden. Pfarrkirche dieser ältesten deutschen Kaufmannssiedlung war anfangs St. Nikolai, 1227 erhielten die Dominikaner diese Kirche und St. Katharinen wurde nun für diesen Bezirk, die spätere *Altstadt*, zuständig. Wahrscheinlich noch im 13. Jahrh. sind ein Stück südlich davon (der Altstädtische Graben bezeichnet die Grenze der Altstadt nach Süden) um den späteren Langen Markt die Anfänge einer weiteren deutschen Stadtsiedlung zu suchen. Um 1240 verlieh Herzog Swantopolk von Pommerellen der deutschen Kaufmannssiedlung das *lübische Stadtrecht*.

Diese junge Handelsstadt knüpfte sogleich enge Beziehungen zu Lübeck und nahm rege am Ostseehandel teil – scheinbar unberührt von den ständigen Zwistigkeiten im pommerellischen Herzogshaus und den Kämpfen, die besonders nach dessen Aussterben 1294 ausbrachen. Die Mark Brandenburg und Pommern, Polen und der Deutsche Ritterorden bemühten sich nun um das herrenlos gewordene Land an der unteren Weichsel, ein besonders begehrter Platz war dabei Danzig.

1308 ergriff der *Deutsche Ritterorden* gewaltsam Besitz von Burg und Stadt Danzig und kaufte 1309 im Vertrage zu Soldin für 10 000 Mark Silber den Brandenburgern ihren Rechtsanspruch auf Pommerellen ab. Kaiser und Papst anerkannten sofort die neuen Besitzverhältnisse, 1343 folgte auch König Kasimir von Polen. Eine neue Periode der Geschichte Danzigs hatte nun begonnen.

Sehr bald nach der Übernahme der Stadt begann unter der Herrschaft des Ordens der Wiederaufbau der 1308 teilweise zerstörten Stadt, doch diesmal durchweg in den Formen der Backsteingotik. Danzig blühte unter der neuen Herrschaft rasch auf, Handel und Wandel nahmen außerordentlich zu und die Bevölkerung stieg rasch an, so daß städtebauliche Erweiterungen die Folge waren:

1343 erhielt die wiederaufgebaute und erweiterte Marktsiedlung um den Langen Markt anstelle des bisher gebrauchten lübischen Rechts, das auch für die Altstadt galt, das überall im Ordensstaat geltende *kulmische Recht*; in dieser fortan als *Rechtstadt* bezeichneten Siedlung wurde noch im gleichen Jahre der Grundstein zu einer Pfarrkirche gelegt, die sich in den folgenden 150 Jahren ihrer Bauzeit zum gewaltigsten Kirchenbau im Ostseeraum entwickeln sollte: der *Oberpfarrkirche St. Marien.*

Wie eine mächtige Festung überragt sie mit ihrem massigen stumpfen Westturm (76 m hoch) und den zehn schlanken Giebeltürmen die Häuser der Rechtstadt; 105 m lang, im Querschiff 66 m breit und eine Grundfläche von 4 115 m^2 bedeckend, erheben sich 28 Pfeiler bis in 30 m Höhe und bilden eine gewaltige fünfschiffige Halle – der größte je aus Ziegeln errichtete Kirchenbau der Welt! Wohl kaum ein anderes Gebäude spiegelt derart Größe und Reichtum, Selbstbewußtsein und Stolz deutschen Bürgertums wider, wie dieses Gotteshaus!

Doch nicht nur in der Marienkirche schuf sich die seit 1361 der Hanse zugehörige Stadt ein eindrucksvolles Baudenkmal, auch in seinem *Rathaus*, das sich die Rechtstadt ab 1380 von Meister Heinrich Ungeradin erbauen ließ, setzte sich der hansische Bürgerstolz eines seiner schönsten Denkmäler. Im Gegensatz zu anderen deutschen Rathäusern war das Danziger von Anfang an nur Verwaltungsgebäude. Deutlich sind in der Gestaltung flämische Einflüsse (Brügge!) nachweisbar, besonders sichtbar ist dies in der von Joh. Vredeman de Vries entworfenen prachtvollen Sommerratsstube.

Seit 1378 besaß die Rechtstadt eine eigene Ratsverfassung, aber schon vorher kam es wiederum zu einer Stadterweiterung: ab Mitte des 14. Jahrh. entwickelte sich zwischen Altstädtischem Graben und Breiter Gasse um die ebenfalls neu gegründete St. Johannes-Kirche die *Neustadt*. Um 1377 wurden das Hakelwerk mit der Burgsiedlung und die älteste Kaufmannssiedlung zu einer Stadtgemeinde, der *Altstadt*, vereinigt, die ein eigenes Recht erhielt. Schließlich gründete der Orden nördlich der Altstadt noch eine dritte städtische Siedlung, die *Jungstadt*. Endlich begann sich südlich der Rechtstadt seit Ende des 14. Jahrh. um St. Peter und Paul noch eine *Vorstadt* zu entwickeln. Jenseits der Mottlau entstand darüber hinaus eine *Speicherstadt*.

Dieses enorme Wachstum ermöglichte der umfangreiche Handel mit Getreide (die Stadt wurde auch das „Kornhaus" der Hanse genannt), Holz, Pech und Bernstein, die gegen Wolle, Salz, Wein und flandrische Tuche eingetauscht wurden. Der Reichtum der Stadt wurde sprichwörtlich, er schlug sich in einem unvergleichlich großen und prachtvollen Stadtbild nieder, das bis in unsere Tage weiterwirkt. Danzig zählte im 16. Jahrh. zu den größten Städten Europas (1570: 40 000, 1600: 50 000 und 1650: 77 000 Einwohner).

Mit dem Reichtum stieg auch das *Selbstbewußtsein* dieser schon im Mittelalter rein deutschen Stadt. Die im 15. Jahrh. sichtbar werdende geistige und materielle Enge des Ordensstaates empfanden die Bürger dieser stolzen Stadt zunehmend als Fessel – sie strebten nach *der* Freiheit, die Lübeck, Hamburg, Bremen und andere Städte des Westens schon besaßen, der *Reichsfreiheit*. So ist es nicht verwunderlich, Danzig 1454 als führende Stadt im *Preußischen Bund* zu sehen, es ist wohl nicht übertrieben zu sagen, daß die Finanzen Danzigs entscheidend zum Sieg des Bundes über den Orden beigetragen haben. Dieses Streben nach Freiheit bedeutete natürlich keine Sehnsucht nach polnischer Herrschaft.

Der Polnische König versprach der Stadt große Freiheiten und tatsächlich konnte sich Danzig fortan unter polnischer Oberhoheit eine *de-facto-Selbständigkeit* erringen und bis 1793 behaupten. Das sollte ihm zu großem Nutzen gereichen, denn schon bald versuchten die polnischen Könige im Widerspruch zu den Versprechungen sich die Stadt gefügig zu machen, doch die Mauern und die gewaltigen, alle Teilstädte sowie den *Langgarten* und die *Niederstadt* einschließenden Befestigungsanlagen in Vauban'scher Manier machten die Stadt auch für den polnischen König Stephan Bathory uneinnehmbar, der sie 1577 zu erobern suchte: er mußte die Privilegien der Stadt schließlich doch bestätigen.

Die seit der Reformation *evangelische* Stadt erlebte im 16. Jahrh. noch einmal eine Blütezeit, die vielen Prachtbauten der Renaissance (u. a. Zeughaus, Grünes Tor, Umbau des rechtstädtischen Rathauses) und des Barock zeugen davon. Kunst und Kultur jener Zeit werden durch Namen wie *Anton Möller, Daniel Schultz, Johannes Hevelke, Daniel Fahrenheit, Gottfried Lengnich, Andreas Schlüter* und *Daniel Chodowiecki* repräsentiert.

Doch der Niedergang der Hanse und der Verfall des polnischen Reiches wirkten sich auch – wenn auch nicht so stark wie etwa auf Elbing und Thorn – schließlich auf Danzig aus. Mit Mühen, aber doch mit Geschick konnte sich die Stadt aus den Kriegen des 17./18. Jahrh., in die Polen mit Schweden verwickelt war, im wesentlichen heraushalten, doch der allmähliche Niedergang war nicht aufzuhalten.

DANZIG

1:12.500

0 50 100 150 200 250 300
Meter

––––– Strassenbahn

Als 1772 das Weichselland an Preußen fiel, blieb Danzig noch unter polnischer Oberhoheit, die Abschnürung vom Hinterland traf die Stadt jedoch schwer. 1793 war diese unnatürliche Trennung vorbei, auch Danzig kam nun unter *preußische Herrschaft.*

Sofort spürte die Stadt den *Aufschwung*, denn mit dem Anschluß fielen die lästigen Zollmauern, die Danzig von seiner nächsten Umgebung trennten. Die Ausfuhr von Handelsgütern stieg rapide an und erreichte fast die Werte aus Danzigs wohlhabenden Tagen zu Beginn des 17. Jahrh. Doch noch einmal sollte die Stadt eine harte Prüfung über sich ergehen lassen müssen, bevor das „preußische Jahrhundert" ihr eine stete Aufwärtsentwicklung brachte: die napoleonische Zeit des *Freistaats Danzig.*

Nach dreimonatiger Belagerung besetzten die Franzosen 1807 die Stadt und trennten sie von Preußen ab − ein Freistaat von Napoleons Gnaden mit $15^1/_2$ Quadratmeilen wurde geschaffen. Nie zuvor ist die Stadt derart ausgesogen worden, wie in den 7 Jahren dieser „Freistaat"-Zeit. Als 1814 den verbündeten Preußen und Russen die Rückeroberung gelang, war die Einwohnerzahl um $^2/_3$ gesunken, hatte die Stadt 18 Zwangsanleihen hinter sich und damit eine große Schuldenlast und war obendrein noch zum Teil zerstört.

1815 erhielt Danzig erstmals seit 1294 wieder *Hauptstadtfunktionen:* es wurde Sitz der Provinz Westpreußen und eines Regierungsbezirks. Mit tatkräftiger Unterstützung der preußischen Regierung konnte sich die Stadt nun allmählich erholen und wieder an ihre alte Rolle als Handelsmetropole anknüpfen. Ähnlich wie das 14. Jahrh. wird nun das 19. zu einer Epoche des großen Wachstums: ab 1814 werden Vororte eingemeindet, 1878 wird die 100 000-Einwohner-Marke überschritten. In zunehmendem Maße siedelte sich auch die Industrie an − 1827 die Klawitter-Werft, 1850 die Marine- bzw. Kaiserliche Werft und 1891 die Schichau-Werft. Ab 1895−97 wurde dann ein Teil der Befestigungsanlagen niedergelegt und auf dem frei werdenden Gelände entstand nun ein neuer Hauptbahnhof (1900; Eisenbahnanschluß erhielt Danzig jedoch bereits 1852: der älteste Bahnhof wurde beim Leegen Tor in die Innenstadt eingeführt.)

Doch hatte der Aufschwung auch seine Schattenseiten. Viel ging in jenen Jahren vom alten Danzig verloren: die vielen *Beischläge* (in der Frauengasse hatten sie sich bis 1945 noch erhalten), viele Bürgerhäuser, manch ein Tor und manch ein kirchliches, nicht mehr genutztes Gebäude. Und doch blieb noch erstaunlich viel erhalten, mehr als in den meisten anderen norddeutschen Hansestädten.

Dieser *kerndeutsche Charakter* der Stadt, der so augenfällig durch das imposante geschlossene Stadtbild aus dem Mittelalter repräsentiert wird, zeigte sich auch in den nüchternen statistischen Daten: 1910 zählte Danzig 170 337 Einwohner, von denen 96,5 % deutsch, aber nur 2,0 % polnisch und 0,1 % kaschubisch als Muttersprache angaben. Von der Bevölkerung waren 32,6 %

Der Lange Markt
in Danzig mit dem
Rechtstädtischen
Rathaus ist die
,,Gute Stube"
der Stadt

DANZIG

Blick von Süden
auf die Rechtstadt
mit St. Marien (links)
und Rechtstädti-
schem Rathaus
(rechts).

Wieder-
aufgebaute
Häuserzeilen
in der
Rechtstadt
(im
Hintergrund
die Mottlau)

151

Eine Vorstellung von der Schwere der Kriegszerstörungen 1945 vermittelt das nebenstehende Bild.

DANZIG

Der gleiche Blick heute: Die wiederaufgebaute Mottlaufront mit dem Krantor.

Die Jopengasse mit St. Marien (unten links) und das Altstädtische Rathaus (unten rechts) sind ebenfalls wiedererstanden.

Katholiken (unter diesen allein 90,4 % Deutsche). Am rein deutschen Charakter dieser Stadt war also nicht zu zweifeln.

Doch der unglückliche Ausgang des ersten Weltkriegs sollte sich gerade für Danzig besonders negativ auswirken. Der amerikanische Präsident Wilson hatte in seinen berühmten *14 Punkten* den Polen einen ,,freien Zugang zum Meere" versprochen — aber offen gelassen, was er darunter verstand (es wäre dabei sehr wohl eine Art Transitstraße bzw. -eisenbahn und eine freie Flußschiffahrt auf der Weichsel denkbar gewesen). Doch die Polen sahen das anders: sie führten ins Feld, daß Danzig von 1454 — 1793 unter polnischer Oberhoheit gestanden habe und für sie der natürliche Ausgang zur Ostsee sei — auf die deutsche Bevölkerung der Stadt ging man dabei nicht ein. So sah der erste Entwurf der Versailler Friedenskonferenz denn auch eine Abtretung Danzigs an Polen vor, doch der Protesthagel und die Bedenken vieler Entente-Politiker ließen dann jenen unseligen Freistaatsgedanken von 1807 wieder neu aufleben, der sich schon einmal als brüchig erwiesen hatte: Danzig wurde mit seinem unmittelbaren Umland (d. h. der Danziger Höhe, der Danziger Niederung, der Stadt Zoppot und dem Marienburger Großen Werder) ein *Freistaat* unter der Kontrolle des Völkerbundes, allerdings mit *bedeutenden Rechten Polens* im Danziger Gebiet: Die Eisenbahn unterstand polnischer Kontrolle, das ganze Freistaatsgebiet war polnisches Zollinland und auf der Westerplatte durfte die polnische Armee ein Munitionslager unterhalten.

Der einhellige Protest der 70 000 Danziger auf dem Heumarkt im Jahre 1919 nützte nichts, das eben erst proklamierte Selbstbestimmungsrecht der Völker galt für viele — *nicht* aber für die Besiegten — und zu ihnen gehörten auch die Danziger.

Danzig mußte nun ,,Staat spielen", und es machte das gar nicht so schlecht. Die 1950 qkm große und (1929) 407 517 Einw. (davon 95,0 % Deutsche) zählende *Freie Stadt Danzig* gab sich am 11. 8. 1920 eine Verfassung, nach der die oberste gesetzgebende Gewalt vom 120 Mitglieder umfassenden *Volkstag,* dem auf 4 Jahre gewählten Danziger Parlament, und die oberste Regierungsgewalt vom *Senat,* mit dem Senatspräsidenten an der Spitze, ausgeübt wurde. Die geistigen Beziehungen zum Reich blieben eng, und die wirtschaftlichen sollten zu Polen eng werden — wurden es aber nicht, denn ab 1922 entstand der Stadt im Norden eine immer ernster zu nehmende Konkurrenz in dem neuen polnischen Hafen Gdingen: Polen wollte Danzig wirtschaftlich in die Knie zwingen und hoffte dann durch Versprechungen sich die Bevölkerung geneigter zu machen.

Doch das Gegenteil war der Fall: Danzig war ein getreues Spiegelbild Deutschlands, auch hier gab es 1933 eine nationalsozialistische ,,Machtergreifung", doch hielt man sich weiterhin strikt an die Völkerbundsbestimmungen, die einen Anschluß ans Reich verboten. Aber zunehmend zeichnete sich ab, was einsichtige Politiker wie *Lloyd George* und *Smuts* schon 1919 voraussahen: Die Danzig-Frage würde wohl früher oder später zu einem Krieg in Europa führen.

Polen, das 1938 noch selbst Nutznießer der Sudetenkrise gewesen war, verkannte die Entschlossenheit Hitlers, die Danzig-Frage notfalls auch militärisch zu lösen; ja es verkannte sogar die tödliche Gefahr, daß sich die beiden großen Verlierer des ersten Weltkrieges, inzwischen zu allerdings sehr verschiedenen, demokratieverachtenden Militärmächten geworden, sich darauf besinnen könnten, daß sie *beide* 1919—22 in der Stunde eigener Schwäche zu großen Gebietsabtretungen an das neuentstandene Polen gezwungen worden waren. Und so konnte die Tragödie ihren Lauf nehmen.

Am 1. September — gleich nach dem Einmarsch deutscher Truppen (die Kampfhandlungen wurden übrigens mit der Beschießung der polnischen Basis auf der Westerplatte eingeleitet — in Erinnerung daran verblieb ihr nach 1945 der deutsche Name!) — wurde der *Anschluß Danzigs* ans Reich vollzogen. Im Oktober 1939 erhielt die Stadt die Würde einer Hauptstadt des neugeschaffenen „Reichsgaues Danzig-Westpreußen", in dem das Freistaatgebiet, der bisherige „Polnische Korridor", der 1920 an Ostpreußen angegliederte Reg.-Bez. Westpreußen, das Netzegebiet um Bromberg und das vor 1918 nicht zum Reich gehörige Dobriner Land aufgingen. Die letzten $5^{1}/_{2}$ Jahre deutscher Geschichte der alten Hansestadt waren angebrochen.

Das Ende war grauenhaft. 1945 wurde die Stadt erheblich zerstört, das Stadtzentrum — d. h. gerade die historisch wertvolle Innenstadt — fast völlig. Vernichtet war, was in 7 Jahrhunderten Generationen von deutschen Danzigern aufgebaut hatten. Und nicht nur das: Überdies mußten sie ihre Heimat verlassen und Danzig wurde bereits am 30. 3. 1945, also noch vor dem Ende des Krieges, von Polen *annektiert*.

Nach 1948 begann die polnische Verwaltung mit dem Wiederaufbau der Stadt, nachdem bereits mehr als 100 000 neue polnische Bewohner in die weniger zerstörten Vororte, v. a. Langfuhr, eingeströmt waren. Die polnischen Behörden sahen sich bald vor die Entscheidung gestellt, *wie* der Aufbau der Stadt zu vollziehen sei. Grundsätzlich gab es dazu drei Möglichkeiten:

1. *Wiederaufbau* in völlig neuer Gestalt als „*sozialistische Stadt*". Diese Lösung wäre durchaus denkbar gewesen, denn zum einen mußte auf die Bevölkerung keine Rücksicht mehr genommen werden (die alte deutsche war vertrieben, die neue polnische war noch ohne innere Bindung an die vorgefundene Trümmerwüste), zum anderen bot die völlige Verfügungsgewalt über Grund und Boden in einem zentralistisch regierten Land die Möglichkeit des radikalen Neubeginns. Man hätte also sehr wohl auf den Trümmern der zu mehr als 90 % zerstörten Innenstadt eine sozialistische Musterstadt errichten können.

2. *Wiederaufbau in historischen Formen*. Diese Möglichkeit ergab sich vor allem durch die geradezu europäische Bedeutung des vor dem Kriege einzig-

artigen, geschlossenen und historisch gewachsenen Stadtbildes von Danzig. Dieser Lösung standen jedoch die ungleich höheren Kosten gegenüber und nicht zuletzt der Umstand, daß es sich dabei um die Rekonstruktion eines *deutschen* Stadtbildes handeln würde – eine Tatsache, die für die polnische Seite eine nicht zu unterschätzende psychologische *Hemmschwelle* darstellte.

3. *Wiederaufbau ohne ein ausgesprochenes Programm*, d. h. abschnittsweise je nach Bedarf und Zweckbestimmung. Diese Lösung, die z. B. in Stettin angewandt wurde, hätte einige historische Bauten rekonstruieren lassen, andererseits Schritt für Schritt mit modernen, wenig spektakulären Zweckbauten – je nach Bevölkerungswachstum – die Innenstadt allmählich aufgefüllt. Der Nachteil hätte in einem wenig repräsentativen städtebaulichen Einheitsallerlei gelegen, der Danzig zu einer Großstadt unter vielen gemacht hätte.

Betrachtet man die Jahre nach dem Krieg und die politische Situation im damaligen stalinistisch regierten Polen, so hätten nach Lage der Dinge die erste Lösung von der herrschenden Ideologie her und die dritte von den tatsächlichen Verhältnissen her die größten Chancen zur Ausführung gehabt. Doch das kaum zu Erwartende geschah: Die zweite Lösung, der Wiederaufbau in historischen Formen, wurde beschlossen und etappenweise, zumindest im Bereich der alten Rechtstadt, ausgeführt.

Die Frage nach dem *Warum* ist oft genug gestellt worden. Zwei Beweggründe werden wohl über alle anderen Erwägungen den Sieg davongetragen haben:

1. Im Jahre 1945 war in den Augen der Polen der jahrhundertealte Traum Wirklichkeit geworden, das reiche, „goldene" Danzig, das für sie eigentlich immer unerreichbar gewesen war, in Besitz nehmen zu können, und zwar *ganz* – einschließlich der Grundstücke und Häuser, mit allem Drum und Dran, aber *ohne* die deutsche Bevölkerung, die bisher der Hinderungsgrund für die Zuweisung dieser Stadt an Polen gewesen war. In Jahrhunderten hatte sich dieses Bild von „Gdansk" bei den Polen geformt und just in dem Augenblick, wo sie in diese Stadt siegreich einziehen konnten, war sie zerstört, ausgelöscht.

2. Ein sozialistisches Danzig hätte wahrscheinlich wohl die in dieser Machart erfahrenen Stadtplaner des großen Nachbarn im Osten auf den Plan gerufen, so wie man es in Warschau mit dem Bau des Kulturpalastes eben in jenen Jahren erleben sollte. Und gerade das wollte man um jeden Preis vermeiden: polnische Städte nach russischem Geschmack zu gestalten! Zudem ist das Denken und Fühlen in Polen vielzusehr in der *Geschichte* verankert, als daß eine seelenlose moderne Stadt hier an historischer Sätte hätte entstehen können. Mit dem Wiederaufbau des historischen Bildes von Danzig haben die Polen sich im Grunde das eigene *Traumbild* rekonstruiert, das sie von Danzig hatten und fortan auch nicht missen wollten. „Gdansk" war in ihrer Vorstellung eben nur als mittelalterlich geprägte Stadt mit alten Kirchen und Häusern vorhan-

Die frühere Klosterkirche in DANZIG-OLIVA (oben rechts) ist auch heute wieder Bischofskirche. Bemerkenswert ist ihre prachtvolle, um ein Fenster herumgebaute Barockorgel (1763–88; oben links). – In der Nähe von DANZIG-ROTHOF ist in den letzten Jahren eine riesige Wohnsiedlung entstanden (unten).

den, war eben jenes *Musterbild einer Stadt* überhaupt, das im eigentlichen Polen nur noch ebenbürtig von Krakau (nicht einmal von Warschau) repräsentiert wurde.

Wohl mehr unbewußt — zumindest nicht offiziell zugegeben — spielte die vor allem von der Kirche betonte Tatsache eine Rolle, daß in Polen das Bewußtsein, zum *abendländischen Kulturkreis* zu gehören, allgemein vorhanden ist. Der Wiederaufbau des historischen Danzig ist somit als eine kulturhistorische Leistung von *europäischem Rang* zu werten, als ein Bekenntnis zu den Werten der europäisch-abendländischen Kultur und Geschichte. Dem wird auch dadurch kein Abbruch getan, daß manches leicht verändert (z. B. unter Anbringung *polnischer* anstatt *preußischer* Adler) wiederhergestellt wurde — kleinliches Aufrechnen ist hier wohl kaum angebracht. Doch — und das sollte dabei aber auch nicht übersehen werden — einen *rechtlichen Anspruch* auf den Besitz Danzigs begründet der Wiederaufbau für die Polen *nicht*, das historische Danzig gehört rechtlich allein den *deutschen* Danzigern, so wie diesen allein die *Geschichte* der Stadt gehört, die sie und ihre Vorfahren gestaltet und gelebt haben. Verweigerung des Selbstbestimmungsrechts und Vertreibung, Annexion und fehlender Friedensvertrag sind Hypotheken, die bis heute (die UNO bietet genug Beispiele in der ,,Dritten Welt" dafür) *keinen völkerrechtlich gültigen Rechtsanspruch der Polen auf Danzig* begründen können.

Dennoch sei den Polen Respekt und Anerkennung gezollt, angesichts der einmaligen Leistung des Wiederaufbaues des historischen Danzig. Und doch ist das heutige Danzig eine *andere Stadt*: Die Menschen sind anders, sie tragen nicht die alte Geschichte weiter, die das einmalige Stadtbild geformt hat, sondern gestalten und schreiben neue, polnische Geschichte — wie es die Vorgänge auf der ,,Lenin-Werft" zeigen. Das wiederaufgebaute Danzig ist — so schön es auch sein mag — heute nichts weiter als eine schöne *historische Kulisse*, bestens geeignet zum Abdrehen historischer Filme wie etwa der Buddenbrooks; erstorben ist der Geist der Hanse, das in sich ruhende Bürgertum — gegründet auf Wohlstand und Tradition zugleich —, die Selbstverständlichkeit einer kulturell gewachsenen und homogenen Gesellschaft.

Mögen auch heute 456 707 (1980) polnische Einwohner gegenüber 286 338 deutschen Bewohnern (1943) in Danzig leben, mag auch die Stadt aus dem heutigen Polen nicht wegzudenken sein — die Vorgänge des Jahres 1945 bleiben eine schwere Hypothek in der neueren Geschichte von ,,Gdansk"; die polnische Gegenwart kann die deutsche Vergangenheit nicht auslöschen, ja nicht einmal verdrängen, wie der Wiederaufbau zeigt — und so hilft man sich mit dem Umdeuten, doch mit wenig Überzeugungskraft. —

Beladen mit Eindrücken und nachdenklich über den Lauf der Geschichte machten wir uns auf den Weg zurück nach Thorn, dem nächsten Ziel entgegen, der Brückenstadt Dirschau.

DIRSCHAU und seine Brücken

Bereits 1198 erscheint „Trsow" erstmals urkundlich, als der pommerellische Fürst Grimislaw von Schwetz dem Johanniterorden die Burg Stargard mit ihrem Gebiet verleiht. 1252 baute dann der Herzog Sambor bei diesem Ort an der Weichsel eine Burg und verlegte seine Residenz hierher. Bald darauf ließen sich hier deutsche Kaufleute nieder und bereits 1260 erhielt der aufblühende Marktort Dirschau das lübische Stadtrecht. So ist es auch erklärlich, warum der pommersche Greif das Dirschauer Stadtwappen ziert: Fühlten sich doch die pommerellischen Fürsten als *pommersches* Geschlecht, da sie mit dem Greifenhaus verwandt waren; zudem wurde der Name „Pommern" in jener Zeit zumeist für das später als „Pommerellen" (= Klein Pommern) bezeichnete Gebiet gebraucht, während die „eigentlichen" pommerschen Herzöge sich damals Herzog von „Slawien" nannten.

Die weiteren Stationen der Dirschauer Stadtgeschichte sind schnell aufgezählt: 1308 kam es unter die Herrschaft des Deutschen Ritterordens, der hier eine Vogtei einrichtete. Anfangs war das Verhältnis der Stadt zum Orden nicht gut, wandelte sich aber bald, so daß die Ordenszeit für Dirschau zur Blütezeit überhaupt wurde. 1433 suchten es die Hussiten heim, steckten die Stadt in Brand und erschlugen danach Tausende der herumirrenden, nunmehr obdachlosen Bevölkerung. 1466 kam es unter die „Schutzherrschaft" des polnischen Königs, die bis 1772 währte – zuletzt eine Periode des ständigen Niedergangs. In jenem Jahre fiel es an Preußen und nahm nun – besonders in der zweiten Hälfte des 19. Jahrh. – einen nie gekannten Aufschwung.

Trotz seiner langen Geschichte war Dirschau in erster Linie in der jüngeren Vergangenheit eine *Eisenbahnerstadt*. Die Bedeutung des Ortes rührte daher, daß der preußische Staat 1845 beschlossen hatte, die neu zu erbauende „Königl. Preußische Ostbahn" von Berlin nach Königsberg hier und nicht bei Graudenz, wie ursprünglich vorgesehen, über die Weichsel zu führen. Und so wurde Dirschau eine Stadt der Brücken. Bereits drei Jahre später wurde mit dem Bau der Bahn bei Kreuz begonnen, 1851 konnte bereits der Zugverkehr bis Schneidemühl aufgenommen werden. Die Bauarbeiten machten rasche Fortschritte, so daß die Züge am 26. 7. 1851 bis Bromberg und schon am 19. 7. 1852 über Dirschau bis Danzig fahren konnten. Nur drei Monate später, am 19. 10. 1852 wurde der Verkehr auf der Strecke Marienburg-Braunsberg aufgenommen, am 8. 7. 1853 rollte dann der erste Zug in Königsberg ein.

Doch ein durchgehender Zugbetrieb von Berlin nach Königsberg war noch nicht möglich. Das 17 km lange Teilstück Dirschau-Marienburg mit zwei großen, über Weichsel und Nogat zu bauenden Brücken war noch nicht fertiggestellt. Erst am 12. 10. 1857 war das große Werk vollendet: Die erste feste Brücke über den mächtigen Weichselstrom wurde eingeweiht: Sie war ein

Der Bahnhof vor dem 1. Weltkrieg. Im Hintergrund die Brücken.

DIRSCHAU

Die Weichselbrücken, rechts die alte, links die neue, spätere Eisenbahnbrücke

Portal der alten Brücke

durchgehend geschweißtes eisernes Parallelträger-Bauwerk mit einem filigranartigen, engmaschigen Fachwerk. Die anfangs 837 m lange Brücke hatte sechs Hauptöffnungen von je 121,5 m Länge. Nur ein Gleis war in die Mitte einer schmalen Straßenfahrbahn gelegt worden, die über die Brücke ebenfalls geleitet wurde. Bei Zugverkehr mußte die Straße vor der Brücke durch Schranken gesperrt werden. Dieses Brückenbauwerk gehörte zu den schönsten seiner Art im Reich überhaupt, nicht zuletzt wegen der den Brückenkasten flankierenden Turmpaare auf jedem Pfeiler und den mächtigen Portalen. Im Jahre 1891 wurde parallel zur bisherigen Brücke eine neue, nunmehr zweigleisige Eisenbahnbrücke mit abgestumpften Linsenträgern errichtet, die alte Brücke diente hinfort nur noch dem Straßenverkehr. Später verlängerte man die Brücke noch um ein Joch auf 1019 m, um das Flutbett der Weichsel bei Hochwasser zu verbreitern.

Kurz vor dem ersten Weltkrieg wurde infolge des rapide angestiegenen Eisenbahnverkehrs westlich vor der Stadt ein moderner großer Verschiebebahnhof fertiggestellt. Der Dirschauer Bahnhof selbst ist ein Inselbahnhof in Keilform, das Bahnhofsgebäude liegt im Winkel der kurz vor der Brücke zusammentreffenden Streckengleise von Danzig und Bromberg; ein durchgehendes Verbindungsgleis Danzig − Bromberg führt in einem Bogen westlich am Bahnhof vorbei. Zeitweilig bis zu 5000 Eisenbahner waren in Dirschau vor dem 1. Weltkrieg tätig − die Stadt „lebte" im wahrsten Sinne des Wortes von der Eisenbahn.

1920 fiel Dirschau trotz seines rein deutschen Charakters (1910 waren 91,7 % der 16 894 Einwohner Deutsche!) an das wiederentstandene Polen. Die neue Grenze zur ebenfalls vom Reich abgetrennten Freien Stadt Danzig verlief nun in der Strommitte der Weichsel − doch nicht ganz: Die beiden Brücken mit ihrem östlichen Brückenkopf kamen *ganz* unter polnische Staatshoheit. Fortan war Dirschau *Grenzbahnhof*; vielen Reisenden ist sicher noch in Erinnerung, daß die Züge von Ostpreußen ins Reich während der Fahrt durch den „Polnischen Korridor" verschlossen wurden und die Vorhänge an den Fenstern zugezogen sein mußten!

1939 scheiterte bei Kriegsausbruch der Versuch, die Weichselbrücken unversehrt in deutsche Hand zu bringen: Im Morgengrauen des 1. September wurden sie von polnischen Einheiten gesprengt. Am nächsten Tag bereits war Dirschau von deutschen Truppen besetzt und sofort wurde mit dem Wiederaufbau der Eisenbahnbrücke begonnen. Eile tat not, bestand doch die Gefahr, daß die Brückentrümmer bei Eisgang und Tauwetter im nächsten Frühjahr das Wasser der Weichsel aufstauen könnten. Eisenbahnpioniere bauten anfangs eine Notbrücke. Aus Berlin wurden sofort 6 Mill. RM bereitgestellt, bis zu 5000 Arbeiter waren eingesetzt, um das Werk der Wiederherstellung zu vollenden: Nach einem Jahr war es soweit: Am 1. September 1940 rollten die

Züge über die erneuerte Brücke. Als Ersatz für die *alte*, nicht wiederaufgebaute Brücke wurde im September 1941 fünf Kilometer südlich der Stadt bei Kniebau eine völlig neue Vollblechwand-Straßenbrücke dem Verkehr übergeben, die im Zuge der jetzt südlich von Dirschau trassierten Reichsautobahn Berlin − Königsberg gelegen war. Sie dient auch heute nach ihrem Wiederaufbau nach 1945 (auch die Eisenbahnbrücke war am 8. 3. 1945 erneut gesprengt worden) dem Autoverkehr in Richtung Marienburg.

Erstbau − Neubau − Erweiterung − Sprengung − Notbau − Wiederaufbau − Abbruch − Neubau − Sprengung − Wiederaufbau: Der ganze Widersinn des Krieges spiegelt sich in diesen Worten. Im Frieden dienten sie den Menschen, schufen Verbindungen und ließen Städte und Dörfer einander näherrücken, im Kriege waren sie erstes Ziel feindlicher Angriffe und wurden von den Besitzern zerstört. Brückenschicksale!

Heute leben rd. 51 000 Einwohner (1943 waren es 25 689) in der Brückenstadt, die nach wie vor ein wichtiger Bahnknotenpunkt ist. Doch überwiegt jetzt eindeutig der Nord-Süd-Verkehr, der seit einigen Jahren sogar elektrisch abgewickelt wird.

Wir wandten uns dann weiter nach Süden und zweigten in Rauden von der Hauptstraße ab nach

PELPLIN

Etwa 16 km südlich von Dirschau liegt abseits der großen Straße Pelplin, bekannt durch seine berühmte Kirche des einstigen Zisterzienserklosters, die heute ein *bischöflicher Dom* ist. Schon von weitem sieht man das turmlose hohe Kirchengebäude über die Dächer der kleinen Häuser emporragen: Pelplin wird ganz von seiner Kirche beherrscht.

Das Pelpliner Kloster geht in seinen Anfängen bis auf das Jahr 1258 zurück, als der Herzog Sambor von Pommerellen dem mecklenburgischen Kloster Doberan das Dorf Poguttken schenkte − zur Anlage eines Tochterklosters. Dies erhielt bald nach seiner Entstehung den Namen „Marienburg" oder „Neu-Doberan", wurde aber bald wegen der ungünstigen örtlichen Verhältnisse von den Mönchen verlassen und 1276 nach dem heutigen Pelplin verlegt. Das nun aufblühende Kloster ist übrigens das 6. Glied in der Filiationskette von Citeaux, dem Stammkloster der *Zisterzienser*: Citeaux − Morimond − Kamp a. Niederrhein − Amelungsborn − Doberan − Pelplin; immer wieder sandten die gerade gegründeten Klöster Mönche aus, um einen neuen Konvent zu gründen, so auch das 1171 gestiftete Kloster Doberan, zu dem von Pelplin aus die Beziehungen auch immer recht eng waren.

Später wurde der Deutsche Ritterorden ein wohlwollender Gönner und Freund des Klosters, so nimmt es nicht Wunder, daß im 14. Jahrhundert auch die Blütezeit Pelplins zu suchen ist. Nach 1466 bestätigten die polnischen Könige dem Kloster seine Privilegien. Obwohl in der Reformation manch ein Mönch den Konvent verließ, blieb das Kloster doch erhalten, wenngleich sich auch im 17. und 18. Jahrh. ein Niedergang abzeichnete. In preußischer Zeit wurde das Kloster 1810 aufgehoben und der Landbesitz vom Staat eingezogen, um die hohen Kriegskontributionen an Frankreich zahlen zu können. Doch zog in die alten Klostergebäude bald neues kirchliches Leben ein: Pelplin wurde 1821 zum katholischen Bischofssitz erhoben, indem der Sitz der Diözese Kulm von Kulmsee hierher verlegt wurde. Dieses Bistum umfaßte nach der gleichzeitig erfolgten Eingliederung des früher zum Bistum Leslau gehörenden Pommerellen fast ganz Westpreußen, die Bischöfe waren im 19. Jahrh. durchweg Deutsche (der letzte, Augustinus Rosentreter, starb 1926). Pelplin zählte im Jahre 1910 3969 Einwohner (davon 23,3 % Deutsche), 1931 erhielt es Stadtrechte und 1937 ein eigenes Wappen zugesprochen; 1943 wurden 5295 Einwohner gezählt, heute sind es 7200.

Über Adlig Liebenau und Sprauden ging es dann auf der 1939 als Reichsstraße 380 bezeichneten Chaussee Danzig − Bromberg weiter nach

MEWE

Man fährt, wenn man nicht aufpaßt, heute einfach vorbei − dank der Umgehungsstraße, deren Bau sogar noch 1943 zu deutscher Zeit begonnen wurde, um die kleine Innenstadt vom Durchgangsverkehr zu entlasten. Die Stadt ist nicht erst jetzt in eine Abseitslage geraten, sondern schon 1852, als die Städte Mewe, Neuenburg und Schwetz es ablehnten, an die damals neuzubauende Ostbahn angeschlossen zu werden. Man vertraute auf den bewährten Schifffahrtsweg der Weichsel, sah doch in diesen Kleinstädten niemand voraus, welche Bedeutung die Eisenbahn einmal erhalten würde . . .

55 Jahre nach Eröffnung der Ostbahn wurde eine Kleinbahn von Morroschin nach Mewe gebaut, sie führte mittels eines Trajekts über die Weichsel weiter zur zuständigen Kreisstadt Marienwerder. 104 Minuten brauchte man damals von Mewe bis Marienwerder − gemütliche alte Zeit! 1920 war es mit dieser Idylle vorbei, die polnische Grenze an der Weichsel schnitt Mewe vom deutsch gebliebenen Marienwerder ab.

Das war nicht immer so. Mewe war in alter Zeit sogar ein Vorposten des Deutschen Ritterordens in Pommerellen. Schon 1276 erwarb er von Ratibor, dem jüngeren Bruder des Herzogs Sambor II., das Land Mewe, als dieser in den Orden eingetreten war. 1282 wurde es endgültig übereignet und schon 1297 enthielt die kurz zuvor entstandene Siedlung Stadtrechte. Zu dieser Zeit wurde auch die mächtige *Ordensburg* errichtet, die bis heute − vor allem von der

Blick von der Stargarder Str. auf den Dom zu PELPLIN (oben). Zu seiner kunstgeschichtlich wertvollen Innenausstattung gehören das Renaissance-Chorgestühl (unten links) sowie Kanzel und Orgel aus der Barockzeit (unten rechts).

Weichsel her — das Stadtbild beherrscht. 1692 baute der spätere polnische König Johann Sobieski noch das sog. *Kleine Schloß* hinzu, das zusammen mit der Burg eine malerische Baugruppe bildet. Nach 1850 wurde das Ordensschloß vom preußischen Staat umgebaut: Äußerlich wiederhergestellt, diente es bis zum 1. Weltkrieg als Zuchthaus. 1921 steckten es polnische Soldaten in Brand — nur notdürftig gesichert, dauerte es fast 50 Jahre, bis es in den letzten Jahren allmählich wiederhergestellt wurde.

Die Stadt Mewe war 1910 bei 3821 Einwohnern zu 48,5 % deutsch, 1943 wurden 3625 Seelen gezählt, heute sind es rd. 6000 Bewohner, die hier leben.

Südlich von Mewe führte uns die Straße dann wieder auf die das Urstromtal der Weichsel begleitenden Höhen hinauf. Bald hinter Rakowitz wurde das Gleisbett einer heute stillgelegten Bahnlinie überquert, die 1912 vom Bahnhof Schmentau an der Ostbahn Bromberg — Dirschau über Münsterwalde nach Marienwerder erbaut worden war. Dabei wurde die Weichsel bei Münsterwalde auf einer eindrucksvollen, sechs Bögen umfassenden Brücke überquert. Doch die Grenzziehung von 1920 am Ostufer dieses Stromes unterbrach diese Strecke, so daß die Polen 1926—29 die ihnen ganz zugesprochene Brücke abbauten und als Straßenbrücke in Thorn 1930 wiedererrichteten. Wieder ein von der Politik bestimmtes Brückenschicksal!

NEUENBURG

In herausragender Lage am hohen Weichselufer lag in alter Zeit eine pommerellische Burg, die bereits 1266 erwähnt wird. 1282 wurde hier das älteste Franziskanerkloster in Pommerellen gegründet. 1301 erwarb Peter Swenza den Ort, um ihn 1307 vom brandenburgischen Markgrafen zum Lehen zu nehmen. Nach seiner Zerstörung im Jahre 1308 fiel Neuenburg dann 1313 durch Kauf an den Deutschen Ritterorden, der der inzwischen hier entstandenen deutschen Kaufmannssiedlung 1350 eine Handfeste ausstellte.

1466 kam Neuenburg mit Pommerellen unter polnische Herrschaft. Die Reformation breitete sich hier früh aus; da der Inhaber des Starosteiamtes evangelisch wurde, fand sich auch obrigkeitliche Unterstützung. Doch die Klosterkirche wurde den Protestanten bald darauf im 17. Jahrh. weggenommen, erst 1785 konnten sie in den Resten des Ordensschlosses sich wieder ein eigenes Gotteshaus einrichten, da die polnische Herrschaft 1772 zu Ende gegangen war. 1818 wurde Neuenburg dem Kreis Schwetz zugeteilt, bei dem es bis 1975 blieb.

Bemerkenswert in dem kleinen Städtchen sind die Ruine der ab etwa 1350 erbauten Ordensburg, die spätgotische Pfarrkirche aus dem 14. Jahrh. sowie die frühere evangelische Kirche, einst das Gotteshaus des Franziskanerklo-

Die wiederher-
gestellte Ordens-
burg in MEWE

Blick auf
das sogenannte
,,Kleine Schloß"
in MEWE

Poln. Arbeiter
beim Abbruch der
Münsterwalder
Brücke im Jahre
1926

sters, mit einer merkwürdigen Krypta unter dem am Abhang des Weichseltales vorgeschobenen Ostende des Chores.

Neuenburg war im vorigen Jahrhundert eine Handwerkerstadt, vor allem aber war die Möbelherstellung von Bedeutung, so daß es bis 1945 allgemein als „Stadt der Tischler" berühmt wurde. 1910 lebten hier 5152 Bewohner (52,4 % Deutsche), 1943 waren es 5233 Seelen, heute sind es über 8000. – Mit Neuenburg beendeten wir unsere Weichselufer-Fahrt, zumal wir ab Warlieb eine uns bereits von Bütow – Berent – Skurz her bekannte Straße befuhren. Den alten pommerellischen Burgort Schwetz hatten wir auch bereits erlebt (s. S. 98 f.) und so ging es über die Weichsel und weiter über Stolno – Kulmsee zurück nach Thorn.

Literatur:

BERTRAM, H.; LA BAUME, W. und KLOEPPEL, O.: Das Weichsel-Nogat-Delta. Beiträge zur Geschichte seiner landschaftlichen Entwicklung, vorgeschichtlichen Besiedelung und bäuerlichen Haus- und Hofanlage. Danzig 1924

Gemeinde- und Wohnplatzlexikon des Reichsgaues Danzig-Westpreußen. Hrsg. v. Statist. Landesamt Danzig-Westpreußen. 1. Band. Danzig 1944

KEYSER, Erich: Danzigs Geschichte. 2. verbess. u. verm. Aufl. Neudruck der Ausgabe 1928 (Hamburg o. J.)

– Die Baugeschichte der Stadt Danzig. Hrsg. v. Ernst Bahr. Köln Wien 1972 (Ostmitteleuropa in Vergangenheit und Gegenwart, 14)

KORTHALS, Otto: Chronik des Kreises Dirschau. Witten (1969)

LEWALD, Hans: Danzig – so wie es war. Düsseldorf 1974

Die Marienburg. 32 Bilder. Text von Joseph v. Eichendorff. Königstein im Taunus (1955)

MEYER, Hans Bernhard: Danzig in 144 Bildern. 6. verbess. Aufl. Leer (1975)

POPLAWSKI, J.: Populäre Geschichte des Danziger Landkreises. Neudruck der Ausgabe Danzig 1886. (Hamburg) o. J.

RUHNAU, Rüdiger: Danzig. Geschichte einer deutschen Stadt. Würzburg 1971

SCHACHSCHNEIDER, Hans: Stadt Garnsee und Umgebung. Ein Erinnerungsbuch. Herford (1970)

SCHULZ, Werner: 675 Jahre Stadt Mewe an der Weichsel 1297–1972. Düsseldorf 1972

SCHMID, Bernhard: Führer durch das Schloß Marienburg in Preußen. Berlin 1925

Der Kreis Stuhm. Ein westpreußisches Heimatbuch. Hrsg. v. Kreisausschuß des Heimatkreises Stuhm (Osnabrück 1975)

WERNICKE, E.: Marienwerder. Neudruck der Ausgabe 1933. Herford 1968

WOLFRUM, Heinrich: Die Marienburg. Das Haupthaus des Deutschen Ritterordens und seine Geschichte. Leer 1972

ZACHARIAS, Rainer: Neues Marienburger Heimatbuch. Herford (1967)

– Die Marienburg im Wandel der Jahrhunderte. Eine Baugeschichte in Bildern. Festgabe aus Anlaß der 700. Wiederkehr des Gründungstages der Stadt Marienburg am 27. 4. 1976 (Hamburg 1976)

Auf den Spuren des Coppernicus –
Über Elbing ins Ermland

*(Thorn – Elbing – Frauenburg – Braunsberg – Mehlsack – Heilsberg –
Guttstadt – Allenstein, 323 km)*

Der Dom zu Frauenburg (Zeichnung: Dr. Heinz Walsdorff)

Thorn und das Kulmerland hatten wir hinter uns gelassen, Pomesanien mit
seinen Burgen in Marienwerder und Marienburg erlebt und nun ging es über
Königsdorf, Altfelde parallel zur Ostbahn durch das Kleine Marienburger Werder auf Elbing zu. Die weite Niederung, die wir hier durchquerten, war noch bis
zum Ende der Ordenszeit eine riesige Sumpfwildnis. Erst im 16./17. Jahrh.
wurde sie weitgehend besiedelt, vor allem von Mennoniten holländischer Herkunft. Diese Menschen kannten den Kampf mit dem Wasser aus ihrer nieder-
ländischen Heimat, sie verstanden es daher hier, in der Elbinger Niederung
wie schon vorher in der Danziger Niederung, aus Sumpf fruchtbares Land zu
machen und die Gewalt des Wassers zu bannen. Die Möglichkeit dazu gab ihnen die Bürgerschaft der Stadt Elbing, gehörten doch weite Teile dieser
Sumpflandschaft zum Territorium der Stadt, die ihrerseits daran interessiert
war, es zu kultivieren und daher Menschen herbeirief, um diese Aufgaben zu
bewältigen.

167

ELBING

„In Elbing ist alles anders." Diesen im heutigen Westpreußen gängigen Spruch sollten wir noch öfter hören. Warum, merkten wir, als wir in Elbing ankamen. Jawohl, hier ist alles anders — als in Danzig, auf das dabei immer Bezug genommen wird. Und tatsächlich, es kann heute keinen größeren Gegensatz geben, als diese beiden Städte.

Dabei haben sie in Jahrhunderten einen ähnlichen Weg zurückgelegt, sind beide bedeutende Handelsstädte gewesen, die in der Hanse eine führende Rolle spielten — mit der Folge, ein sich ähnelndes, reich entwickeltes Stadtbild zu besitzen, das bürgerlichen Wohlstand, Gewerbefleiß und Kunstsinn gleichermaßen widerspiegelte. Sprach man doch nicht umsonst von Elbing als dem „kleineren Danzig" (was zwar die Elbinger nicht so gern hörten, aber durchaus als Anerkennung gemeint war). Doch mit dieser Herrlichkeit ist es spätestens seit dem Tage 0 in der Elbinger Zeitrechnung, dem 10. Februar 1945, als die Rote Armee die Stadt nach etwa 19tägigen schweren Kämpfen einnahm, endgültig vorbei. Zurück blieb ein riesiges, die menschlichen Sinne geradezu lähmendes Trümmerfeld: Alt- und Neustadt waren zu 100 %, die Gesamtstadt zu etwa 65 % zerstört.

Doch blenden wir zurück. Liegen doch vor diesem einschneidenden Datum 700 Jahre deutschbestimmter Stadtgeschichte und, wenn man so will, eine lange, nur schemenhaft sichtbare Vorgeschichte.

Immerhin erscheint bereits um 890 in einem Bericht des angelsächsischen Seefahrers Wulfstan der Name des „Ilfing"-Flusses, der wohl germanischen Ursprungs ist. Vor allem aber berichtet er von dem großen Handelsplatz Truso, dem „preußischen Haithabu", dessen Name bis heute in der Bezeichnung des Drausen-Sees fortlebt.

1237 erreichte hier der Deutsche Ritterorden, der sich seit 1231 den Weg weichselabwärts gebahnt hatte, das Haff und gründete an diesem von seiner Lage her bevorzugten Ort im altpreußischen Gau Pogesanien eine Burg, in deren unmittelbarer Nähe sich sofort Kaufleute aus Lübeck, die von See her gekommen waren, niederließen. Ihrer Siedlung verlieh der Hochmeister im Jahre 1246 das lübische Stadtrecht. Die junge Stadt entwickelte sich rasch zu einem der bedeutendsten Fernhandelsplätze im Ostseeraum, ihre Bedeutung erhellt auch aus der Tatsache, daß die Elbinger Burg 1251—1309, bis zur Fertigstellung der Marienburg, das Haupthaus des Deutschen Ritterordens im Preußenland gewesen ist. Bereits 1340 wurde eine Neustadt gegründet, die 1347 in einer Handfeste ihr Stadtrecht erhielt.

Im 13jährigen Krieg (1454—66) gehörte die Stadt zu den Gegnern des Ordens, da sie sich wie Danzig und Thorn von ihm in ihren Handelsbestrebungen eingeengt sah. Nationale Gründe hatte das nicht — Elbing war immer eine rein deutsche Stadt — es war vielmehr eine der im Mittelalter in der deutschen

Elbing im Jahre 1652. Kupferstich v. Merian.

Geschichte leider so häufig vorkommenden Auseinandersetzungen, versuchten doch damals viele Städte im Reich, sich von der Bevormundung durch den unmittelbaren Landesherrn freizumachen. Doch gewann dieser Konflikt größere Dimensionen, da sich der polnische König einmischte und viel versprach . . .

Nach dem 2. Thorner Frieden (1466) trat die Stadt unter die Oberhoheit der polnischen Krone und konnte in der Folgezeit, gestützt auf ihr umfangreiches Territorium (Landgebiet), sich eine gewisse Selbständigkeit behaupten. Ende des 16. Jahrh. erlebte das mittlerweile evangelisch gewordene Elbing eine Blütezeit, als englische Kaufleute hier eine Niederlassung begründeten. Der rege Warenaustausch hatte eine reiche bürgerliche Kulturentfaltung zur Folge, die mit dem Ausbruch der schwedisch-polnischen Kriege ein jähes Ende fand. 1626 besetzte der schwedische König Gustav II. Adolf die Stadt und umgab sie mit einem mächtigen Festungsgürtel (wie er schön auf dem Merian-Stich des Jahres 1652 zu erkennen ist; s. S. 159); doch litt sie in den folgenden Kriegen erheblich.

Im Jahre 1701 besetzte Preußen das ihm vom polnischen König verpfändete Elbinger Landgebiet; 1772 fiel Elbing endgültig an Preußen, das die Stadt gegenüber Danzig, das noch bis 1793 unter polnischer Oberhoheit stand, anfangs begünstigte. Im 19. Jahrh. entwickelte sich Elbing − besonders nach der Gründung der Schichau-Werke (1837) − zu einer bedeutenden Industriestadt und wuchs allmählich zur zweitgrößten Stadt Westpreußens heran, die 1910 bereits 58 636 Einwohner zählte. 99,5 % dieser Bewohner waren Deutsche, ähnlich waren die Verhältnisse im umliegenden Landkreis (99,9 % Deutsche). Daher wurde das Elbinger Gebiet 1920 auch nicht in das westpreußische Abstimmungsgebiet einbezogen, sondern blieb unangefochten beim Reich.

In jenem Jahre kam die Stadt zusammen mit dem östlichen, deutschgebliebenen Rest Westpreußens zu Ostpreußen und erlebte noch 20 Jahre einer − wenn auch schwieriger gewordenen − fortschreitenden Entwicklung, die die Stadt fast zur Großstadt heranwachsen ließ (1943: 9737 Einwohner), bis hin zu jenen bitteren Februartagen des Jahres 1945.

Schon sehr früh übernahmen die Polen die Stadt in ihre Verwaltung: Sie wurde lange vor dem Potsdamer Abkommen (August 1945) der am 30. März 1945 errichteten „Wojewodschaft Danzig" unterstellt, doch gegenüber dieser Stadt bis heute deutlich im Wiederaufbau benachteiligt. Über 15 Jahre blieben die Trümmerberge in der Innenstadt liegen, noch 1971 fuhr die Straßenbahn unter dem Markttor hindurch über den Alten Markt durch das tote Herz der Stadt. Da dieses Herz bis heute nicht zum Leben erweckt werden konnte, hat man die Straßenbahn einfach herausgenommen.

Das heutige Elbing wirkt deprimierend. Verlassen steht die seit langem wiederaufgebaute, in Turm und Dach aber veränderte Nikolaikirche in der weithin

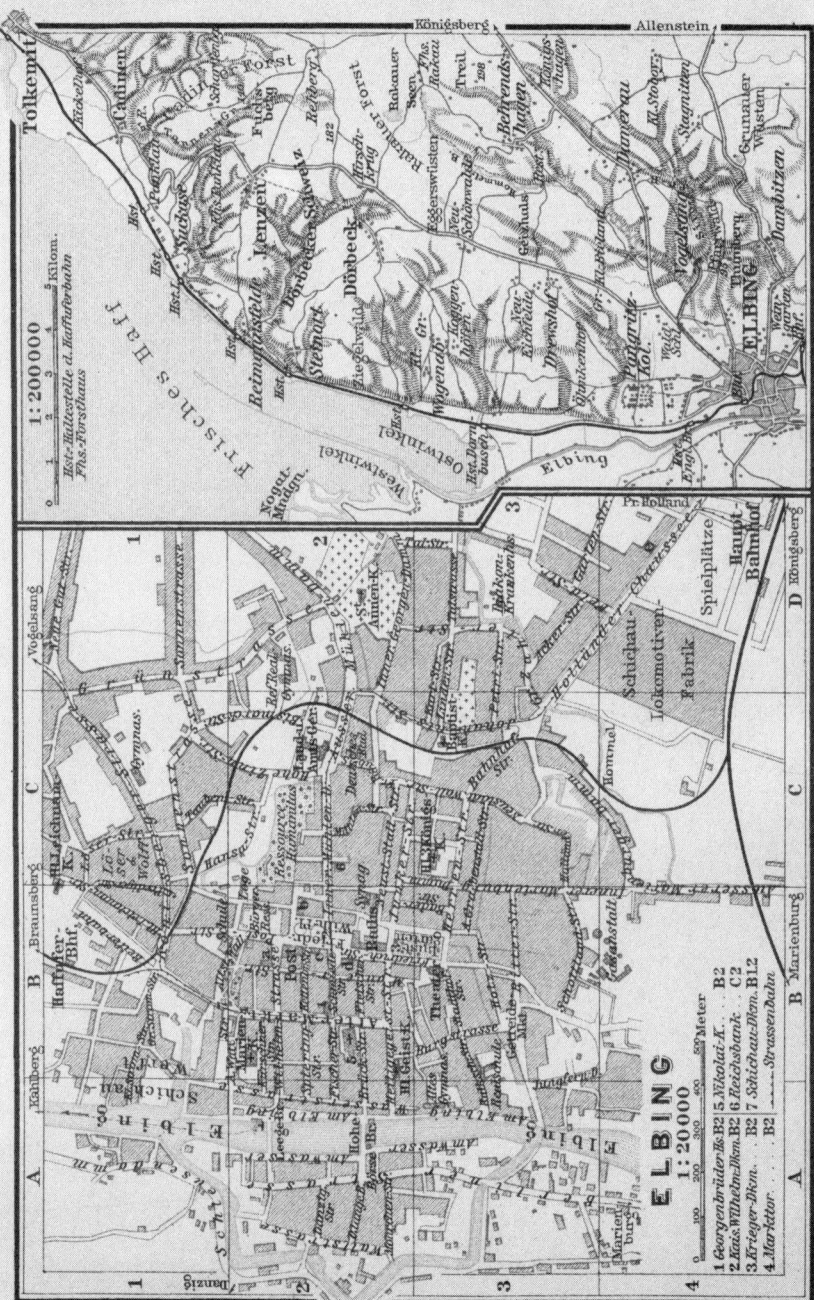

Die wiederaufgebaute Häuserzeile in der Heilig-Geist-Str. in ELBING (oben). Die ebenfalls rekonstruierten Häuser Nr. 17 und 18 in der Brückstr. (unten links) dienen heute als Pfarramt der St. Nikolai-Kirche (unten rechts).

kahlen Altstadt. In ihrer unmittelbaren Nähe ist eine Häuserzeile im Zuge der Heilig-Geist-Str. unter Anlehnung an alte Formen wiederaufgebaut worden, doch wenn man unmittelbar davor steht, sieht man die Lieblosigkeit und mangelnde Sorgfalt – nicht nur wegen des fehlenden Putzes. „In Elbing ist eben alles anders!"

Auch in der Brückstraße sind zwei Häuser wiederaufgebaut worden (Nr. 17 und 18), ihre Wiederherstellung ist aber mit größerer Sorgfalt geschehen, als bei den Gebäuden der Heilig-Geist-Straße; sie dienen heute als Pfarramt der Nikolaikirche. Aus der schwer angeschlagenen früheren evangelischen Hauptkirche St. Marien wurde nach ihrer Wiederherstellung eine Kunstgalerie. Auch das Heilig-Geist-Hospital befindet sich im Wiederaufbau. Das Markttor hat heute ein einfaches Spitzdach anstelle seiner früheren Bekrönung mit barocker Laterne und Umgang erhalten, doch steht es heute einsam in einer kahlen Umgebung. Am deutlichsten werden die Veränderungen sichtbar, wenn man auf der Westseite des Elbing-Flusses, vom Lübecker Ufer auf das gegenüberliegende Hermann-Balk-Ufer schaut . . . Nichts als gähnende Leere, vergangen sind sie, die schönen, hohen, schmalbrüstigen Giebelhäuser aus Elbings großen Tagen.

Doch ist es nicht so, daß in Elbing nicht gebaut würde. Neue Wohnblocks sind an mehreren Stellen entstanden, so an der Neuegutstraße, an der jetzt ausgebauten Horst-Wessel-Straße u. a. Da die Reste des im Kriege zerstörten Elbinger Rathauses bald nach 1945 beseitigt wurden, mußte sich die neue polnische Stadtverwaltung ein anderes Domizil suchen: Sie fand es in der Heinrich von Plauen-Schule.

Generell kann festgestellt werden, daß erst zu Beginn der 70er Jahre etwas Bewegung in die Lethargie kam, die das städtische Leben nach 1945 auszeichnete. 1974 wurde die Stadt Sitz einer Filiale der Danziger Technischen Hochschule, 1975 wurde sogar eine Bezirksverwaltung für die neugebildete Wojewodschaft Elbing eingerichtet, die von der Weichsel im Westen bis Wormditt – Preuß. Holland – Rosenberg/Wpr. im Osten reicht und somit Pomesanien, das Große Werder und das nördliche Ermland umfaßt.

Die Einwohnerzahl Elbings hat mit 102 700 (1977) mittlerweile die Großstadtgrenze überschritten und dürfte jetzt 110 000 erreicht haben, der Umfang des Stadtgebiets blieb nahezu unverändert. –

Auf der Königsberger Str. ging es dann aus Elbing heraus auf die Elbinger Höhe hinauf. Damerau und Königshagen wurden durchfahren und bei Trunz war der Scheitelpunkt dieser großen, stark bewaldeten Diluvialhochfläche erreicht – 197 m! Nach Haselau und Hütte ging es wieder bergab auf der alten Reichsstraße 1 und nach Neukirch Höhe war das Ermland erreicht, die alte bischöfliche Landschaft, die wie ein Keil ins übrige Ostpreußen hineinreicht. Von links blinkte die weite Wasserfläche des Frischen Haffs herüber und vor uns erschien der Dom zu Frauenburg.

Daten zur Geschichte Ostpreußens

Seit dem Altertum ist in Ostpreußen das zum *baltischen* Zweig der Indogermanen gehörige Volk der *Prußen* (veraltet: Pruzzen) ansässig

um 180 n. Chr.   erwähnt Ptolemäus die prußischen Stämme der *Galinder* und *Sudauer* namentlich

997   wird *Adalbert v. Prag* bei seinem Versuch, die noch heidnischen Prußen zu christianisieren, von diesen im Samland erschlagen

1226   ruft Herzog Konrad von Masowien den *Deutschen Ritterorden* gegen die ihn hart bedrängenden heidnischen Prußen zu Hilfe

1239   errichtet der Orden in *Balga* die älteste Burganlage und deutsche Siedlung in Ostpreußen

1243   werden durch Entscheidung des päpstlichen Legaten Wilhelm v. Modena im späteren Ostpreußen die Bistümer *Ermland* (mit Sitz in Frauenburg) und *Samland* (mit Sitz in Fischhausen) gebildet, die 1245 dem Erzbischof von Riga unterstellt werden

1255   wird am unteren Pregel bei der prußischen Fliehburg Tuwangste eine Ordensburg errichtet, die den Namen *Königsberg* erhält

1262–1283   großer Aufstand der Prußen, der nur mühsam niedergeworfen wird

1351–1382   Regierungszeit des Hochmeisters *Winrich v. Kniprode*; Höhepunkt der ordensstaatlichen Entwicklung, Gründung zahlreicher deutscher Dörfer und Städte

1410   *Schlacht von Tannenberg*: Der Orden unterliegt einem Heer der vereinigten Polen, Litauer und Tataren

1422   werden im *Frieden am Melnosee* die Grenzen des Ordensstaates so festgelegt, wie sie in Ostpreußen bis 1920 bzw. 1945 bestanden haben

1454–1466   Im *13jährigen Krieg* muß sich der Orden gegen die Städte und die kulmerländische Ritterschaft wehren

1466   wird das *Fürstbistum Ermland* im 2. Thorner Frieden der Oberhoheit der poln. Krone unterstellt

1478–79   Ermländischer Bischofsstreit oder ,,Pfaffenkrieg'': Der Versuch des poln. Königs, einen Polen auf den Bischofsstuhl zu bringen, scheitert

1497   wird *Nikolaus Coppernicus* Domherr in Frauenburg. In seinem langen Wirken für das Bistum Ermland ist er v. a. um die Schaffung einer einheitlichen Münze für beide Teile Preußens bemüht, kümmert sich um den Wiederaufbau der im Reiterkrieg zerstörten Landesteile; Ergebnis seiner astronomischen Beobachtungen ist die Erkenntnis der Drehung der Erde um die Sonne

1520–1521   werden im sog. *Reiterkrieg* Braunsberg und Frauenburg vom Orden besetzt, große Teile des Ermlandes werden verwüstet

1525   wandelt der Hochmeister Albrecht v. Brandenburg-Ansbach den preußischen Teil des Ordensstaates auf Anraten Luthers in ein *weltliches Herzogtum* um und nimmt den Herzogtitel an; zugleich Einführung der *Reformation* im nunmehrigen ,,Herzogtum Preußen''

1544   Gründung der *Universität* Königsberg

1551–1579   Bischof *Stanislaus Kardinal Hosius (Hose)* führt im Ermland und in Polen die *Gegenreformation* durch

1565	Gründung des *Jesuitenkollegs* in Braunsberg
1618	fällt das Herzogtum Preußen durch Erbfall an die Kurfürsten von Brandenburg: *Geburtsstunde des brandenburg-preußischen Staates (Preußen)*
1656−57	Einfall der Tataren während des 2. Schwed.-poln. Krieges
1660	erringt der brandenburg. Große Kurfürst als Herzog von Preußen die *Souveränität* (Beendigung der polnischen Lehnshoheit)
1701	Kurfürst Friedrich III. läßt sich in Königsberg zum „König *in* Preußen" (als Friedrich I.) krönen
1708−1710	wütet während des Nordischen Krieges die *Pest* in Ostpreußen, besonders der Nordosten des Landes wird nahezu entvölkert
ab 1722	werden im Zuge der sog. *Retablissements* v. a. im nördl. Ostpreußen zahlreiche neue Siedler (ab 1732 besonders *Salzburger*) angesetzt
1725	Gumbinnen erhält Stadtrechte
1758−1762	ist Ostpreußen während des 7jährigen Krieges von *russischen Truppen* besetzt
1772	fällt das Fürstbistum Ermland durch die 1. poln. Teilung an Preußen zurück
1773	Festsetzung der Bezeichnungen Ostpreußen bzw. Westpreußen
1807	verliert Preußen im *Frieden von Tilsit* fast die Hälfte seines Staatsgebietes; Ostpreußen ist für mehrere Jahre Kernland des preußischen Staates
1812/1813	von Ostpreußen aus beginnen die *Befreiungskriege* gegen Napoleon
1815	wird die *Provinz Ostpreußen* im eigentlichen Sinne gebildet (1829−1878 mit Westpreußen zur *Provinz Preußen* vereint)
1852−1853	Bau der *Ostbahn* Marienburg − Königsberg; Braunsberg erhält dadurch als erste Stadt Ostpreußens Eisenbahnanschluß
1867−1871	Ostpreußen wird Teil des Norddeutschen Bundes bzw. des neubegründeten Deutschen Reiches
1905	Errichtung des neuen Reg.-Bez. Allenstein aus den südlichen Kreisen der Bezirke Königsberg und Gumbinnen
1920	werden aufgrund des Versailler Vertrages das *Memelland* (1923 von Litauen besetzt) und das *Soldauer Gebiet* (zu Polen) ohne Befragung der Bevölkerung von Ostpreußen abgetrennt (zus. 3158 qkm mit 1910: 166 000 Einw.); in Masuren und im südl. Ermland findet eine Volksabstimmung statt (98,7 % für Deutschland), die diese Gebiete beim Reich beläßt. Durch die Abtretung des *Poln. Korridors* wird Ostpreußen vom Reich *räumlich getrennt*, erhält jedoch die Gebiete von Elbing − Marienwerder
1939 (23.3.)	Rückgliederung des Memellandes
1944/45	*Flucht* und *Vertreibung* der deutschen Bevölkerung Ostpreußens während der Eroberung des Landes durch die Rote Armee; *schwere Zerstörungen.* Durch das Potsdamer Abkommen wird Ostpreußen geteilt: Der Norden mit Königsberg (13 506 qkm mit 1939 1,166 Mill. Einw.) kommt unter *sowjetische,* der Süden mit Allenstein unter *polnische Verwaltung* (23 489 qkm, 1939 1,323 Mill. Einw.); Ostpreußen als deutsches Land und Verwaltungseinheit wird von den Siegermächten ausgelöscht.

FRAUENBURG

Wahrscheinlich an der Stelle einer prußischen Fluchtburg begann um 1270 das 1260 im nahen Braunsberg gegründete ermländische Domkapitel mit dem Bau einer Anlage, die Bischofskirche, Domkurien und Wehrburg in einem war: einer Domburg. Dieser als Castrum Dominae Nostrae, zu deutsch Frauenburg bezeichnete Gebäudekomplex war fortan bis 1945 der offizielle Sitz des Bischofs von Ermland und seines Domkapitels.

Die beherrschende Lage über der gleichnamigen, 1310 vom Bischof Eberhard von Neiße mit lübischem Recht bewidmeten Stadt und dem Haff macht den Frauenburger Dom mit seiner Umgebung zu einem der bedeutendsten Baudenkmäler des deutschen Ostens. Er war zudem Wirkungsstätte bedeutender Bischöfe und Geistlicher, vor allem aber des Domherrn und Astronomen Nikolaus Coppernicus. Der jetzige Dom zur Himmelfahrt Mariae, das bedeutendste kirchliche Bauwerk Ostpreußens, wurde 1329 durch Bischof Heinrich Wogenapp begonnen. Die Chorweihe erfolgte bereits unter seinem Nachfolger Hermann von Prag (1338–49), danach wurde mit dem Langhaus begonnen und 1388 konnte der großartige Kirchenbau vollendet werden.

Der Dom ist das hervorragendste Beispiel der sog. *Ermländischen Schule,* die einen starken Zisterziensereinfluß aufweist und in fester, charaktervoller Weise den Typus der dreischiffigen, zumeist chorlosen Hallenkirche ausformte.

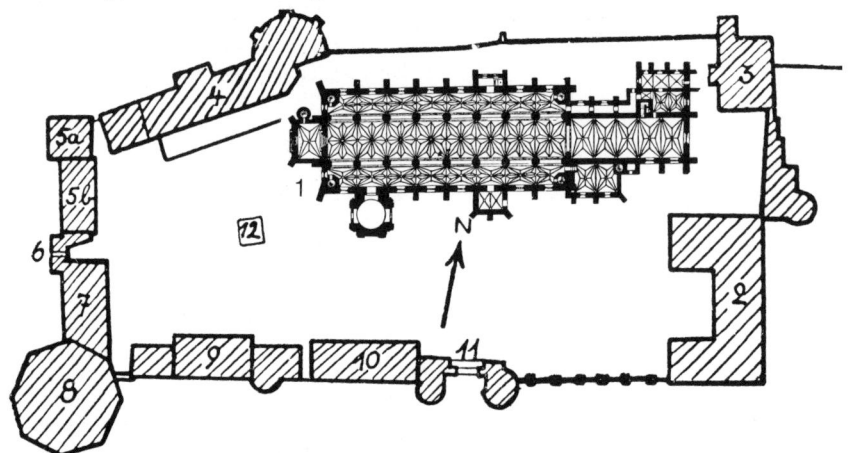

Die Dombefestigung in Frauenburg (n. Dehio/Gall)
1, Dom, 2 Altes bischöfliches Palais, 3 Kapitelgebäude, 4 Kustodieturm und Domherrnkurie, 5a Kopernikusturm, 5b Kopernikusmuseum (Neubau 1840), 6 Nebentorbau, 7 Vikarienwohnungen, 8 Bergfried (Gr. Glockenturm), 9 Ehem. Domherrnkurie, 10 Vikariengebäude, 11 Haupttorbau, 12 Brunnen.

Gesamtansicht
des Domes
von Südwesten

FRAUENBURG

Das
Mittelschiff
des Domes
mit Blick
zum Chor

Blick vom
Glockenturm
auf das
Stadtzentrum

Die betont ernste Grundhaltung und Geschlossenheit der Gesamterscheinung des Frauenburger Domes, das „Pathos des Verzichts", wie es einmal genannt worden ist, wurde wohl gleich zu Beginn des Baues festgelegt und auch durchgehalten. Nicht im Widerspruch dazu stehen die beiden Giebel: der ältere Ostgiebel, den Kirchen St. Johann in Thorn und St. Marien in Elbing verwandt, und vor allem der jüngere Westgiebel, der infolge des fehlenden Turmes (Zisterziensereinfluß!) eine überaus prachtvolle Ausgestaltung erhielt. Von der einst reichen gotischen Innenausstattung, die im 17. Jahrh. einer barocken Neugestaltung weichen mußte, ist vor allem der ehemalige Hochaltar erhalten geblieben, eine Thorner Arbeit aus dem Jahre 1504; ferner an der Südwestwand des Chores ein wertvolles Rundgemälde aus dem Anfang des 15. Jahrh.

Die übrige Innenausstattung atmet zumeist den Geist des Barock, der sich auch hier im Ermland, wie überall dort, wo die Gegenreformation zur Wirkung kam, voll entfalten konnte. Neben dem Hochaltar, der um 1750 vollendet wurde, fallen die vielen Nebenaltäre ins Auge, auch sie sind fast alle im 17./18. Jahrh. entstanden. Einer von ihnen war einstmals (in seiner gotischen Vorläuferform) der Altar des Frauenburger Domherrn Nikolaus Coppernicus, der hier wirkte und auch im Dom begraben ist (die Lage seiner letzten Ruhestätte ist nicht mehr bekannt). Erwähnt seien noch das prachtvolle Chorgestühl (um 1740) sowie die Kanzel (1785) und die zahlreichen Seitenkapellen und Bischofsgräber (z. T. als Grabplatten im Fußboden).

Es ist schier unmöglich, an dieser Stelle weitere kunstgeschichtliche Einzelheiten zu beschreiben. Man muß sich schon vom Ort selbst gefangennehmen lassen, von der Erhabenheit und Würde dieser Bischofskirche, von der Schwere des Barock und der Strenge der Ordensgotik, der Last der Geschichte und nicht zuletzt durch die einmalige Lage . . . Wenn dann noch die Klänge der prachtvollen, aus den Jahren 1683−85 stammenden Orgel zu vernehmen sind und Johann Sebastian Bachs berühmtes Praeludium und Fuge in d-moll den weiten Raum ausfüllt − ist man in einer anderen Welt. Wir durften das erleben, geführt von einem von der Weisheit des hohen Alters abgeklärten Priester, der mit seinem unverkennbar ostpreußisch gefärbten Deutsch noch bis in die Zeit vor 1945 zurückragte. Welch eine zeitentrückte Welt, wie sie sicher in unserer so hektischen Gegenwart wohl nur im Bereich der Kirche zu spüren ist. Und draußen machte der altpreußische Donnergott Perkunas von sich reden: Ein mächtiges Gewitter mit heftigem Sturzregen ließ über der historischen Stätte ein eigenartiges, fast drohendes Farbenspiel aufkommen. Es war, als kämpften noch einmal die altheidnischen Gewalten gegen den Gott der Christen − wohl niemand, der sich dieser Szene entziehen konnte . . . Nachdenklich verließen wir diesen heiligen Ort der Entrückung und schaukelten die folgenden 10 Kilometer gedankenverloren in die Gegenwart zurück, nach Braunsberg.

BRAUNSBERG

Etwa 6 km vor der Mündung der Passarge in das Frische Haff liegt Braunsberg, dessen Name von „Brusebergue" = Prußenberg, Prußensiedlung her-
zuleiten sein soll. Um 1240 errichtete hier der Orden bei der Eroberung des
prußischen Gaues Warmien eine Burg, der er den Namen Brunsberg gab, die
aber schon 1242 von den Prußen zerstört wurde. Doch wenig später siedelten
sich hier Kaufleute aus Lübeck an, deren Gemeinwesen der erste ermländische Bischof Anselm 1254 das lübische Stadtrecht verlieh. Die junge Stadt
war als Hauptstadt des Ermlandes vorgesehen, Bischof und Domkapitel nahmen hier ihren Sitz. Doch der zweite große Prußenaufstand vernichtete diese
Anfänge, das Bistum Ermland erhielt fortan in Frauenburg seinen Mittelpunkt.
Nach der Niederwerfung des Aufstandes erfolgte eine Neugründung Brauns-
bergs, etwas weiter passargeaufwärts. 1284 erhielt diese Siedlung ihre Handfeste. 1342 war die Stadt schon zu klein geworden, so daß der Bau einer Neustadt auf dem rechten Passargeufer notwendig wurde.
Im Mittelalter war Braunsberg Mitglied der Hanse, Dank eines weitgespann-
ten Fernhandels nach den nordischen Ländern und nach England. Als einziger Fernhandelsplatz des Ermlandes besaß es das Stapelrecht für dessen Er-

Die Ruine der St. Katharinen-Kirche in Braunsberg

Braunsberg im Jahre 1684 (Kupferstich, n. Hartknoch)

zeugnisse. Später verlagerte sich der Handel nach Danzig, Elbing und Königsberg, vor allem nach dem Bau der Ostbahn (1853), Braunsberg war aber seit 1816 eine der vier Kreisstädte des Ermlandes und blieb Garnisonsstadt. Unbestritten war aber seit jeher seine geistige Führungsstellung im Ermland, vor allem durch seine Schulen: Da sind vor allem das nach 1565 von Stanislaus Kardinal Hosius als Jesuitenkolleg gegründete Lyceum Hosianum (zuletzt Staatl. Akademie, eine Philosoph.-theolog. Hochschule) und das Staatl. Gymnasium zu nennen.

Die Stadt ist viel in ihrer Geschichte von Kriegen heimgesucht worden; in den sog. ,,Schwedenkriegen", die Polen mit dieser Ostseemacht im 17. Jahrhundert führte, war es 1626—1636 von Gustav Adolf besetzt (dabei verschleppten die Schweden die wertvolle Bibliothek des Jesuitenkollegs, sie befindet sich heute größtenteils in der Universität zu Uppsala), nach 1654 unterstand die Stadt einige Jahre preußischer Hoheit, bis sie endgültig 1772 zusammen mit dem Ermland nach über 300jähriger polnischer Oberhoheit an Preußen fiel. Doch der letzte Krieg schlug Braunsberg die schwersten Wunden: Mit einem Zerstörungsgrad von 90 % ist es die am meisten von der Kriegsfurie heimgesuchte Stadt im südlichen Ostpreußen. Das stattliche Rathaus mit seinem hohen Barockturm hat ebenso wie die Häuser am Markt das Inferno von 1945 nicht überdauert, auch die einst so eindrucksvolle, in den strengen Formen der Ordensgotik gehaltene St. Katharinen-Kirche mit ihrem hohen, weithin sichtbaren wuchtigen Turm ist nicht mehr: Traurig ragen heute ihre Ruinen in den Himmel und klagen die Menschen ob ihres Vernichtungswerkes an. Sie soll zwar wiederhergestellt werden, aber ihr Vorhandensein und die trostlose Leere der Innenstadt zeigen an, wie Braunsberg nach 1945 an den Rand der zivilisierten Welt geraten ist: Nur 9 km von der hermetisch abgeriegelten polnisch-sowjetischen Demarkationslinie entfernt, liegt es im ,,Polnischen Sibirien", wie ein Pole ironisch-bitter die heutige Situation kennzeichnete. Wiederaufbau und Ansiedlung von Polen kamen nach dem Kriege hier besonders langsam voran, heute leben hier erst wieder rd. 13 500 Bewohner, gegenüber 21 142 Deutschen im Jahre 1939.

Knapp östlich von Braunsberg überquerten wir die Ostbahn und die kurz vor dem Krieg einspurig fertiggestellte Reichsautobahn Elbing—Königsberg, zwei einst so wichtige Verkehrsstränge, die heute im Norden nach Nirgendwo führen — abgeschnitten und tot. Ein makabres Bild, auf dem Grünstreifen der Autobahn weidende Kühe zu erblicken und das Gras zwischen den zerborstenen Betonplatten emporsprießen zu sehen! Kaum zu glauben, daß es in der Bundesrepublik Deutschland Autobahnabschnitte gibt, die täglich von über 100 000 Kraftfahrzeugen passiert werden, hier ist die durchschnittliche Tagesfrequenz 0! Voller Wehmut schweifen die Gedanken nach Norden, zum nahen, aber doch unerreichbaren Heiligenbeil, nach Balga, wo noch immer die einsame Ruine der Ordensburg auf die stillen Wasser des Frischen Haffs schaut – seit 1945 aber auch um die Tragödie des Untergangs des Heiligenbeiler Kessels weiß, und nach Königsberg, der Hauptstadt Ostpreußens, das heute wie keine andere Großstadt Europas verfremdet, ja in Ihrer geschichtlichen Identität ausgelöscht ist. Vae victis!

MEHLSACK

An der Stelle einer alten, erstmals 1282 erwähnten Prußenfeste namens Malcekuke entstand ab etwa 1295 eine städtische Siedlung, die vom Domkapitel des Ermlandes 1312 ihre Handfeste zu kulmischem Recht (Stadtrecht) erhielt. Die Neubürger kamen aus dem niederdeutschen Bereich, ihre niederdeutsche Mundart, das sog. „Käslauische" hielt sich bis 1945. In späteren Jahren litt die Stadt viel unter Bränden und Kriegsereignissen, so im Hungerkrieg 1414, im Reiterkrieg 1520 und in den Schwedenkriegen des 17. Jahrhunderts. Im Dreizehnjährigen Krieg (1454–66), den der Orden gegen den aufständischen Preußischen Bund und Polen führen mußte, stand Mehlsack als einzige bischöflich-ermländische Stadt auf der Seite der Ordensgegner.
In der Nordostecke der Altstadt hatte das ermländische Domkapitel im 14. Jahrhundert ein festes Haus errichtet, von dem aber in der Folgezeit nur zwei der geplanten vier Flügel aufgeführt wurden; im 17. Jahrhundert erhielt es seine bis 1945 gültige Gestalt. Amtsgericht und Heimatmuseum hatten hier früher ihre Bleibe, heute ist es eine verfallene Ruine. Die alte gotische Hallenkirche von 1350 war 1893 bereits baufällig und wurde damals abgebrochen, die neugotische Nachfolgerin mit ihrem 60 m hohen, weithin sichtbaren Turm ist erhalten geblieben. Ansonsten aber haben die heftigen Kämpfe um den sog. „Heiligenbeiler Kessel" im Januar 1945 vom Stadtzentrum nicht viel übriggelassen. Verschwunden sind die hübschen Häuser des Marktplatzes, freie Flächen gähnen heute in der Stadt-„Mitte". In der Vorstadt dominieren heute Neubauten für die Arbeiter in den neuerrichteten landwirtschaftlichen Industriebetrieben, eine riesige Siloanlage ist äußeres Merkmal für diesen Funktionswandel des einstigen Ackerbürgerstädtchens. 1939 lebten hier 4393 Menschen, heute sind es kaum wieder 2000! Die unmittelbare Nähe der „Grenze" zum großen sozialistischen Bruder zeigt auch hier ihre lähmende Wirkung.
Weiter ging es nach Osten auf der früheren Reichsstraße 142 ins Ermland hinein, über Sonnwalde und Lichtenau, nach Eschenau über die alte Heilsberger Kreisgrenze durch Frauendorf nach Raunau.

RAUNAU (KR. HEILSBERG)

Raunau ist ein altes Kirchdorf, das schon 1359 seine Handfeste erhielt. Beherrschend, von alten Bäumen umringt, ist die stattliche Dorfkirche, ein chorloser Backsteinbau aus dem 15. Jahrhundert auf einem Feldsockel. 1852 wurde sie nach Osten durch einen Anbau erweitert. Der Turm ist ebenfalls aus Ziegeln, auf einem hohen Sockel von Feldsteinen errichtet, anstelle eines Turmhelms wird er nach Ordensmanier von einem Treppengiebel gekrönt. Der Hochaltar war einst für die katholische Kirche in Königsberg gearbeitet worden. Der Friedhof rund um die Kirche ist eingeebnet worden, nur vereinzelt ragt aus dem hohen Gras noch ein verrostetes Grabkreuz. Beim früheren Dorfgasthof schimmert unter der grauen Tünche noch die alte deutsche Inschrift durch, offensichtlich kann die gegenwärtige Qualität „made in Poland" nicht mit der Wertarbeit von einst konkurrieren. Es ist hingegen nicht nur die bessere Farbe, die überall hindurchschimmert, die Vergangenheit läßt sich nicht verleugnen.

Nach Reimerswalde und Lawden erreichte die Straße das Tal der Alle und nicht weit vor uns sahen wir Heilsberg liegen.

HEILSBERG

Die Stadt ist nach Braunsberg und Frauenburg die dritte der ermländischen Hauptstädte, nimmt man die Dauer ihrer Hauptstadtfunktion, so ist sie die bedeutendste unter den vier Hauptorten (mit Allenstein). 1315−21 und 1350−1795 ständige, bis 1836 gelegentliche Residenz der Fürstbischöfe von Ermland, war Heilsberg für Jahrhunderte das geistliche Zentrum dieses bischöflichen Kleinstaates.

Schon um 1241 hatte hier der Orden anstelle einer Prußenburg eine Wehranlage errichtet, die ebenso wie die vom ersten ermländischen Bischof Anselm wenig vor 1260 erbaute Burg an die Prußen bei deren großem Aufstand verlorenging. Erst nach der Niederwerfung dieser Erhebung entstand die Siedlung neu; Bischof Eberhard von Neiße stellte ihr 1308 eine Handfeste aus (Stadtrecht) und berief zahlreiche Siedler aus seiner schlesischen Heimat hierher. Weitere Neubürger von dort folgten in den nächsten Jahrzehnten, auch die ländliche Besiedlung der Umgebung griff auf Menschen aus Schlesien zurück. Sie brachten heimische Bauformen mit, typisch für ihre Siedlungweise war die Anlage von Laubenhäusern am Marktplatz, wie sie in Schlesien die Regel sind; in Heilsberg wiesen bis 1945 noch drei Seiten des Marktplatzes die Markt- und Gerichtslauben, wie sie auch genannt wurden, auf. Die Stadt zeigt ansonsten die typische Regelform der deutschen Ostsiedlung mit gitterförmigem, regelmäßigem Straßennetz; doch war das mittelalterliche Rathaus auf dem Markt seit dem Brande von 1865 nicht mehr vorhanden.

Die mächtige, auch vor 1945 schon katholische St. Peter- und Pauls-Kirche entstand wohl nach 1359, der Turm später (der barocke Helm nach 1701). Die einstige evangelische, doppeltürmige Kirche vor dem mächtigen, erhaltengebliebenen Hohen Tor blieb ebenfalls bestehen. Dieser holzverschalte, 1823

Die Innenstadt zeigt noch viele Baulücken. Im Hintergrund die Burg.

HEILSBERG

Blick zum Hohen Tor (Feldseite)

Die bischöf- liche Burg

vom preußischen König Friedrich Wilhelm III. gestiftete Fachwerkbau dient heute griechisch-unierten Ukrainern als Gotteshaus. Ansonsten hat der Krieg im Stadtzentrum nicht viel übriggelassen, 40 % der Bausubstanz wurden zerstört, nur 9 Laubenhäuser blieben am Markt erhalten. Moderne, lange Wohnblöcke prägen heute das Stadtbild.

Heilsberg wäre nicht Heilsberg, wenn das Schloß nicht wäre. Noch immer über der Stadt mächtig aufragend, ist es das nach der Marienburg besterhaltene im Ordenslande. Der Bau wurde wohl schon durch Bischof Eberhard von Neiße begonnen, ab 1350 aber in Backstein weitergeführt und im wesentlichen um 1400 vollendet. Die mächtigen Mauern trotzten fortan erfolgreich den sie belagernden Feinden und boten den hier residierenden ermländischen Bischöfen Schutz. Nur im Nordischen Kriege konnten sich die Schweden hier 1703–04 festsetzen, zahlreiche Kunstschätze und eine bedeutende Bibliothek fanden damals den Weg in das nordische Reich. Auch der berühmte Astronom Nikolaus Coppernicus lebte hier von 1504–10 als Leibarzt, Berater und Reisebegleiter seines fürstbischöflichen Onkels Lukas Watzenrode, er arbeitete hier wohl auch an seinem epochemachenden Werk ,,De revolutionibus orbium coelestium". Das etwa 40 × 40 cm im Quadrat messende Schloß ist ein eindrucksvoller Backsteinbau mit einem achteckigen Bergfried an der Nordostecke, die anderen drei Ecken werden von zierlichen, kleineren Türmchen gekrönt. Der Innenhof mit seinem doppelten Laubengang ähnelt dem der Marienburg.

Grundriß der bischöflichen Burg in Heilsberg (n. Dehio/Gall)

Nach langen Jahren des Verfalls (es war seit 1795 nicht mehr Bischofsresidenz) beherbergte es 1859–1932 ein Waisenhaus. Doch seit 1927 stellte eine umfassende Renovierung den stolzen Bau wieder her und bot dem ermländischen Heimatmuseum eine würdige Heimstatt. Nach Beseitigung der Kriegsschäden dient das Schloß heute dem gleichen Zweck, allerdings als „Masurisches Museum".

Die Stadt Heilsberg wurde nach dem 1. Weltkrieg weithin bekannt durch die im Versailler Vertrag vorgeschriebene Errichtung des „Heilsberger Dreiecks", eines kleinen Bezirks zwischen Königsberg, Sensburg und Marienburg, der als einziges Gebiet Ostpreußens nicht unter das Gebot der Entmilitarisierung fiel. 1935 erhielt die Stadt wieder eine Garnison, nachdem schon 1930 aufgrund ihrer zentralen Lage in Ostpreußen der große „Sender Heilsberg", d. h. die Sendeanlage des Reichssenders Königsberg errichtet worden war. Die Einwohnerzahl stieg dementsprechend recht stark an und erreichte 1939 11 787 Seelen; 14 100 Bewohner leben heute hier.

Die Mundart der deutschen Bevölkerung des Heilsberger Landes war bis 1945 das sog. „Breslauische", ein dem Schlesischen verwandter Dialekt, der das ganze südwestliche Ostpreußen etwa südlich der Linie Heilsberg-Heinrikau (südl. Mehlsack) – Mühlhausen – Elbing – Marienburg – Freystadt/Westpr. umfaßte und auf die schlesische Einwanderung im Mittelalter zurückging; im Osten reichte diese auch als „Hochpreußisch" bezeichnete Mundart noch in den Kreis Rößel hinein, im Süden bis Allenstein.

GUTTSTADT

Civitas bona = Guthinstat nannten die ersten Ansiedler den neuentstandenen, schon 1325 erwähnten, vom ermländischen Bischof Eberhard von Neiße gegründeten Ort. Er erhielt bereits 1329 das kulmische Stadtrecht und wurde an der Stelle einer alten prußischen Fliehburg auf einer Insel in der Alle angelegt. Auch in diesem Fall kamen die Neubürger aus Schlesien, das schon genannte „Breslauische" wurde in dieser Stadt ebenfalls bis 1945 gesprochen. Der Stadtgrundriß folgt dem im Ordenslande üblichen Schema: Rechteck mit Straßennetz in Gitterform. Von der Stadtbefestigung waren nur noch geringe Reste (Mühlentor, Storchenturm) erhalten, auch das alte Rathaus auf dem Marktplatz hatte den Brand von 1932 nicht überdauert.

Das Auffallendste an Guttstadt ist gestern wie heute sein „Dom". Da das 1341 in Pettelkau bei Braunsberg gegründete und 1343–57 in Glottau befindliche Kollegiatstift „Zum Heiligen Erlöser und allen Heiligen" damals hierher verlegt wurde, errichtete man in der zweiten Hälfte des 14. Jahrh. eine besonders große Pfarrkirche in Guttstadt, sie übertrifft alle anderen ermländischen Pfarrkirchen an Größe (chorlose, dreischiffige Hallenkirche in den Formen der

Der Dom zu Guttstadt

Backsteingotik, mit einem hohen, weithin sichtbaren Turm). Die angrenzenden Gebäude des (1810 aufgehobenen) Stiftes dienten bis 1626 dem bischöflichen Kammeramtsverwalter als Amts- und Wohnsitz. Mit rd. 10 % evangelischen Einwohnern wies Guttstadt vor dem Kriege eine stattliche protestantische Minderheit im ansonsten rein katholischen Ermland auf. In der Nähe der Stadt liegen zwei einst berühmte Wallfahrtskirchen: Glottau und Schönwiese. Wie schon in vielen Kriegen zuvor, wurde Guttstadt auch 1945 erheblich zerstört: 65 % der Gebäude fielen der Vernichtung anheim, darunter der größte Teil der Innenstadt sowie die evangelische Kirche. Wiederhergestellt wurde die Domkirche, die nun wie einst weit ins Land hinausschaut und Zeugnis ablegt von einer längst vergangenen, schöneren Zeit. Die Verarbeitung landwirtschaftlicher Produkte, Holz- und Papierindustrie sowie eine Fabrik für Landmaschinen geben den heute etwa 7500 Einwohnern Nahrung und Brot, früher lebten hier 6932 deutsche Bewohner.

Südwärts weiter führte uns die Allensteiner Chaussee aus der Stadt heraus, gelegentlich ließ die wellige Landschaft den Blick frei in die Talaue der Alle, die in zahllosen Windungen nach Norden zieht, dem fernen unerreichbaren Pregel entgegen. Kurz hinter Unter Kapkeim wurde die Allensteiner Kreisgrenze überschritten und nach Spiegelberg und Diwitten die größte Stadt des südlichen Ostpreußen erreicht.

ALLENSTEIN

Im Jahre 1346 erhielt das ermländische Domkapitel an der oberen Alle die beiden altpreußischen Landschaften Bertingen und Gudikus zugeteilt. Sofort begann die Besiedlung mit deutschen Bauern, als deren städtischer Mittelpunkt eine „neue Stadt" gegründet wurde, die 1348 erstmals genannt und 1353 mit dem kulmischen Stadtrecht begabt wird. Bald darauf wurde zur Sicherung dieses südlichsten ermländischen Zipfels auch mit dem Bau einer Burg begonnen, in der später der Kapitelsvogt, dann der Kapitelsadministrator seinen Sitz nahm. Doch schon nach der Schlacht von Tannenberg (1410) wurde das umliegende Gebiet verwüstet, die folgenden Kriege (Hungerkrieg, Dreizehnjähriger Krieg) trugen das Ihre zum Niedergang bei. So wurden zur Neubesiedlung im südlichen Ermland in steigendem Maße auch Masowier herangezogen, die nach ihrer Heimat Masowien (deutsch: „Masau") später Masuren genannt wurden.

In der Zeit von 1516−19, sowie in den Jahren 1521 und 1524 wirkte Nikolaus Coppernicus in Allenstein als Administrator des Domkapitels, er hatte hier die Wiederaufbauarbeiten nach dem sog. Reiterkrieg zu leiten. Trotz der seit 1466 bestehenden Zugehörigkeit zur poln. Krone blieb Allenstein innerhalb seiner masurischen Umgebung eine deutsche Stadt; Rat, Zünfte und Lehrerschaft waren bis zum Ausgang der Polenzeit 1772 rein deutsch geblieben. Nur 1770 Seelen zählte Allenstein im Jahre des Übergangs an Preußen, es war nicht viel mehr als eine kleine Ackerbürgerstadt. Trotzdem wurde es 1817 Sitz des Landrates für den gleichnamigen, damals gebildeten südlichsten der vier Ermlandkreise.

Mit der Eröffnung der Eisenbahn nach Thorn und Insterburg im Jahre 1872 zog eine neue, größere Zeit in dem bis dahin eher verschlafenen Städtchen ein. Weitere Bahnbauten machten Allenstein im Laufe des folgenden Jahrzehnts zum wichtigsten Eisenbahnknotenpunkt im südlichen Ostpreußen. Die Einwohnerzahl wuchs, Schulen und Behörden wurden neu errichtet (1877 Gymnasium, 1878 Landgericht), die 1884 hierher verlegte Garnison entwickelte sich bis zum 1. Weltkrieg zur zweitstärksten der Provinz Ostpreußen. Den entscheidenden Impuls seiner Entwicklung erhielt die Stadt aber 1905 durch die Neubildung des Regierungsbezirks Allenstein, der die masurischen Kreise des südlichen Ostpreußen zusammenfassen und besser betreuen sollte; Allenstein wurde in der Folgezeit zum politischen, kulturellen und wirtschaftlichen Mittelpunkt im südlichen Ostpreußen. Der neue Bezirk wurde aus 5 Kreisen des Königsberger Regierungsbezirks (Neidenburg, Osterode, Ortelsburg sowie die beiden Ermlandkreise Allenstein und Rößel) und aus 4 Kreisen des Gumbinner Bezirks (Johannisburg, Sensburg, Lötzen und Lyck) gebildet; 1910 erhielt die Stadt Allenstein aufgrund ihrer stark angestiegenen Einwohnerzahl (1910: 33 077 Personen) den Rang eines Stadt-

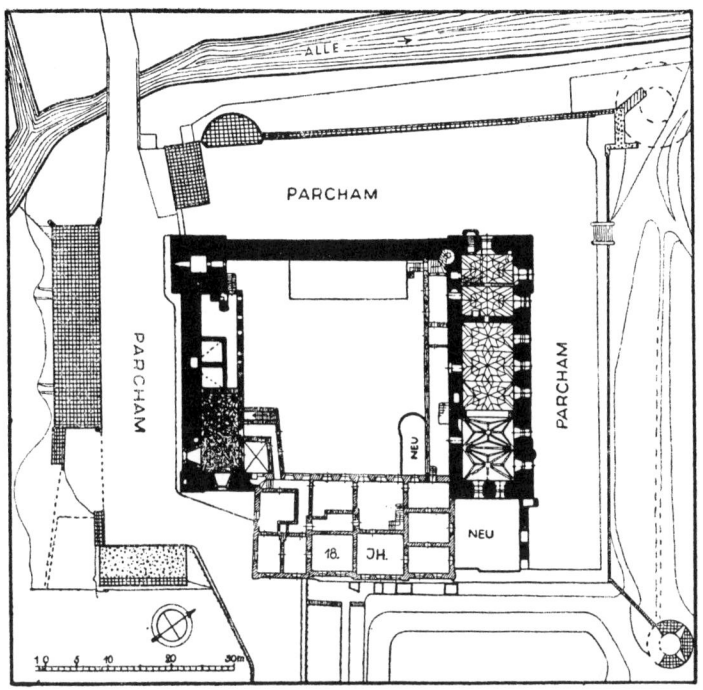

Lageplan der Burg Allenstein (n. Dehio/Gall)

kreises. 1939 zählte der Bezirk auf 11 520 km^2 568 024 Bewohner (ohne Soldau).

Während des ersten Weltkrieges war die Stadt vorübergehend von russischen Truppen besetzt, doch eine wirkliche Gefahr brachte erst der unglückliche Ausgang des Krieges: Die Bevölkerung des Regierungsbezirks Allenstein sowie des Kreises Oletzko (Treuburg) sollte darüber abstimmen, ob sie beim Reich verbleiben oder zum neuentstandenen Polen gehören wollte. Besonders die polnische Propaganda, die in der seit 1886 in Allenstein erscheinenden (bis 1939) „Gazeta Olsztynska" (Allensteiner Zeitung) ein Sprachrohr hatte, hoffte auf die masurische Bevölkerung, die noch 1910 immerhin 49,3 % der Einwohner des Bezirkes stellte. Doch die am 11. Juli 1920 unter alliierter Kontrolle durchgeführte Volksabstimmung wurde für Polen zur denkbar größten Enttäuschung: 97,8 % aller Stimmen wurden für Deutschland abgegeben, auch im katholischen, masurischsprachigen Ermland fiel das Ergebnis noch sehr hoch aus − im Kreis Allenstein votierten 86,6 %, in der Stadt Allenstein sogar 98,0 % und im Kreis Rößel 97,9 % für eine Zugehörigkeit zum Reich.

Am Jakobsberg entstand daraufhin das symbolträchtige Abstimmungsdenkmal und viele weitere kleinere Denksteine zeugten fortan von der Bedrängnis jener Jahre; heute prangt hier eines der üblichen protzigen Befreiungsdenkmäler für die Rote Armee, „Befreier", die man längst gern wieder los wäre. Am 22. 1. 1945 fiel Allenstein in die Hände der sowjetischen Truppen, rd. 50 % der Stadt — vor allem im historischen Zentrum — wurden ein Opfer der Kriegsfurie. Die deutsche Bevölkerung (1939 waren es 50 396 Bewohner) wurde, soweit nicht schon geflohen, „ausgesiedelt", nur ein geringer Teil blieb zurück. 1946 richteten die Polen im Regierungsgebäude eine Wojewodschaftsverwaltung ein, die das ganze südliche Ostpreußen (ohne die Kreise Lyck, Treuburg und den Rest von Goldap, aber mit dem vergrößerten Kreis Soldau und den westpreußischen Kreisen Neumark und Rosenberg) umfaßte. Die so geschaffene „Wojewodschaft" hatte bis zur Gebietsreform von 1975 einen Flächeninhalt von 20 994 km^2 und zählte 1965 948 700 Einwohner, von denen 17 % „Ermländer und Masuren", d. h. zurückgebliebene Deutsche, waren (vor allem in den Kreisen Allenstein, Ortelsburg, Sensburg und Johannisburg). Die polnischen Zuwanderer kamen nach 1945 vor allem aus der Wilnaer Gegend, aus Wolhynien und Zentralpolen. Seit 1975 ist die Allensteiner Wojewodschaft mit 12 331 km^2 der größte Verwaltungsbezirk im heutigen Polen und zählte (1977) 675 400 Bewohner.

Allenstein selbst ist durch diese „Rangerhöhung" zur Provinzhauptstadt recht gut weggekommen — auf Kosten des flachen Landes, wie es in zentralistischen Systemen typisch ist. Der Wiederaufbau wurde hier früher begonnen, als sonst in Ostpreußen; die Altstadt wurde in historischen Formen wiederhergestellt, ohne die seelenlose Einheitsbauweise nach dem Modell 0815. So wirkt das Stadtzentrum heute vertraut und ordentlich, nicht zuletzt, weil auch sonst in den Vorstädten viel erhalten blieb und genutzt wird: das neue Rathaus, alle katholischen und evangelischen Kirchen, die Hauptpost, das Treudank-Landestheater, das Hohe Tor, das Regierungspräsidium, die Gerichtsgebäude und natürlich die Kasernen. Hinzu gekommen sind eine landwirtschaftliche Hochschule (auf dem Gelände der Heil- und Pflegeanstalt), die sich zu einer Universität entwickeln soll, eine Sternwarte und eine große Fabrik für Autoreifen. Um die sprunghaft angewachsene Bevölkerung (1977 wurden bereits 129 100 Einwohner ermittelt) unterzubringen, sind zahlreiche neue Stadtteile entstanden, die aber kaum ihre sozialistische Planung verleugnen können.

1972 übernahm Allenstein auch die Rolle Frauenburgs als Bischofssitz, nachdem schon 1946 vom damaligen Gnesener Erzbischof Kardinal Hlond (dem Vorgänger von Kardinal Wyszynski) hier eine provisorische kirchliche Administration eingesetzt worden war. Die ehrwürdige, 600 Jahre alte St. Jakobi-Kirche ist jetzt Kathedrale des neuen Bistums Allenstein, das seit der Neuregelung der Diözesanverhältnisse in den deutschen Ostgebieten durch

Das 1905
errichtete
Regierungs-
präsidium
ist heute Sitz
der poln. Woje-
wodschafts-
verwaltung

ALLENSTEIN

Die
St. Jakobi-Kirche
am Markt ist
heute katholische
Bischofskirche

Blick durch
wiederaufge-
baute
Laubenhäuser
in der Altstadt
zum Hohen Tor

den Vatikan den ganzen, heute unter polnischer Herrschaft stehenden Teil des südlichen Ostpreußen umfaßt. Die neue Diözese zeichnet also nach Süden und Osten noch immer die seit 1422 bestehende alte Grenze Ostpreußens nach. Sie ist der Warschauer Kirchenprovinz unterstellt. Die einseitige, die Polen begünstigende Regelung von 1972 zeigt sich auch darin, daß auf der anderen Seite der heutigen polnisch-sowjetischen Grenze alles beim alten blieb: So ist der kirchenrechtliche Zustand im nördlichen Ostpreußen nicht neu geregelt worden, hier besteht noch immer die Diözese Ermland (ohne Kathedrale Frauenburg, die liegt im poln. Teil!) – oder soll damit kirchlicherseits die eigentlich zu Allenstein gegebene Zugehörigkeit angedeutet werden? Ähnlich verhält es sich ja auch in Ostpolen, wo noch immer von der Existenz der Erzbistümer Wilna und Lemberg ausgegangen wird, auf deren bei Polen verbliebenen Restteilen entsprechende Bischofsverwalter amtieren. Ein eigenartiges Kapitel Kirchengeschichte, das unter dem jetzigen Papst ganz sicher keine Änderung erfahren wird. So reicht Polen im kirchlichen Sinne von Stettin und Breslau bis nach Lemberg, Pinsk und Wilna und deutet die Zugehörigkeit Königsbergs zumindest an, sogar das Olsagebiet im (tschechischen) Schlesien untersteht noch Breslau (dazu sogar das einst zu Prag gehörige Glatz!) – ein kirchliches Polen so recht nach dem Herzen vieler nationalgesinnter Polen!

Literatur:

AMBRASSAT, August: Die Provinz Ostpreußen. Ein Handbuch der Heimatkunde. Neudruck d. 2. neu bearb. Aufl. 1912. Frankfurt/Main (1978)
FUNK, Anton: Geschichte der Stadt Allenstein von 1348 bis 1948. Neudruck der Ausgabe Gelsenkirchen 1955. Aalen 1979
HERMANOWSKI, Georg: Das Ermland. Hrsg. v. d. Landsmannschaft Ostpreußen/Abt. Kultur. Hamburg o. J.
HERMANOWSKI, Georg: Ostpreußen in Farbe. Mannheim 1979 (Ostdeutsche Heimat in Farbe, 1)
HOPPE, Hans W.: Der Stadtstaat Elbing. Elbing und sein Territorium (Bremerhaven 1970) (Elbinger Hefte, 31)
KAKIES, Martin: Das Ermland in 144 Bildern. Leer 1958
KERSTAN, E. G.: Die Geschichte des Landkreises Elbing auf wissenschaftlicher Grundlage volkstümlich dargestellt. 2. Aufl. Nachdruck der Ausgabe Elbing 1925. (Oldenburg 1967)
(KRASUSKI, Alfred Red.:) Kreis Heilsberg im Ermland. 2. Aufl. Osnabrück 1971
(KRAUSE, Ernst Hrsg.:) Braunsberg. Hamburg 1954 (Unser Ostpreußen, Reihe B)
MATTENDORF, Bruno E.: Elbing heute. Ein dokumentarischer Bildband über die Ordens- und Hansestadt Elbing und ihres Landkreises. Uelzen-Oldenstadt 1975
NEUGEBAUER, Werner: Von Truso nach Elbing. Leitlinien der Frühgeschichte des Elbinger Raumes. (Bremerhaven u. Münster/Westf. 1975) (Elbinger Hefte, 34)
PREUSCHOFF, Günter u. SCHUCH, Hans-Jürgen: Blick auf Elbing. Bilder einer deutschen Ordens- und Hansestadt und ihres Landkreises. Oldenstadt 1970

Land der dunklen Wälder — Masuren

*(Allenstein — Bischofsburg — Sensburg — Nikolaiken — Lötzen — Johannis-
burg — Niedersee — Ortelsburg — Neidenburg — Tannenberg — Allenstein;
364 km)*

Das Kapitelschloß in Allenstein (Zeichnung: Dr. Heinz Walsdorff)

193

Wir verließen Allenstein, das „Ersatz-Königsberg" für das südliche Ostpreußen. Am Hauptbahnhof ging es vorbei, der noch heute nahezu unverändert seine typisch wilhelminische Architektur und damit seine Herkunft aus der Zeit der „Königlich Preußischen Eisenbahn-Verwaltung" vorweist. Einen ersten Eisenbahnanschluß erhielt die Stadt 1872, als der erste Abschnitt der Bahnlinie Thorn-Deutsch Eylau-Allenstein-Korschen-Insterburg eröffnet wurde. Sie entwickelte sich später zur wichtigsten Erschließungsstrecke des südlichen und östlichen Ostpreußen. Der Weg nach Wartenburg wurde dann auf einer in den letzten Jahren neugebauten Straße zurückgelegt, diese führt am Gut Thalberg vorbei über Fittigsdorf, Kaplitainen nach Lengainen, wo sie wieder auf die alte R 127 trifft; diese neue Straße folgt der Trasse alter Nebenstraßen und Verbindungswege und ersetzt die kurvenreiche Strecke nördlich der Insterburger Bahn, um dann kurz vor Wartenburg diese Stadt in einem weiten Bogen nordwestlich zu umgehen.

WARTENBURG

Bereits aus dem Jahre 1337 ist eine Stadt Wartenburg bezeugt, doch lag sie ca. eine Meile weiter westlich, unweit des Wadang-Sees, bei einem schon 1325 vom Orden errichteten Wachthaus. Durch einen verheerenden Litauereinfall wurde diese junge Siedlung allerdings vollständig zerstört, nur der Flurname „Alte Stadt" und das dann später errichtete Dorf Alt Wartenburg erinnern noch an diese erste Gründung. Der ermländische Bischof Johannes Styprock legte daraufhin die Stadt neu in geschützterer Lage an, zugleich mit ihrer Burg, auf einer von drei Seiten vom Rissflüßchen umspülten Halbinsel. 1364 erhielt die neue Siedlung ihre Handfeste zu kulmischem Recht. Der rechteckige mittelalterliche Stadtgrundriß zeigt das typische Schema der Ordensstädte: Schachbrettgitter mit dem Rathaus auf dem Marktplatz in der Mitte. Die Pfarrkirche St. Anna ähnelt in ihren Formen der St. Jakobi-Kirche in Allenstein. Das einstige Franziskanerkloster, 1810 säkularisiert, dient seit 1834 als Gefängnis, auch heute dient es demselben Zweck, hier soll z. B. der frühere ostpreußische Gauleiter Koch seine letzten Tage absitzen − trotz des über ihn verhängten Todesurteils.

Die Stadtmauer und die drei Stadttore wurden bereits nach 1800 abgebrochen, auch von der bischöflichen Burg blieb nicht viel: das Haupthaus diente seit 1826 als evang. Volksschule. Die kleine Stadt, die 1939 5 843 Einwohner zählte, hat den 2. Weltkrieg verhältnismäßig gut überstanden, heute leben hier 5 700 Bewohner. Manch einer davon wird noch ein Deutscher sein, denn in den Dörfern der Umgebung leben nach zahlreiche Deutsche.

Über Reuschhagen, Debrong und Ridbach ging es weiter durch das südliche Ermland auf der alten R 127 nach

BISCHOFSBURG

Es ist die jüngste der zwölf ermländischen Städte, 1395 verlieh Bischof Heinrich III. Sorbom dem neben einer bereits 1389 erwähnten Burg angelegten Ort eine Handfeste. Die junge Stadt lag an der im Mittelalter bedeutenden Handelsstraße Königsberg-Warschau, die sie zusammen mit der Burg zu schützen hatte. Im Dreizehnjährigen Krieg 1454–66 völlig zerstört, wurde nur die Stadt wiederaufgebaut, von der Burg blieb kaum etwas übrig. Bischofsburg fristete fortan ein bescheidenes Dasein, nicht zuletzt, weil der Burggraf wegzog und die Stadt zum Kammeramt Seeburg gelegt wurde. Erst im 19. Jahrh. setzte ein Aufschwung ein, vor allem, nachdem 1862 das Landratsamt des Kreises Rößel hierher verlegt und 1898 ein Eisenbahnanschluß erstellt wurde. Als nunmehrige Kreis- und seit 1899 auch als Garnisonstadt überrundete Bischofsburg die übrigen drei Städte des Kreises. Die Einwohnerzahl, die 1772 nur 1064 Seelen betragen hatte, stieg bis 1939 auf 8 463 Bewohner (heute 7 900).

Auch nach 1945 blieb Bischofsburg, das 1945 etwa zur Hälfte zerstört wurde, Sitz des nunmehr von den Polen allerdings etwas nach Südosten in den Kreis Ortelsburg hinein vergrößerten Kreises Rößel (bis 1975). Die alte katholische Pfarrkirche St. Johann entbehrt heute ihren charakteristischen hohen Turm, nur der Stumpf blieb, von einem Notdach dürftig gesichert. Die 1842–46 nach Plänen Schinkels erbaute evangelische Kirche blieb ebenfalls – mit einigen Schäden – erhalten; die Orgel verschwand jedoch nach dem Kriege. In ihr wird noch evangelischer Gottesdienst abgehalten.

Schon 1914 wurde der Kreis Rößel beim Russeneinfall besonders heimgesucht und bereits damals zeigte sich die so ganz anders geartete Form der ,,Kriegsführung" dieser östlichen Macht. Die der Geschichte Kundigen wissen, daß russische Greueltaten, Plünderungen und mutwillige Zerstörungen schon im Siebenjährigen Kriege in Ostpreußen vorkamen.

Dies ist wohl einer der Hauptgründe dafür, daß große Teile der Bevölkerung Ostpreußens Ende 1944/Anfang 1945 vor dem Herannahen der Roten Armee ,,auf die Flucht gingen" – die Erfahrungen mit den Russen waren für diese nordöstlichste Provinz Deutschlands in der Geschichte eben nicht gut gewesen. Kriegführung bedeutete für die Macht aus dem Osten nicht allein militärisches Kräftemessen, sondern zugleich Zerstörung, Not und Leiden für die Zivilbevölkerung: So wie der Krieg einst von den Mongolen gegen die Russen und später von diesen gegen die Tataren geführt wurde – ein grausamer Krieg der ,,verbrannten Erde". Das abendländische Europa sollte erstmals 1558–82 diese asiatische Form der Kriegsfurie beim Einfall Iwans des Schrecklichen ins Baltikum, also in den livländischen Teil des Ordenslandes, erleben: Reste von Klöstern, Burgen und Kirchen erinnern bis auf den heutigen Tag daran – man denke nur an die eindrucksvolle Ruine des Dorpater Domes!

Unterdessen trug uns die Straße weiter in Richtung Sensburg, weithin begleitet von der Nebenbahn Rothfließ–Bischofsburg–Sensburg–Lyck. Bei Sor-
quitten queren Straße und Bahn eine lange nordsüdlich verlaufende eiszeitli-
che Rinne, die von mehreren Seen (Großer und Kleiner Weißstein-, Gehland-,
Sorquitter-, Pillacker See) ausgefüllt wird. Das Dorf besitzt eine reizvolle Feld-
steinkirche (älteste Teile von 1593–1607) und, im Süden nahe des Sorquitter
Sees, das früher den Bronikowskis, den Grafen Mirbach und später dem
Frhrn. v. Paleske gehörende Gutshaus, das – schon 1914 durch Brand verwüstet – 1945 erneut der Verwahrlosung anheimfiel. Der dazugehörige Besitz umfaßte 1904 allein 5740 ha!

SENSBURG

Die frühere Kreisstadt liegt am Westufer des langgestreckten Schloßsees unweit einer Landenge, die diesen See vom nördlich anschließenden Juno-See
trennt. Die ursprüngliche Anlage als Zinsdorf durch Hochmeister Konrad von
Jungingen (1397 erstmals genannt) ist noch deutlich am Stadtplan abzulesen,
obwohl der Ort später Stadtrecht erhielt. 1520/21 wurde Sensburg im sog.
,,Reiterkrieg" von den Polen zerstört; Tatareneinfälle und die Pest suchten die
Stadt im 17. Jahrhundert heim und im Siebenjährigen Krieg hielten die Russen sie vier Jahre besetzt. 1818 erhielt Sensburg ein Landratsamt und wuchs
allmählich, besonders nach dem Bau der Chausseen und der Eisenbahnen
nach Rothfließ und Nikolaiken-Lyck sowie nach Niedersee (heute demontiert). In den Jahrzehnten vor dem 2. Weltkrieg hatte die Stadt ein rasches
Wachstum zu verzeichnen: 1900 zählte sie 4584, 1939 bereits 8757 Seelen;
bis 1957 wurde der Vorkriegsstand wieder erreicht und heute leben hier rd.
14 000 Bewohner. 1945 wurde Sensburg, das als ,,sicherster Ort ganz Ostpreußens" galt, für seine Einwohner und einige Tausend Evakuierte zu einer
einzigen ,,großen Falle": Für sie war die Flucht schon zu Ende, ehe sie begonnen hatte. Große Teile der Stadt gingen in Flammen auf, 45 % der Bausubstanz wurden zerstört. Heute sind die Kriegsschäden weitgehend beseitigt,
wenngleich beileibe nicht alles wiederaufgebaut, sondern vieles anders und
neu errichtet wurde. Viele Deutsche leben noch immer hier, vielleicht ist es
noch ein Drittel der Bevölkerung, ,,Autochthone". Überhaupt, die Bevölkerung!

Der KREIS SENSBURG zum Beispiel . . .

ist ein geradezu klassisches Modell für die besonders komplizierten Bevölkerungsverhältnisse Masurens, das eindrucksvoll belegt, wie wenig Muttersprache und nationale Zugehörigkeit hier gleichgesetzt werden können. Im Jahre

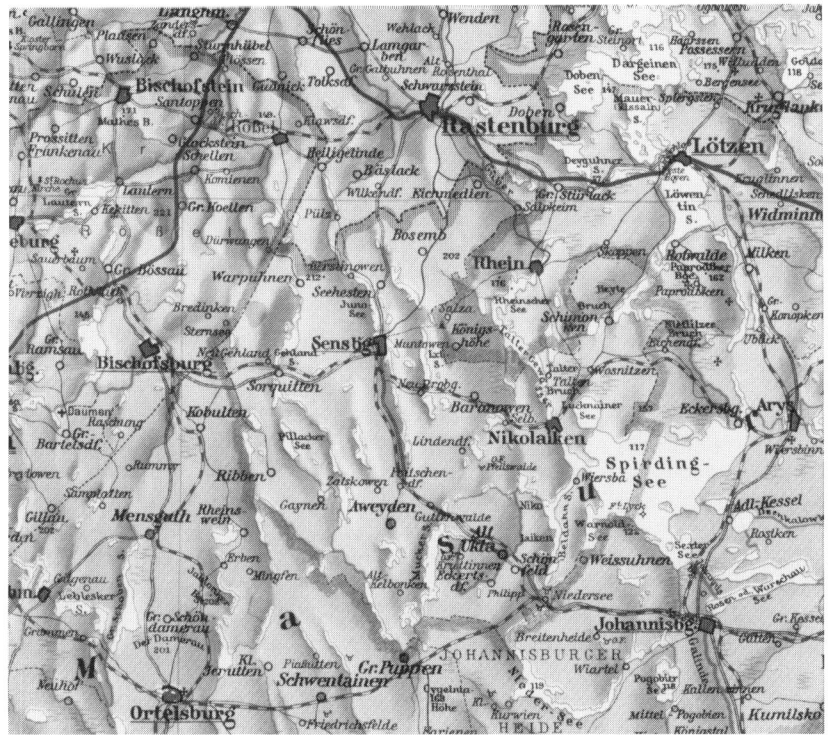

Der Kreis Sensburg und seine Umgebung

1910 gaben von den 50 097 Einwohnern des Kreises 24 496 (= 48,9 %) Deutsch als Muttersprache an, 19 031 (38,0 %) Masurisch, hingegen 3499 (7,0 %) Polnisch. Der Rest entfiel auf Mehrsprachige und andere. Rechnet man die Zahl der Polnischsprachigen mit denjenigen zusammen, die Deutsch und Polnisch als Muttersprache angaben (4472) ergibt sich ziemlich genau die Zahl der Katholiken (1910: 4305), während sonst die Bevölkerung rein evangelisch war (45 341 bzw. 90,5 %). Noch 1825 hatten 85,6 % der Bewohner angegeben, Polnisch als Muttersprache zu sprechen, der Wandel bis 1910 zeigt den allmählich sich vollziehenden Umvolkungsvorgang, der sich zuerst im Bekenntnis der evangelischen Masuren zum „Masurischen", später zum Deutschen als Muttersprache ausdrückte.

Das evangelische Bekenntnis und verbunden damit die jahrhundertelange Zugehörigkeit zum preußischen Staat haben die innere Trennung vom Polentum (aus dem südlich angrenzenden Masowien – daher Masuren! – waren

197

die Vorfahren der Masuren einst im 15./16. Jahrhundert eingewandert) allmählich vollzogen. So war es für Kenner der Verhältnisse eigentlich nicht überraschend, daß bei der Volksabstimmung 1920 im Kreis Sensburg 34 334 Stimmen und damit 99,9 % für den Verbleib beim Reich abgegeben wurden und nur 25 (0,1 %) für Polen, darunter 2 in Sensburg! Auch die Katholiken hatten demnach geschlossen für Deutschland gestimmt! Entsprechend war das politische Verhalten nach dem 1. Weltkrieg: Polnische Listen erhielten im Kreis nie mehr als 100 Stimmen!

Aber auch die sprachliche Umvolkung schritt weiter voran, 1939 gaben im Kreis Sensburg 52 224 Personen (99,99 %) die deutsche Volkszugehörigkeit an, vier (!) eine andere; von den deutschen Volksangehörigen sprachen nur 198 Masurisch (0,4 %), 509 (1,0 %) deutsch und masurisch, 3 polnisch, 84 deutsch und polnisch, 37 eine andere, 107 deutsch und eine andere Sprache. Mit 51 286 deutschsprachigen Einwohnern (= 94,2 % der Gesamtbevölkerung des Kreises) war die Hinwendung der Masuren zum Deutschtum auch äußerlich durch die Annahme der deutschen Sprache vor dem 2. Weltkrieg gerade fast noch abgeschlossen.

Auch die Entwicklung der Bevölkerungsverhältnisse nach dem 2. Weltkrieg spiegelt diese Situation in gewisser Weise wider: Bei der ersten polnischen Volkszählung vom 14. 02. 1946 wurden im Kreisgebiet noch 34 400 Personen ermittelt, 63,2 % des Standes von 1939. Die zurückgebliebenen (-gehaltenen) Masuren wurden nun als ,,Autochthone" (= ,,Einheimische") bezeichnet und für eine ,,Repolonisierung" vorgesehen. Durch weitere Aussiedlungsmaßnahmen verringerte sich die Bevölkerung trotz Zuwanderung durch Polen bis 1948 auf 34 000 Personen, von denen damals auf polnische Zuzügler 26,7 % (9100 Personen), 8,0 % auf Repatrianten und 65,3 % (22 200) auf ,,Autochthone" entfielen! Das heißt, daß 1948 noch etwa $^2/_5$ der alten Einwohnerschaft im Kreise ansässig war. Spätere Zahlen liegen nicht vor, doch wird daraus verständlich, warum noch zu Beginn der 80er Jahre zahlreiche Aussiedler aus dem Osten in die Bundesrepublik Deutschland kommen. Und der Kreis Sensburg ist kein Einzelfall. Die Gesamtbevölkerung des Kreises Sensburg stieg bis 1965 bei leicht verändertem Gebietsumfang auf 83 % des Vorkriegsstandes an, um seither jedoch ständig wieder abzusinken; es ist den Polen also nicht gelungen, dieses Land aufzusiedeln – Ostpreußen ist ein menschenleeres Land geworden . . .

Um dem Programm der ,,Repolonisierung" Ausdruck zu verleihen, wurde der polnische Name von Sensburg, das dem Deutschen entlehnte ,,Zadzbork", 1947 in ,,Mragowo" umbenannt – nach dem evangelischen Pfarrer und Sprachforscher Christoph Coelestin Mongrovius, der aus Masuren stammte und in Danzig Polnisch lehrte. – Übrigens wurde im Forsthaus Kleinort bei Sensburg Ernst Wiechert geboren, der in so großartiger Weise die ostpreußische Landschaft und das stille, einfache Leben ihrer Bewohner dargestellt hat.

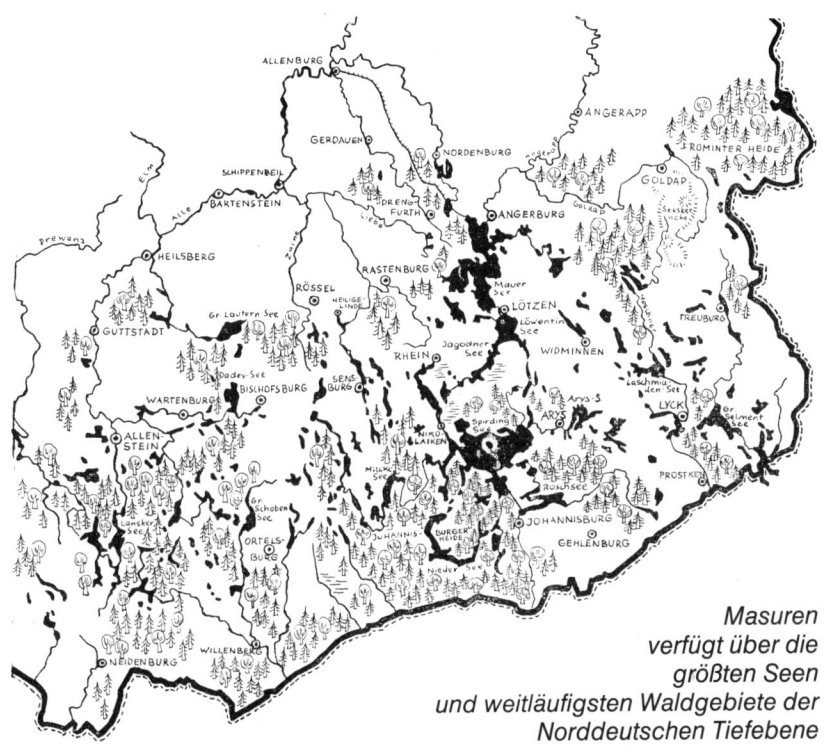

*Masuren
verfügt über die
größten Seen
und weitläufigsten Waldgebiete der
Norddeutschen Tiefebene*

Die Straße führte uns dann wieder südlich aus Sensburg heraus, um nach etwa 3 km in östlicher Richtung abzubiegen. Die Senke Schloßsee—Lockwiner See wurde dann überquert; bei Rechenberg, das mit seinen Camping-Plätzen heute Touristen aufnimmt, folgte eine weitere Rinne (Ixt-Proberg-See), um dann über Hoverbeck (heute ein Staatsgut mit Försterschule) und Selbongen nach Nikolaiken zu gelangen.

NIKOLAIKEN

Ja wer kennt ihn nicht, den sagenhaften, berühmten Stinthengst, der so untrennbar mit dieser malerischen Kleinstadt verbunden ist? Auch heute noch kann man ihn, und das gleich zweimal, bewundern: einmal an einem Pfeiler der Brücke über den See (früher war er an einer Kette unter der Brücke befestigt; er sollte den Fischern bei der Ausfahrt einen reichen Fang schenken) und neuerdings auch als Springbrunnen auf dem Marktplatz.

Apropos See: Nikolaiken ist der rechte Ort für's Kennenlernen der großen Masurischen Seen: Es liegt etwa in der Mitte eines sich über 35 km in N-S-Richtung entlangziehenden Seenzuges, der im Norden mit dem bei Rhein beginnenden Rheinschen See seinen Anfang nimmt, dann in das Talter Gewässer übergeht, das ab Nikolaiken der Nikolaiker See fortsetzt, um dann schließlich im Süden in den von bewaldeten Steilufern eingerahmten und landschaftlich besonders reizvollen Beldahn-See auszumünden. Nach Osten zu öffnet sich der Nikolaiker See zu dem riesigen Spirding-See, dem mit 123 km^2 Wasserfläche größten See der Norddeutschen Tiefebene. Kein Wunder, daß Nikolaiken zum Mittelpunkt von Wassersport und Schiffsverkehr auf den Masurischen Seen wurde, zumal die genannten Gewässer noch durch Kanäle mit weiteren Seen (so etwa über den Wasserweg Talter/Grünwalder/Immenhagen/Schmidtsdorfer Kanal mit der Seenkette Krösten-/Löwentin-/Mauer-See) verbunden waren. Die kleine Stadt liegt malerisch am Ostufer des gleichnamigen Sees, vom Westen her zugänglich durch neuerdings zwei Straßenbrücken sowie mit der Eisenbahn. Der Grundriß der ursprünglich aus drei Teilen zusammengewachsenen Siedlung läßt den dörflichen Ursprung ahnen: 1444 erstmals als Nickelsdorf erwähnt, erhielt es 1726 von König Friedrich Wilhelm I. von Preußen Stadtrechte. Der 1764/65 erbaute Kanal zwischen Spirding- und Mauersee gab der Stadt einen bescheidenen Aufschwung, doch blieb sie bis ins 20. Jahrhundert eine stille Ackerbürgerstadt, die nur durch ihre schöne Lage und die Maränen berühmt war. Der Fischreichtum allein des Spirding-Sees ist heute noch so groß, daß hier jährlich 800 t Fische gefangen werden können, allein 35 t Aale werden von dort in die Bundesrepublik ausgeführt. Kaum zu glauben, aber wahr: Das Wasser des Sees ist derart sauber und klar, daß es noch ungefiltert als Trinkwasser genutzt werden kann.
Heute ist das kleine Städtchen ein vielbesuchtes Touristenzentrum, das Herz der Masurischen Seenplatte. Überlaufen von den vielen Fremden, kann es deren Ansturm kaum verkraften; die Einwohnerzahl stieg nach dem Krieg rasch an und beträgt heute rd. 3200 (1939: 2627).
Von Nikolaiken aus ging es weiter in nordöstlicher Richtung durch das Falter Bruch und durch Julienhöfen, das bis 1938 Wosnitzen hieß; bei Schmidtsdorf (fr. Schimanken) wurde das schon erwähnte Kanalsystem überquert und gleich hinter der Brücke der Weg nach Lötzen eingeschlagen. Salpia, Rodenau und Reichensee folgten, die Straße verläuft hier in Sichtweite der Seenkette Krösten-Löwentin-See, die rechts herübergrüßen – ein Bild großartiger Weite und Ruhe. Die Orte trugen hier wie in weiten Teilen Ostpreußens bis 1938 meist andere Namen: In Masuren gingen sie auf die masowischen Einwanderer des 15./16. Jahrhunderts zurück, waren also slawischen Ursprungs, im nordwestlichen Ostpreußen waren sie preußischer, im Regierungs-Bezirk Gumbinnen, dem einstigen „Preußisch-Litthauen" vielfach litauischer Herkunft. Doch wiesen sie weitgehend die auf das Preußische zu-

*Dampferanlege-
stelle in
NIKOLAIKEN*

Am Niedersee

*Badeanstalt
am Niedersee*

rückgehende Endung – en, – n auf: Nikolaiken, Schwentainen, Stallupönen. 1936 wurde eine Rechtschreibreform durchgeführt, aus Szameitkehmen wurde Schameitkehmen, um zwei Jahre später schließlich daraus Weitendorf zu machen. 66 % aller Ortsnamen Ostpreußens wurden damals geändert, vielfach wurden alte, später nicht mehr geführte deutsche Namensformen reaktiviert, andere sprachlich angepaßt, doch war damit des Guten wohl etwas zuviel getan – viele Ostpreußen konnten sich daran nur schwer gewöhnen, zumal sogar Kreisstädte davon betroffen waren (Darkehmen/Angerapp, Pillkallen/Schloßberg, Stallupönen/Ebenrode). Wen wundert es, daß die Polen heute wieder die vor 1938 gültigen Formen reaktiviert haben, aber in polnischer Form: So heißt Julienhöfen/Wosnitzen heute Wosnice, Schmidtsdorf/Schimonken nun Szymonka usw. ,,Taferlpolitik" – wissen wir doch um das Dogma Ortsnamenpolitik gerade auf polnischer Seite!

LÖTZEN

Die schon um 1340 erwähnte ,,Leczenburg" lag an der schmalsten Stelle der Landenge zwischen Mauer- und Löwentin-See, unweit der Schönberger Chausseebrücke. Sie wurde jedoch schon 1365 vom Litauerfürsten Kinstut zerstört. Etwa um 1390 errichtete sie der Orden neu, an der heutigen Stelle, etwa 3 km östlich der alten Burgstelle. Neben dieser nunmehr aus Stein aufgeführten Feste entstand ein Scharwerksdorf, ,,Neuendorff" genannt, und bald darauf entwickelte sich in unmittelbarer Nähe eine weitere Siedlung zum Marktzentrum der weiteren Umgebung, die 1523 urkundlich ,,Leczen" genannt wird. Doch erst 1612 erhielt der nun mit Neuendorf zusammengewachsene Ort Stadtrechte. Der Tatareneinfall 1657, bei dem die Stadt völlig abbrannte, und die Pest kurz nach 1700 waren schwere Rückschläge in der Entwicklung, doch die Einwanderung von Salzburgern unter Friedrich Wilhelm I. sowie später der 1765–72 erfolgte Kanalbau zum Talter Gewässer (Nikolaiken) bescherte der Stadt einen geringen Aufschwung. Das 19. Jahrhundert brachte dem bis dahin bescheidenen Ackerbürgerstädtchen nach 1815 den Sitz des Landratsamtes sowie weiterer Kreisbehörden und außerdem noch mit der Anlage der ,,Feste Boyen" auf der Landenge einen militärischen Rang, der sich im 1. Weltkrieg auszahlte. Die Einwohnerzahl verzehnfachte sich nahezu in einem Jahrhundert, waren es 1782 nur 1154 Seelen, so wurden 1939 16 288 Einwohner gezählt. Wir verließen die Stadt in östlicher Richtung auf der alten Reichsstraße 131, um nach etwa 2 km die Eisenbahn nach Prostken zu überqueren; rechter Hand neben der Chaussee verlief früher die Bahn Arys–Johannisburg (1945 abgebaut). Weithin sichtbar erstreckt sich auf dieser Seite das schimmernde Blau des Löwentin-Sees, des größten Sees im Kreis Lötzen. Bald waren Eisermühl, Milken und Wissowatten durchquert und kurz hinter Hanffen, am Rande des tiefgelegenen Ublick-Sees wurde die Grenze zum Kreis Johannisburg überquert.

*Marktplatz
im zerstörten
LYCK*

Lötzen, O.-Pr. ~ Bahnhofstraße

*OSTPREUSSEN
IM
1. WELTKRIEG*

*Die Bahnhofstr.
in LÖTZEN*

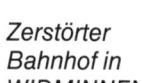

Von der Belagerung Lötzens: Zerstörter Bahnhof in Widminnen

*Zerstörter
Bahnhof in
WIDMINNEN*

ARYS

Was den Pommern Groß Born, den Westpreußen der Truppenübungsplatz Gruppe, das war für Ostpreußen seit 1891 Arys. Doch schon früher hatte das kleine, zwischen Spirding- und Arys-See gelegene Städtchen mit Soldaten zu tun, wenn auch nicht gerade mit den eigenen: Schon im Siebenjährigen Krieg war es vier Jahre lang von Russen besetzt und 1806/07 hatte der damals nur 1000 Einwohner zählende Ort zeitweilig 1600 Soldaten zu beherbergen! Auch in den Befreiungskriegen litt die Stadt unter Einquartierungen, schließlich vernichtete ein Brand 1826 den Ort fast völlig. Endlich sollte es noch im 1. Weltkrieg zweimal unter russischer Besatzung stehen, wobei es wiederum nahezu vollständig zerstört wurde. Doch hatte die Garnison und der Bau der Eisenbahnen (ab 1905) einen Aufschwung gebracht, der sich allerdings nach 1918 ins Gegenteil verkehrte, als der Platz Arys nicht mehr belegt wurde. Damals sollen die Aryser Gastwirte, deren es − wen wundert es − gar nicht so wenige gab, in arge Schwierigkeiten gekommen sein!

Und doch gab es zuvor noch viel Leben in der Stadt − und wieder hatte sie mit Soldaten zu tun: Als im Sommer des Jahres 1920 der russisch-polnische Krieg tobte, wurden einige polnische Einheiten von den Russen über die Grenze nach Ostpreußen gedrängt und in Arys interniert; nur wenig später wendete sich das Kriegsglück auf die polnische Seite (demzufolge die Polen ihre − 1939/45 wieder verlorenen − Ostgebiete eroberten) und bis Ende August traten über 45 000 Russen über die Grenze, die mit ihrer aus Polen mitgebrachten Beute einen schwunghaften Handel trieben, bis sie 1921 nach Rußland abtransportiert wurden. Wenige Wochen vorher, am 11. 7. 1920, hatte die denkwürdige Abstimmung in Masuren stattgefunden, bei der in Arys alle Stimmen für Deutschland abgegeben wurden, Polen erhielt nicht eine Stimme!

In den 30er Jahren wurde der Truppenübungsplatz wieder belegt, ja vergrößert; das Städtchen wuchs bis 1939 auf 3553 Einwohner an. Am 23. 01. 1945 besetzte die Rote Armee Arys, sowjetische Soldaten steckten den nahezu unzerstört gebliebenen Ort in Brand; im Oktober wurden die restlichen, noch gebliebenen rd. 500 Deutschen ausgewiesen. Die Bahnlinien nach Lötzen und Johannisburg wurden demontiert, ansonsten aber ist Arys geblieben, was es war − eine Garnisonsstadt, wenn auch hier heute polnische Kommandos ertönen und polnisch im Schweiße des Angesichts − angesichts des zu bezwingenden Bodens − geflucht wird. 5100 Einwohner leben heute wieder in Arys.

Wir sind damit im alten Kreis Johannisburg, im tiefsten Masuren. Weite, endlose Wälder bestimmten das Bild dieses viertgrößten ostpreußischen Kreises, dazu zahllose Seen − kleine und große, wie der Spirding-See, der mit seiner Osthälfte noch ins Kreisgebiet hineinreicht. Die Bevölkerung lebte weitverstreut in zahlreichen Kleinsiedlungen, neben den drei kreisangehörigen

Städten Johannisburg, Arys und Gehlenburg gab es noch vier gemeindefreie Gutsbezirke und 166 Landgemeinden. Da hätten unsere Gebietsreformer viel zu tun gehabt! Doch das haben die Polen nach 1945 besorgt: 1946 schlugen sie den Kreis zur Wojewodschaft Allenstein, 1975 kam sein Gebiet zur Wojewodschaft Suwalki: 4 (!) Großgemeinden und vier Städte teilen sich jetzt in das Johannisburger Land, dessen seit 1422 bis 1945 unverändert gebliebene Südgrenze selbst heute noch vorhanden ist (als Wojewodschaftsgrenze).

JOHANNISBURG

Bereits 1345 ließ der Deutsche Ritterorden im damaligen Gau Galinden, dem östlichen Teil des alten Preußenlandes, eine kleine Burg erbauen, die jedoch 1367 von dem Litauerfürsten Kinstut zerstört wurde. Bald darauf entstand dieses „Wildhaus", wie diese Art Sicherungsposten in der großen „Wildnis" genannt wurden, neu − diesmal aus Stein. Die Johannisburg war fortan Sitz eines Pflegers; allein 14 sind aus dieser Zeit zwischen 1360 und 1525 bekannt. Mit der Umwandlung des Ordensstaates in ein weltliches Herzogtum wurde aus dem Pflegeramt ein herzogliches Hauptamt (bis 1752), später (1818) der gleichnamige Landkreis, 1645 erhielt der Burgflecken auch Stadtrechte.

1698 sah das zwischenzeitlich in ein stattliches Schloß umgewandelte ehemalige Ordenshaus hohe Gäste: Kurfürst Friedrich III. und der polnische König August II., der Starke (der zugleich Kurfürst von Sachsen war), trafen sich hier zur Jagd. Doch auch hohe Politik wurde dabei gemacht: Dabei wurde die Verpfändung Elbings durch Polen an Preußen beschlossen und die Erhebung Preußens zum Königreich vereinbart, die dann 1701 in Königsberg vollzogen wurde. 1813 weilte Kaiser Alexander I. von Rußland hier. 1856 erfolgte für das kleine masurische Kreisstädtchen mit dem Bau der Chaussee nach Lötzen der Anschluß an die große, weite Welt, die Einwohnerzahl stieg stetig an − von 2996 (1867) auf 3481 (1900), 5186 (1925) bis 6322 (1939). Bei der Volksabstimmung 1920 wurden im ganzen Kreis 34 036 Stimmen für Deutschland, nur 14 für Polen abgegeben.

Die Russen hatten die Stadt 1914 besetzt und bei ihrem Abzug einiges mitgenommen, darunter das Bismarckdenkmal auf dem Marktplatz. Doch 1931 erhielten es die Johannisburger wieder zurück − aus Sibirien! Aber 1945 zeigten sich die Russen weniger milde: Etwa 70 % der Stadt wurden zerstört. Doch heute wirkt sie wieder recht freundlich, noch immer grüßt das wilhelminische Rathaus über den großen Marktplatz. Möbelfabriken und ein großes Sperrholzplattenwerk sind heute die wichtigste wirtschaftliche Grundlage des jetzt 13 700 Einwohner zählenden Städtchens.

Mit Johannisburg war auch der Wendepunkt erreicht, zurück sollte es nun durch die einsamen Wälder im südlichen Masuren gehen. Dies war einst die schon erwähnte große Wildnis mit ihrem urwüchsigen, urwaldartigen Charak-

Am Niedersee

ter, der durchaus bis in unsere Tage hier und da geblieben ist. Auf den ertragsarmen Sanderböden dehnt sich heute die große Johannisburger Heide aus, ein riesiges Waldgebiet, das von der Galinde im Osten bis weit in die westlich angrenzenden Kreise Sensburg und Ortelsburg hineinreicht.

NIEDERSEE (RUDCZANNY)

Die Johannisburger Heide war früher mit fast 1000 km^2 Fläche das größte zusammenhängende Waldgebiet Preußens, sie zählte allein 10 Oberförstereien. Die riesigen Forsten hatten eine beachtliche Holzindustrie entstehen lassen, die vor allem in *Niedersee* mit Sägewerken (das Anders'sche Werk lieferte früher jährlich bis zu 30 000 fm geschnittene Kiefern-Rundhölzer) und anderen Betrieben vertreten war. Hier bestand auch eine der vier Kiefernsamendarren Preußens. Bekannter war der bis 1938 Rudczanny benannte Ort aber als Ausflugsort. Seine herrliche Lage zwischen Beldahn- und Niedersee hat der Siedlung zusammen mit dem benachbarten Nieden heute einen derartigen Auftrieb als Touristenzentrum verliehen, so daß es seit ein paar Jahren Stadtrechte besitzt. 3800 Einwohner leben jetzt hier, 1939 zählten die beiden damals zu verschiedenen Kreisen gehörenden Dörfer Niedersee (Kreis Sensburg) 772 bzw. Nieden (Kreis Johannisburg) 542 Einwohner.

In der Umgebung von Alt Ukta, besonders in 10 Dörfern um Eckertsdorf im Südteil des alten Sensburger Kreises, lebt bis heute eine eigenartige Bevölkerung: Die Philipponen. Es sind Nachkommen russischer Einwanderer, die der Sekte der Altgläubigen angehören (einer im 17. Jahrhundert von der Russisch-Orthodoxen Kirche abgespaltenen Splittergruppe, die im Zarenreich verfolgt wurde). Sie fanden am landschaftlich wunderbaren Krutinnenfluß ab 1825 hier auf preußischem Boden eine neue Heimat – und doch meint man in ihren Dörfern ein Stück des alten Rußland vor sich zu haben: Byzantinisch anmutende Holzkirchen, ja sogar ein orthodoxes Kloster am Duß-See, Holzhäuser mit Saunahütten! Doch die Menschen (vor dem 1. Weltkrieg dürften es etwa 850–900 gewesen sein) sprachen schon vor 1945 bereits weitgehend deutsch – und tun es heute noch. Eine merkwürdige Welt!

Über Hirschen am Südrand des Mucker-Sees, Alt und Neu Kelbunken ging es weiter durch viel Wald. Hinter Babenten wurde der Kreis Ortelsburg betreten; Markshöfen, Alt Keykuth am Waldpusch-See und Lehmanen – dann war die Kreisstadt erreicht:

ORTELSBURG

In der Mitte des 14. Jahrhunderts legte der oberste Spittler und Komtur von Elbing, Ortolf v. Trier, auf der Landenge zwischen dem Großen und Kleinen Haussee ein „festes Haus" an, das nach ihm den Namen „Ortelsburg" erhielt und 1360 erstmals urkundlich erscheint. Doch wenig später zerstörte der Litauerfürst Kinstut diese Burg, die in der Folgezeit dann vom Orden in Stein aufgeführt wurde. Im Dreizehnjährigen Krieg fiel sie zeitweilig in die Hand der Aufständischen, konnte jedoch vom Orden zurückgewonnen werden; nach 1525 geriet sie in Verfall, bis Markgraf Georg Friedrich sie ausbaute. Damals entstand auch die Siedlung Ortelsburg (um 1580), die nach einigem Streit mit dem benachbarten Passenheim 1616 Stadtrecht erhielt. Doch die Kriege des 17. Jahrhunderts berührten auch die junge Stadt: 1656 wütete die Pest und raffte viele Bewohner dahin, zahlreiche Brände taten ein übriges. 1806 hielt sich hier das preußische Königspaar auf seiner Flucht nach Memel ein paar Tage auf, wenig später plünderten die Franzosen die Stadt. 1818 erhielt Ortelsburg ein Landratsamt und wurde damit Sitz des größten masurischen Landkreises; diese Tatsache und die Eröffnung der masurischen Bahn Allenstein–Johannisburg 1883/84 ließen die Einwohnerschaft der Stadt schnell anwachsen (1782: 1000, 1910: 5478, 1939: 14 234 Personen).

Im 1. Weltkrieg wurde nahezu die ganze Stadt durch die Russen zerstört, doch Dank der Hilfe der beiden Patenstädte Berlin und Wien (!) konnte der Wiederaufbau noch im Kriege abgeschlossen werden. Hingegen am Ende des 2. Weltkrieges, als Ortelsburg zu etwa 60 % zerstört wurde, hatten die Polen mit sich selbst zu tun, ein neuer Pate fand sich erst später im niedersäch-

sischen Münden, aber der konnte nur die Ortelsburger in der Bundesrepublik betreuen! Tempora mutantur! Ein Teil der Stadt ist wiederaufgebaut, verändert; die evangelische Kirche hat sogar nach dem Brand vor einigen Jahren eine neue Orgel bekommen, denn hier leben noch viele Deutsche – „Autochthone". Mit ihnen zusammen sind es z. Z. rd. 20 300 Einwohner.
Von Ortelsburg aus wurde noch über Gedwangen, Kaltenborn und Grünfließ ein Abstecher ins südlichste Ostpreußen gemacht, in das einst nur 8 km von der polnischen Grenze gelegene, frühere Kreisstädtchen

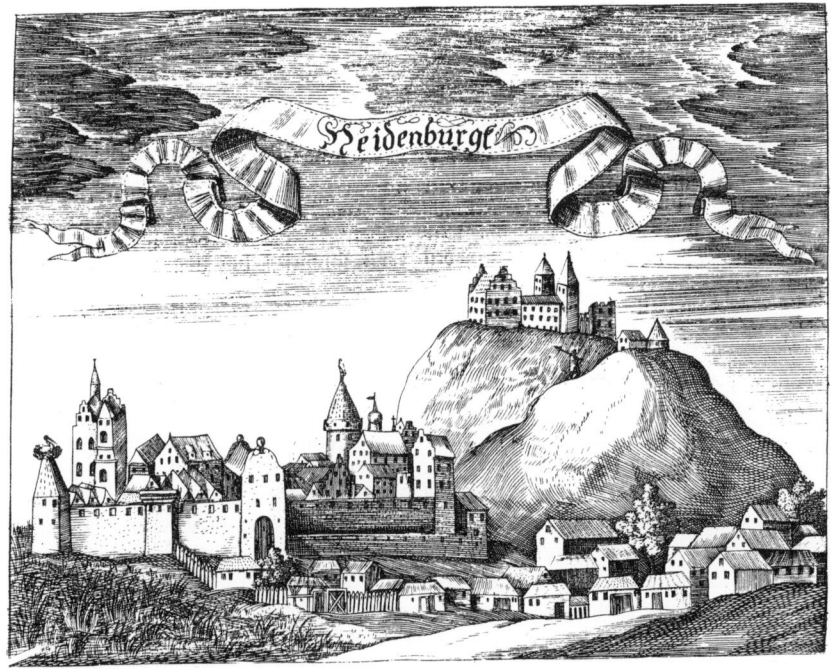

Neidenburg im Jahre 1684 (Kupferstich, n. Hartknoch)

NEIDENBURG

Wahrscheinlich schon um 1267 legte der Orden auf einer markanten, aus der sumpfigen Neideniederung herausragenden Kuppe eine Burg an, zu deren Füßen sich bald darauf Handwerker und Kaufleute niederließen. Dieser Siedlung verlieh der Hochmeister Winrich von Kniprode 1381 Stadtrechte. Das

*Blick zur
Ordensburg*

NEIDENBURG

*Rathaus
und frühere
evang. Kirche*

*Gesamtansicht
der Innenstadt*

15. Jahrhundert mit seinen vielen Kämpfen zwischen Polen und dem Orden berührte auch Neidenburg, nicht zuletzt wegen seiner exponierten Lage, unmittelbar. 1454–66 schloß sich die Stadt dem Preußischen Bund an, da die Nachbarstädte Soldau, Osterode und Hohenstein dem Orden treu blieben, sah Neidenburg wiederholt Ordensritter vor seinen Mauern. 1466 verblieb es beim Ordensstaate, dessen Geschichte es bis 1945 teilte. 1549 nahm die Stadt auf Geheiß Herzog Albrechts von Preußen glaubensvertriebene ,,Böhmische Brüder" auf, die hier fortan heimisch wurden. Beim Tatareneinfall in der Mitte des 17. Jahrhunderts konnten sich Tausende hinter den schützenden Mauern Neidenburgs verbergen. Dank eines glücklichen Zufalls fiel der Anführer der Tataren, so daß der die Stadt belagernde Haufe wieder abzog.

Im 18. Jahrhundert wurde Neidenburg Kreisstadt, dazu Sitz eines Justizkollegiums, Domänenjustizamtes und Steuerrates, so daß es 1782 schon 1554 Seelen zählte. Doch die französische Besetzung 1806/07 legte der Stadt schwere Lasten auf: 179 000 Taler betrugen die Schulden Neidenburgs aus jener Zeit! 1888 erhilt es Bahnanschluß und bis 1910 war die Einwohnerzahl auf 5060 Personen angestiegen. Im 1. Weltkrieg wurde die Stadt Ende August 1914 von Russen ausgeplündert und in Brand gesteckt, über 80 % der Bausubstanz wurde zerstört! 1920 stimmten bei der Volksabstimmung 99,0 % der Bevölkerung des Kreises für ein Verbleiben beim Reich, trotzdem hatte schon vorher der südwestliche Winkel des Kreises Neidenburg mit der Stadt Soldau ohne Befragung der Bevölkerung an Polen abgetreten werden müssen (487 km^2 mit 24 073 Seelen im Jahre 1910), nur um die Bahnlinie von Warschau nach Graudenz ganz in polnische Hand zu geben! Die Einwohnerschaft des Soldauer Ländchens hätte sich, wäre sie nach ihrer Meinung dazu befragt worden, sicher ähnlich eindeutig für Deutschland ausgesprochen. 1939–45 gehörte Soldau wieder zum Kreis Neidenburg.

1945 war Neidenburg eine der ersten Städte, die von der Roten Armee erreicht wurden. Wieder ging die Stadt in Flammen auf, wiederum betrugen die Zerstörungen $^4/_5$ aller Gebäude. Doch der Wiederaufbau ließ lange auf sich warten. Der schon immer große Marktplatz mit dem Rathaus in der Mitte wirkt heute noch größer, nach Südwesten zu ist er zur Ordensburg hin offen. Die Kirchen sind beide erhalten, doch ist die evangelische jetzt katholisch, die Protestanten benutzen jetzt das einstige katholische Gotteshaus. Die weithin sichtbare eindrucksvolle Ordensburg, die einst die nahe Grenze zum polnischen Masowien zu sichern hatte, wurde wiederaufgebaut und beherbergt heute ein Regionalmuseum. 11 300 Einwohner leben gegenwärtig in Neidenburg, das jetzt eine wichtige Zwischenstation an der Hauptstraße Allenstein–Danzig ist (sie führt allerdings auf einer modernen Umgehungsstraße westlich am Ortskern vorbei). Vor dem Kriege zählte die Stadt rd. 9200 Einwohner.

TANNENBERG

Wohl kaum ein Ortsname im Osten Deutschlands ist so geschichtsträchtig, ja geradezu von der Historie „belastet", wie Tannenberg. Dieser Name ist Symbol geworden für die Gefährdung der Ostprovinzen, vor allem gegenüber dem Ansturm zahlenmäßig großer Scharen, die aus den Weiten des Ostens nach Westen vordrangen und Not, Tod und Zerstörung brachten. Umwittert von der Tragik des eigenen Versagens steht das Jahr 1410 wie auch 1945 vor unseren Augen, vergangen ist die Freude über den Sieg von 1914, der durch das katastrophale Ende des 2. Weltkrieges in sein Gegenteil verkehrt worden ist. Tannenberg ist für uns Deutsche also ein Mahnmal in mehrfacher Hinsicht, ist in letzter Konsequenz Symbol für das Aufeinanderprallen der Ideen des abendländisch geprägten Westens mit den Urkräften des davon nur wenig berührten Ostens.

Die Wahlstatt von 1410 und das „Grunwald"-Denkmal

Die Schlacht von Tannenberg im Jahre 1410 ist eine der letzten großen Ritterschlachten des ausgehenden Mittelalters; ihr für den Orden unglücklicher Ausgang mag vielleicht nicht so sehr von der zahlenmäßigen Überlegenheit des polnisch-litauischen Gegners bestimmt worden sein (auf Seiten des Ordens kämpften etwa 15 000 Mann, ihnen standen rd. 25 000 Krieger gegenüber) als durch die größere Wendigkeit und Schnelligkeit der Polen und Litauer. Hinzu kam noch die Schwächung der eigenen Reihen durch den Verrat der Ritter aus dem Kulmerland, so daß nach anfänglichem Kriegsglück der Orden unterlag. Etwa 10 000 Kämpfer blieben auf der Wahlstatt, unter ihnen der Ordenshochmeister Ulrich von Jungingen. Die Tapferkeit der Ordensritter wurde auch vom Gegner anerkannt, so schreibt Sienkiewicz in seinem Kreuzritter-Roman: „Dieser Tag war für den Deutschen Ritterorden der Tag der größten Niederlage, aber auch zugleich der Tag der höchsten Ehre!" Den ritterlich kämpfenden Truppen des Ordens standen aber wild dreinschlagende Krieger gegenüber, vor allem unter den noch halb heidnischen Litauern und Tataren, die erbarmungslos Tausende niedermetzelten und auch in den umliegenden Ortschaften wüteten: Die grausame Zerstörung Gilgenburgs wenige Tage vorher kündete eine neue Form von Kriegsführung an, das Zeitalter des Rittertums ging seinem Ende entgegen. Es war die Tragik des Ordens, zu lange und zu starr an den Regeln des Mönchs- und Rittertums festgehalten zu haben, in einer Zeit, die langsam über diese Ideale hinwegging. Es sollte die zweite schreckliche Begegnung mit der Wildheit des Ostens sein — nach der Schlacht auf dem Eise des Peipus-Sees in Estland 1227, wo schon der Schwertbrüderorden mit den Heerscharen des alten Rußland zusammengetroffen war.

Den ursprünglichen Ort der historischen Schlacht des Jahres 1410 zwischen dem Deutschen Ritterorden und dem vereinigten polnisch-litauischen Heere sucht man zwischen den Dörfern Tannenberg und Grünfelde (nach diesem Ort — poln. „Grunwald" — benennen die Polen die Schlacht). Was dem einen schmerzliche Niederlage, ist dem anderen berauschender Sieg — bei näherer Betrachtung zeigt sich jedoch ein erstaunliches Phänomen: Je weiter die Zeit voranschritt, desto größer wurde die Niederlage bzw. der Sieg — besonders aus der Perspektive der Sieger. Vor allem die romantisierende, der einstigen Größe Polens nachtrauernde polnische Geschichtsschreibung des 19. Jahrh. hat diese gewiß nicht unbedeutende Schlacht, die aber vergleichsweise nur geringe Konsequenzen für den Orden hatte (weil die Polen unfähig waren, den Sieg militärisch auszunutzen — nicht zuletzt Dank der Rolle Heinrich von Plauens, des Retters des Ordens!), zu einer — ja *der* Entscheidungsschlacht zwischen Polen und Deutschen hochstilisiert.

Diese Auffassung wirkt bis heute unverändert nach, nicht zuletzt durch die Ereignisse von 1945: Aus nationalpolitischer Sicht hat das Jahr 1945 den 1410 entbehrten und auch 1466 beim 2. Thorner Frieden nicht erreichten Erfolg gebracht — die Erwerbung des Preußenlandes, nach dem die Polenherrscher schon seit Boleslaw Chrobry's Zeiten vergeblich trachteten. Seine Missionsversuche bei den alten Prußen, bei denen er sich des aus Prag stammenden Bischofs Adalbert und wenig später Bruno von Querfurts bediente, waren durchaus machtpolitischer Natur — eben dasselbe, was Deutschland mit seiner „Germanisierung" und seinem „Drang nach Osten" immer von polnischer Seite vorgeworfen wird. Das wird heute auch offen zugegeben: Entlarvend sind da heutige Reiseführer aus Polen — da wird ganz unumwunden gesagt, daß die polnischen Ritter und „Bauerninfanterie" die Mannschaften im Lager der „Kreuzritter", wie die Ordensritter bei den Polen grundsätzlich heißen („Krzyzac" ist ein Schimpfwort, das vor allem in den 30er Jahren mit dem Begriff „Faschist" gleichgesetzt und auch heute noch gelegentlich in dieser Bedeutung gebraucht wird), „mit Stumpf und Stiel ausrotteten", bei diesem „Pogrom" (!) seien nur 1400 Bewaffnete am Leben geblieben!

Man sieht die Emotionsgeladenheit hinter diesen Formulierungen; kein Wunder: Jedes polnische Kind lernt in der Schule im Geschichtsunterricht genau die Umstände der „Schlacht von Grunwald", jeder polnische Soldat wird im Rahmen seiner Grundausbildung bei einer Besichtigung der Gedenkstätten mit dem Geschehen von damals vertraut gemacht und wahre Scharen von Menschen aus allen Teilen Polens pilgern jährlich, einer Wallfahrt gleich, zum Ehrenmal, das 1960 anläßlich der 550. Wiederkehr des Tages der Schlacht vom polnischen Staat, der nunmehr seit 1945 im Besitz dieser für die polnische Geschichte so heiligen Stätte ist, errichtet wurde.

Warum? Was hat die längst vergangene Schlacht, die zwar militärisch, nicht aber politisch in einen Sieg umgemünzt werden konnte, mit der Gegenwart zu

Die Straße zum Denkmal sieht aus wie der Weg nach Golgatha . . .

Das polnische ,,GRUNWALD''- Denkmal

Der poln.-litauische Sieg von 1410 wird heute mit dem Sieg über das ,,Dritte Reich'' verquickt (Blick in das Innere des Ausstellungs- pavillons).

Oben auf dem Berg ist das Schlachtfeld plastisch dargestellt

tun, zumal Polen seit 1945 das lange begehrte Ostpreußen und darüberhinaus noch ganz Westpreußen, Ostpommern und Schlesien besitzt? Es hat mit der *Deutung* des Geschehens von 1410 zu tun, mit der im 19. Jahrh. erfolgten nationalistischen Überfrachtung, die dem Ereignis eine gegenwartsbezogene Bewertung unterlegte, die ihm gar nicht zukommt: Für die polnische Geschichtsschreibung ist „Grunwald" das Symbol der slawisch-polnischen Gegenwehr gegen die germanisch-deutschen ‚Eindringlinge', die 1410 erstmals erfolgreich geschlagen und in ihrem „Expansionsdrang" gebremst (der Orden hat tatsächlich nach 1410 nur noch Gebietsverluste zu verzeichnen gehabt), schließlich aber 1945 endgültig besiegt und aus diesem „urslawischen Land" vertrieben wurden.

Dieser chauvinistischen Auffassung bliebe eigentlich nichts hinzuzufügen, wenn sie nicht zwei „Schönheitsfehler" hätte. Da ist zum einen die Tatsache, daß der Orden überhaupt nicht aus eigenem Entschluß ins Preußenland kam, und schon gar nicht um zu „germanisieren", sondern einem dringenden Hilferuf eines polnischen Teilfürsten (1226), Konrads von Masowien, entsprach, denn die Polen hatten sich mit den Prußen angelegt und wurden ihrer nun nicht mehr Herr – und zum andern sollte man die Tatsache erwähnen, daß der die polnisch-litauischen Heerscharen ins Feld führende König Polens des Jahres 1410, Wladyslaw Jagiello identisch ist mit jenem litauischen Großfürsten Jogaila, der aus seinem Heidentum heraus der größte Gegner des zur Christianisierung der baltischen Völker angetretenen Deutschen Ritterordens war. Aus diesem Blickwinkel wird auch dessen Heirat mit der polnischen Thronerbin Hedwig (Jadwiga) im Jahre 1386 und seine damit verbundene Thronbesteigung in Polen verständlich: Das Motiv dieser Heirat war nicht seine innere Hinwendung zu den Idealen des christlichen Glaubens, sondern der sich abzeichnende bedeutende Machtzuwachs.

Man hört es daher auf polnischer Seite nur ungern, wenn man darauf hinweist, daß 1410 dem einst von den Polen gerufenen Ritterorden – einer christlich-katholischen, mönchischen Gemeinschaft – ein Gegner gegenüberstand, der, innerlich noch von seinem heidnischen Haß beherrscht, neben den christlichen Polen aber vor allem seine noch kaum christianisierten Litauer ins Feld führte, verstärkt durch Tataren (Moslems) und weißrussische Einheiten (Orthodoxe). Damit wird deutlich, was Tannenberg eigentlich war, eine Auseinandersetzung zwischen Abendland und dem letzten, verzweifelten Aufflackern des Heidentums – gesiegt hat der Verlierer: das abendländische Christentum in seiner lateinischen Form setzte sich durch, wenn auch auf dem Umweg über die vorgenannte Heirat – Litauen wurde zu einem Anhängsel Polens, das in der Folgezeit dort durchführen konnte, was es dem Ritterorden verargte: die Polonisierung statt einer Germanisierung. Das ging soweit, daß 1918 ein eigentlich litauischer Adeliger zum ersten Staatspräsidenten des wiederhergestellten Polen wurde: Jozef Pilsudzki.

Für den Orden bedeutet Tannenberg die Wende, den Beginn des Niederganges; für Polen den Beginn seiner Großmachtstellung, die es allerdings nur zusammen mit dem starken Litauen erreichen konnte. So symbolisiert das Tannenberg des Jahres 1410 für uns Deutsche Schmerz und Trauer, zumindest Besinnung, für die Polen höchsten Triumph; in diesem Sinne ist also „Tannenberg" nicht gleich „Grunwald".

Grunwald – d. h. der „Sieg über die germanischen Eindringlinge" – ist kein Teil unserer deutschen Geschichte, ja nicht einmal *der* Geschichte überhaupt; denn ein Grunwald dieser Bedeutung hat nie stattgefunden.

Vor 1945 erinnerte übrigens nur der „Hochmeisterstein" an das Schlachtgeschehen, ein mächtiger Findling, der zu einem Denkmal aufgestellt und mit einer Inschrift versehen wurde. Er soll 1410 nach dem Kampf dem polnischen König als Sitz zum Ausruhen gedient haben, er hieß daher einst auch „Jagiellostein". Unmittelbar nach der Schlacht ließ der Orden auf der Wahlstatt eine Kapelle errichten, von der jedoch nur die Fundamente erhalten sind.

Die Schlacht von 1914 und das Reichsehrenmal Tannenberg

Und doch denken viele von uns, wenn sie den Namen Tannenberg hören, an ein anderes Tannenberg: das 1927 unweit von Hohenstein errichtete imposante Reichsehrenmal. Auch dies wurde in kurzer Zeit zum Symbol – zum Wahrzeichen der Abwehr der Gefahr aus dem Osten, wie sie sich im Einmarsch der Russen 1914 in Ostpreußen gezeigt hatte. In zwei großen Schlachten, der Schlacht bei Tannenberg und der Winterschlacht in Masuren konnte Hindenburg Ostpreußen von den eingedrungenen russischen Truppen befreien. Die Benennung nach Tannenberg (natürlich wurde 1914 nicht nur hier gekämpft) zeigt, daß man „eine Scharte auswetzen" wollte, obwohl ein Vergleich mit 1410 nur sehr bedingt herzustellen ist. Gemeinsam ist beiden Jahren jedoch – wie schon die Jahre des Tatareneinfalls 1656 und auch die Besetzung Ostpreußens durch die Russen im Siebenjährigen Kriege es deutlich zeigen – daß eine militärische Begegnung mit dem Osten auf uns Deutsche immer anders gewirkt hat, mehr bedeutet hat, als der Kampf mit Franzosen oder Schweden. Hier brach eine andere Welt herein, eine zivilisationsfeindliche, unmittelbare und archaische Welt, die den Krieg nicht nur gegen die militärischen Verbände des Gegners, sondern und gerade auch gegen die Zivilbevölkerung führte. Das ist die leidvolle Erfahrung Ostpreußens aus der Geschichte, ein Wissen, das dieses leidgeprüfte Land allen anderen deutschen Provinzen voraus hatte und das Ende 1944 mit dem Beginn der Flucht der ostpreußischen Bevölkerung vor der Roten Armee die gewaltige Lawine der größten Völkerwanderung Europas in Gang setzte.

So wurde das Ehrenmal denn auch als geschlossene, achteckige Burganlage konzipiert – immerhin in der *Weimarer Republik,* die mit ihrem 100 000-Mann-Heer die Schutzlosigkeit des Reiches besonders empfand. Der 1919 gegründete Tannenberg-Nationaldenkmalverein brachte rasch die Summe für den Bau durch Spenden auf, so daß schon 1927 die Einweihung feierlich vollzogen werden konnte. Dabei verwahrte der damalige Reichspräsident von Hindenburg sich gegen die Alleinschuld Deutschlands am 1. Weltkriege. Dem besonderen Charakter Ostpreußens als Land der Ordensburgen entsprechend, wählte man für dieses Bauwerk die Ziegelbauweise und krönte es mit acht mächtigen Türmen. In Aussage und Ausgestaltung konzentrierte es sich ausschließlich auf das Tannenberg von 1914, es war also kein Gegenstück zum heutigen Grunwald-Denkmal der Polen. 1934 fand der Sieger von damals, der Reichspräsident und Generalfeldmarschall von Hindenburg hier seine (vor)letzte Ruhestätte. 1935 wurde das Denkmal zum Reichsehrenmal erklärt.

Doch dieses Tannenberg gibt es nicht mehr. Am 20. 1. 1945 wurden die Särge Hindenburgs und seiner Frau über See nach Westen abtransportiert und kamen in ein Bergwerk nach Thüringen, später nach Hannover, dem Alterswohnsitz Hindenburgs vor 1925 – wo die neue, nach 1945 von den Engländern dort eingesetzte Stadtverwaltung eine Aufnahme verweigerte! Auf Anordnung der amerikanischen Besatzungsmacht fanden sie dann in der Elisabethkirche zu Marburg/Lahn ihre letzte Ruhestätte. Das Denkmal selbst wurde von deutschen Soldaten durch Sprengung des Eingangs- und des Gruftturmes unzugänglich gemacht; die Sowjets zerstörten es nach der Eroberung Ostpreußens vollständig und erst um 1960 – im Jahre der Entstehung des Grunwald-Denkmals – trugen die Polen die Ruine ab; nurmehr kümmerliche, von Gestrüpp überwucherte Reste künden heute von diesem einst so stolzen, eindrucksvollen Bau.

Doch gerade diese Reste sind wiederum Symbol geworden, sie sind Ausdruck für die heutigen Verhältnisse, vor allem im nördlichen Teil des alten Ostpreußen, dieser Landschaft, von der sogar der Name von der Landkarte getilgt ist (von Pommern und Schlesien gibt es immerhin polnische Entsprechungen): Tannenberg ist mit Ostpreußen untergegangen, und Grunwald ist an seine Stelle getreten. Klarer und eindringlicher kann wohl nicht der tiefgreifende Wandel des Jahres 1945, der Verlust von in 7 Jahrhunderten aufgebauter Heimat und auch der große Gegensatz zwischen deutschem und polnischem Geschichtsverständnis nicht sichtbar werden: Die Problematik der ostdeutschen Geschichte in nuce!

Es gibt da noch viel aufzuarbeiten, damit aus Grunwald wieder Tannenberg wird, nämlich das wirkliche Tannenberg des Jahres 1410 – ohne die belastende Befrachtung mit den Erfahrungen und Umwertungen späterer Jahrhunderte. Die historische Wahrheit allein sollte der Maßstab für die Betrach-

eichsehrenmal
Tannenberg

Das Tannenberg-Denkmal (unten: Gesamtansicht) wurde 1935 zum Reichsehrenmal erklärt. Im Gruftturm (oben, rechts) fand Hindenburg seine (vor-)letzte Ruhestätte. Der Eingang zur Gruft wurde von zwei großen, in Granit gehauenen Soldaten bewacht.

tung der Geschichte sein. Möge die Zukunft uns alle darin einige Schritte auf diesem mühseligen Pfad weiterbringen.
Nach soviel Geschichtsträchtigkeit wird man durch die stille Weitläufigkeit der ostpreußischen Landschaft versöhnt, über der sich ein grenzenlos weiter Himmel wölbt. Das Schlachtgetümmel längst vergangener Tage ist dem tiefen Frieden einer barmherzig alles zudeckenden Natur gewichen, die auch das Pathos und den Lärm von heute überdauern wird.

HOHENSTEIN

Nur wenige Kilometer waren es bis „Allensteinchen" (Olsztynek), wie Hohenstein heute von den Polen genannt wird. Es erhielt bereits vor 1359 kulmisches Stadtrecht und wurde in den Kriegen der vergangenen Jahrhunderte, so 1410, 1414, 1656, aber auch 1914 und schließlich 1945 immer wieder zerstört. Das Schloß, das zuletzt die Behring-Schule beherbergte, und die Pfarrkirche sind wiederhergestellt worden. 5200 Bewohner leben heute in der Stadt, die 1939 4245 Einwohner zählte.
Das Bemerkenswerte an der ganzen Stadt ist aber das Freilichtmuseum. Als ältestes seiner Art in Deutschland wurde es bereits 1913 in Königsberg ge-

Vorlaubenhaus mit Holländer-Windmühle im Freilichtmuseum von Hohenstein.

218

gründet und 1940 nach Hohenstein verlegt. Auf einer insgesamt 35 ha großen Fläche zeigt es zahlreiche bäuerliche Haus- und Gehöftformen sowie einige Wirtschaftsgebäude, so z. B. eine Wassermühle aus Kalborn (Kr. Allenstein), ein Vorlaubenhaus aus Gansen, Kr. Sensburg, die Nachbildung der kleinen Holzkirche von Reichenau, Kr. Osterode (der in der Kirche aufgestellte Renaissancealtar stammt aus der 1894 abgebrochenen Holzkirche in Großrosen (Kr. Johannisburg); der neben der Kirche errichtete Holzturm wurde dem in Manchengut bei Osterode stehenden Original nachgebildet. Ein Dorfgasthaus aus Bordehnen, Kr. Preuß.-Holland, Windmühlen aus der Königsberger Gegend und aus dem Kreise Mohrungen (Alt Bestendorf, Wodigehnen) zeigen zusammen mit Holzbauten aus dem Memelland, Pomesanien und dem Ermland die alte bäuerliche Volkskultur Ostpreußens.

Literatur:
BOSK, Gerhard u. WIPPICH, Gerhard: Kreis Johannisburg. Heimat – Umgeben von Wäldern und Seen. (Neumünster) 1980
GLASS, Paul: Der Kreis Sensburg. Aus dem Nachlaß hrsg. u. ergänzt v. Fritz Bredenberg. Würzburg 1960. (Ostdeutsche Beiträge a. d. Göttinger Arbeitskreis, 15)
GUTTZEIT, Emil Johannes: Der Kreis Johannisburg. Ein ostpreußisches Heimatbuch. Würzburg 1961. (Ostdeutsche Beiträge a. d. Göttinger Arbeitskreis, 31)
HARTMANN, Ernst: Geschichte der Stadt Hohenstein in Ostpreußen. Würzburg 1959. (Ostdeutsche Beiträge a. d. Göttinger Arbeitskreis, 14)
KAKIES, Martin: Masuren in 144 Bildern. Leer 1956
KUNGK, Hans: Heimatbuch des Landkreises Allenstein. Langenhagen 1968
MEYHOFER, Max: Der Kreis Ortelsburg. Ein ostpreußisches Heimatbuch. Nachdruck der Ausgabe 1957. Leer 1978. (Ostdeutsche Beiträge a. d. Göttinger Arbeitskreis, 4)
– Der Kreis Lötzen. Ein ostpreußisches Heimatbuch. Würzburg 1961. (Ostdeutsche Beiträge a. d. Göttinger Arbeitskreis, 20)
– Die Landgemeinden des Kreises Lötzen. Ein Beitrag zur Besiedlung, Bevölkerungsentwicklung und Wirtschaftsgeschichte vom 14. Jh. bis 1945. Würzburg 1966. (Ostdeutsche Beiträge a. d. Göttinger Arbeitskreis, 34)
– Der Kreis Neidenburg. Landshut 1968
– Die Landgemeinden des Kreises Neidenburg. Ein Beitrag zur Besiedlung, Bevölkerungsentwicklung und Wirtschaftsgeschichte vom 14. Jh. bis 1945. Landshut 1969
– Die Landgemeinden des Kreises Ortelsburg (Ergänzungsband). Leer 1971
POSCHMANN, Erwin: Der Kreis Rößel. Ein ostpreußisches Heimatbuch. Kaltenkirchen 1977

Zurück durch Netzegau und Grenzmark

(Allenstein – Osterode – Löbau – Neumark – Strasburg – Bromberg – Nakel – Wirsitz – Schneidemühl – Schrotz – Deutsch Krone – Schloppe – Tütz – Märkisch Friedland – Kallies – Reetz – Stettin; 497 km)

Kleines Gehöft in Schrotz, Kr. Deutsch Krone (Zeichnung: Dr. Heinz Walsdorff)

Jede Reise findet einmal ihr Ende. So erging es auch uns: Als wir Allenstein verließen, wußten wir, daß der Weg uns nun zurück führen würde – aus der alten in die neue Heimat, in die uns nun mittlerweile selbstverständlich gewordene Heimstatt im Westen.

Auf der früheren Reichsstraße 127 trug uns der Omnibus westwärts, vorbei an dem heute zum Allensteiner Stadtgebiet gehörigen Deuthen und dem Flugplatz von Allenstein, dann durch die dichten Wälder des Forstes Kudippen durch Nagladden nach Dietrichswalde. Bald darauf querte die Straße die Passarge und damit die Westgrenze des Ermlandes – dieser „kirchlichen Landschaft", die wir so eindringlich kennengelernt hatten. Bei Altfinken stießen wir auf die Eisenbahn nach Thorn – Posen – Berlin, zusammen mit ihr gelangten wir auf einem Damm über den langgestreckten Schillingsee und erreichten über Lubainen die Kreisstadt Osterode.

OSTERODE i. Ostpr.

Noch gegen Ende des 13. Jahrh. hatte der Orden auf einer Insel zwischen drei Drewenzarmen und dem Drewenzsee das „feste Haus" Osterode angelegt. Da für das Jahr 1303 der spätere Hochmeister Luther v. Braunschweig als Ordensritter im nahen Christburger Konvent nachweisbar ist, liegt es nahe, in dessen welfischer Herkunft auch die Wurzel der Besiedlung des Osteroder Gebietes zu suchen. Sicher sind damals zu Beginn des 14. Jahrh. viele (nieder-)sächsische Kolonisten, wohl aus der Gegend des Harzes und insbesondere aus Osterode/Harz hierhergekommen und haben ihrer neuen Heimat an der oberen Drewenz die Bezeichnung „Sassen" eingebracht.

1329 verlieh Luther v. Braunschweig der im Schutze des festen Hauses erwachsenen Siedlung das kulmische Stadtrecht, um 1340 wurde Osterode auch Sitz eines Komturs. Die Jahre 1376 und 1381 brachten der Stadt Osterode Plünderung und Zerstörung durch den Litauerfürsten Kinstut, 1400 brannte sie fast vollständig ab und 1410 sah sie erneut Not und Elend, als das polnisch-litauische Heer bei Tannenberg gesiegt hatte.

Nach der Reformation wurde Osterode Sitz eines Hauptamtes, das jedoch im 17. Jahrh. durch die schwedisch-polnischen Kriege, die auch das Herzogtum Preußen nicht verschonten, stark in Mitleidenschaft gezogen wurde. Im 18. Jahrh. wütete die Pest (1709−10) hier besonders stark, so daß die Stadt noch 1740 nur 696 Seelen zählte. Bis 1787 stieg ihre Zahl aber bereits auf 1539 Bewohner an.

Das 19. Jahrh. brachte drei wichtige Ereignisse, die sich auf das Wachstum der Stadt sehr förderlich auswirkten: 1818 wurde Osterode Sitz eines Landratsamtes, 1852 wurde der Oberländer Kanal erbaut und 1872 erhielt die Stadt Eisenbahnanschluß. 1900 zählte sie 13 171 Einwohner.

Doch dann brachte der 1. Weltkrieg für die Entwicklung der Stadt einen tiefen Einschnitt: Von hier aus leiteten Hindenburg und Ludendorff die Kämpfe um Tannenberg 1914, die damit auf Osteroder Kreisgebiet stattfanden, und noch einmal geriet Osterode in Bedrängnis, als nach dem verlorenen Kriege um das südliche Ostpreußen in Form einer Volksabstimmung gerungen werden mußte: Am 11. 7. 1920 gaben jedoch 97,8 % der Stimmberechtigten im Kreis Osterode ihr Votum für ein Verbleiben beim Reich ab. 1939 zählte die Stadt bereits 19 519 Bewohner.

Am späten Abend des 21. 1. 1945 besetzte die Rote Armee das unversehrt gebliebene Osterode, doch schon zwei Tage später ging die Stadt in Flammen auf − der Brand wurde auch hier von sowjetischen Soldaten gelegt. Besonders die Umgebung des Marktes und die angrenzenden Straßen im Westen der Stadt waren davon betroffen, aber auch das Schloß und die Landkirche. Manches wurde seither unter polnischer Verwaltung wiederaufgebaut, doch bleibt noch viel zu tun. Nach polnischen Angaben lebten 1950 noch

16,3 % der alteingesessenen „autochthonen" Bevölkerung (Masuren) im Kreis, Osterode selbst ist mittlerweile auf über 24 300 Einwohner angewachsen (1975).

Osterode liegt im südlichen Teil des *Oberlandes,* früher auch *Hockerland* genannt. Beides sind sehr treffende Bezeichnungen: Erreicht doch der Ostpreußische Landrücken unweit von hier in der *Kernsdorfer Höhe* mit 313 m die höchste Erhebung Ostpreußens. Napoleon, der 1807 nach der Schlacht von Preußisch Eylau in diesem Landstrich weilte, war von seiner Schönheit so angetan, daß er sie malen ließ. Noch heute kann man im Schloß zu Versailles dieses Landschaftsgemälde bewundern. Die Stadt Osterode selbst fand keine Gnade, er bezeichnete sie einmal als „elendes Loch". Nun denn . . .

Wir schickten uns an, Ostpreußen zu verlassen. Die Straße führte uns in südwestlicher Richtung auf die alte Provinzgrenze zu, die 1920–39 auch Reichsgrenze war. Kurz hinter Leip war es soweit: Tief senkte sie sich ins Tal des Gießlerbachs hinab – einen Augenblick nur – und wir waren wieder im *Kulmerland,* Kurs auf Löbau nehmend.

LÖBAU i. Westpr.

Das Gebiet um Löbau gehörte einst noch zum altpreußischen Siedlungsraum. Wahrscheinlich befand sich 1216 hier eine prußische Fliehburg – der Nähe zum polnischen *Dobriner Land* wegen. Bereits 1260 wird eine Marktsiedlung („forum Lubavie") erwähnt, die jedoch neun Jahre später im Zuge des großen Prußenaufstandes von einfallenden Sudauern zerstört wird. Dabei ist sogar schon von „Stadt und Burg" des Landes Löbau die Rede. Nach der Niederwerfung der Erhebung wurde die Marktsiedlung wiederaufgebaut und im Jahre 1301 von Bischof Hermann v. Kulm mit einer Handfeste versehen. Mauern und Gräben und ein etwa ab 1300 erbautes festes Schloß sicherten die Stadt fortan.

Analog den Verhältnissen in den drei anderen Bistümern des preußischen Ordenslandes wählten sich auch die Kulmer Bischöfe ein weltliches Territorium in ihrer Diözese. Dabei kam es aber nicht wie im Ermland oder in Pomesanien zur Ausbildung eines geschlossenen Herrschaftsgebietes, sondern der bischöfliche und Kapitelsbesitz erstreckte sich auf mehrere Einzelterritorien im Kulmerland, von denen das Land Löbau das bedeutendste war. Nicht zuletzt daher wählten die Bischöfe von Kulm Löbau zu ihrer ständigen Residenz, jedoch blieb Kulmsee Kathedralsitz. Das blieb so bis 1781, als die Bischöfe ihren Wohnsitz wieder in Kulmsee nahmen.

Die lange direkte Herrschaft der Bischöfe und die Unterstellung des Kulmerlandes unter polnische Herrschaft ab 1466 haben diesen Landstrich, den späteren, 1818 errichteten Landkreis Löbau (später Neumark) zu einer Hochburg des Polentums werden lassen: Mit 78,3 % polnischsprachigen Einwohnern wies dieser Kreis 1910 den höchsten Anteil nichtdeutscher Bevölkerung in Westpreußen auf.

Das Löbauer Bischofsschloß brannte 1813 aus und wurde in der Folgezeit abgetragen, viele der Ziegel fanden beim Um- und Neubau der Bürgerhäuser Verwendung, die 1792 zumeist noch aus Lehmfachwerk errichtet waren. 1862 wurde die Chaussee nach Thorn fertiggestellt, 1881 erhielt die Stadt mit einer Stichstrecke Anschluß an die Marienburg-Mlawaer Bahn. 1910 gaben in Löbau 40,0 % der 5365 Einwohner Deutsch als Muttersprache an; 1943 wurden 5657, 1974 6783 Bewohner gezählt. –

Weiter ging es durch Samplau, dann am Bahnhof Weißenburg über die schon erwähnte, bereits 1876/77 erbaute Marienburg-Mlawaer Bahn, die heute wieder die wichtigste Verbindung zwischen Warschau und Danzig darstellt (1920–39 wurden die Züge über Soldau – Goßlershausen – Laskowitz nach Dirschau – Danzig geleitet), und bald hinter dem ehemaligen Ordensvogtei- und Starostensitz Brattian war Neumark erreicht.

NEUMARK i. Westpr.

Die Stadt entwickelte sich an einem wichtigen Übergang über die obere Drewenz, der vermutlich schon vor der 1325 durch den Kulmer Komtur Otto v. Lutterberg vorgenommenen Gründung Neumarks durch ein Ordenshaus gesichert war. Vielleicht stand es an der Stelle des späteren Rathauses, die außerordentlich feste Fundamentierung dieses Baues deutet vielleicht auf jenen ordenszeitlichen Vorgängerbau hin. Die Stadt wurde noch im Mittelalter durch Mauern, zahlreiche Türme und einen Graben befestigt.

Auch in Neumark hielt im 16. Jahrh. die Reformation Einzug; da die Stadt nicht zum Kulmer Bischofsland wie das benachbarte Löbau gehörte, konnte sich der neue Glaube sogar so stark ausbreiten, daß noch 1672 die Protestanten als die ,,Ersten in der Stadt" bezeichnet werden konnten, obwohl die Unterdrückungen durch die Gegenreformation schon begonnen hatten. In der Folgezeit ging ihre Zahl dann doch sehr bald zurück; auch das in religiösen Dingen tolerante Preußen konnte die durch Abwanderung erfolgten Verluste kaum wettmachen. 1824 erhielt Neumark endlich eine eigene evangelische Kirche. 1910 waren 41,1 % der 4144 Einwohner deutschsprachig, 1921 war die Zahl auf 3721 Bewohner zurückgegangen, 1943 wurden wieder 4884, 1974 sogar 7122 Einwohner gezählt.

Schon seit 1818 war Neumark Sitz des Landratsamtes für den Kreis Löbau, so daß es infolge der 1902 erbauten Bahnlinie Deutsch Eylau – Neumark – Strasburg auch verkehrsgünstiger zu liegen kam als Löbau. –

Nur 3 km südlich liegt das frühere Städtchen *Kauernick,* dessen Gebiet 1291 dem Kulmer Domkapitel zugewiesen wurde und das nach 1300 als Stadt entstand. 1905 nahm der kleine Ort, der 1867 noch 997 Seelen, aber 1910 nur noch 793 Bewohner aufwies, die Landgemeindeordnung an und wurde ein Dorf.

Kurz hinter Deutsch Brzozie (Brosen) wurde das Gebiet des Nachbarkreises Strasburg erreicht. Die Straße senkt sich zur Niederung der Drewenz und schneidet hier die große Schleife dieses Flusses ab, um ihn dann bei der Eisenbahnhaltestelle Broddydamm noch einmal zu berühren; bald darauf war die Nachbarkreisstadt erreicht.

STRASBURG i. Westpr.

Diese Stadt zeigt sowohl mit ihrem deutschen wie auch dem polnischen Namen *Brodnica* die große Bedeutung ihrer Lage an einer wichtigen Furt durch die Drewenz an, die im Zuge einer alten Handelsstraße vom Prußenland zur masowischen Hauptstadt Plock hier durch eine Burg geschützt wurde: Straße, Burg und Furt (poln. = brod) sind die namengebenden Begriffe. Kein Wunder: Die Lage des Ortes im alten Land *Michelau,* also dem Grenzgebiet zwischen Altpreußen, dem Kulmerland und dem zu Masowien gehörigen Dobriner Land, verlangte die Sicherung dieses strategisch so wichtigen Platzes.

Mittelpunkt des Landes Michelau (das etwa das Gebiet der späteren Kreise Strasburg und Löbau umfaßte) war der Burgwall in dem vor den Toren von Strasburg liegenden Dorf Michelau (jetzt eingemeindet), der jedoch nach der Gründung der Stadt Strasburg, die wohl zu Beginn des letzten Jahrzehnts im 13. Jahrh. erfolgt sein muß, an Bedeutung verlor. 1298 überfielen die Sudauer die junge Stadt, in der bereits der Orden einen Konventssitz hatte. In den Jahren 1305-39 entstand die Ordensburg, in dieser Zeit erbaute man auch die St. Katharinen-Kirche (eine zweitürmige Anlage, von der jedoch nur ein Turm aufgeführt wurde). Die Stadt nahm in der Folgezeit Dank ihrer günstigen Lage in einer Flußschlinge der Drewenz eine günstige Entwicklung.

1414 schlossen der Orden und Polen hier einen Waffenstillstand, der später bis 1421 verlängert wurde. Im 13jährigen Krieg eroberte der Söldnerführer Bernhard v. Zinnenberg 1461 die Stadt, in dessen — und nach seinem Tode — seines Bruders Pfandbesitz sie bis 1478 verblieb. König Matthias Corvinus von Ungarn löste sie dann aus und überließ sie dem Orden, der sie 1479 dem König von Polen übergab.

In den Jahren 1563—66 wandten sich die damals zumeist deutschen Einwohner dem evangelischen Glauben zu und blieben ihm auch weitgehend treu, obwohl sie 1598 die Pfarrkirche den Katholiken zurückgeben mußten. 1646 konnte die evangelische Gemeinde ein Religionsprivileg vom polnischen König erwirken und daraufhin das „Steinhaus" am Markt als evangelisches Gotteshaus weihen.

Als Strasburg 1772 preußisch wurde, lebten nur 1283 Einwohner in der Stadt, ihre Zahl stieg bald auf 2113 Seelen an (1807). Die nahe Grenze zu Kongreßpolen ließ besonders die Gewerbe der Tuchmacher, Gerber und Schuster aufblühen, die jedoch durch die russische Zollpolitik gegen Ende des 19. Jahrhunderts ihre traditionellen Absatzmärkte verloren. 1910 hatte Strasburg 7951 Einwohner (48,0 % Deutsche), 1943 waren es 11 597, heute leben hier 18 000 Menschen.

Strasburg ist heute ein reger Mittelpunkt eines beliebten Erholungsgebietes und ein aufstrebender Ort, der sich allmählich zum Mittelpunkt zwischen Allenstein, Thorn, Graudenz und Plock entwickelt. Die große Ferne dieser Städte weist ihm eine zentralörtliche Funktion zu, die ein weiteres starkes Wachstum erwarten läßt. –

Von Strasburg aus durchfuhren wir das südliche Kulmerland, das wir schon kennengelernt hatten, passierten Schönsee (S. 118) und Thorn (S. 103ff.), um jenseits der Weichsel in die weiten Kiefernwälder der „Bromberger Heide", wie sie heute genannt wird, zu gelangen.

Kurz vor Weichselthal verließen wir die alte Thorn – Bromberger Chaussee und überquerten im Zuge einer neuen Fernstraße die Eisenbahnlinie Thorn – Bromberg, um südlich dieser Bahn die Kleinstadt *Schulitz*, das „Holzstädtchen" (wegen seiner großen Holzlagerplätze und Sägewerke so genannt), zu umfahren. Bei Siebenbergen zweigt von dieser Straße eine weitere Umgehungsstraße ab, die um Bromberg in weitem Bogen herumführt, bei der Försterei Stryschek (Wildenkrug) Bahn und Straße nach Hohensalza überquert, westlich von Weißfelde die Landstraße nach Netzwalde – Schubin kreuzt und in Pawlowke (Paulshöfen) auf die Chaussee Bromberg – Schneidemühl stößt. Diese 26 km lange südliche Umfahrung Brombergs wurde erst in den 70er Jahren erbaut und führt zumeist durch die mit dürren Kiefern bestandenen Binnendünengebiete der Oberförstereien Bartelsee und Bromberg.

Kurz vor Bromberg steigt die neue Thorner Chaussee (im Bromberger Stadtgebiet wird sie demzufolge auch „Nowotoruńska" genannt) auf die frühere Prinz-Albrechts-Höhe hinauf: Von hier bietet sich ein großartiger Blick zurück ins breite Urstromtal der Weichsel, die majestätisch in weitem Bogen von Osten ihre Bahn zieht. Kurz vor Klein Bartelsee erreichten wir wieder die alte Thorner Landstraße, um auf ihr in den Stadtkern von Bromberg zu gelangen.

BROMBERG

Die Altstadt von Bromberg ist nur klein, sie lehnt sich südlich der Brahe an eine Flußschlinge an, an der auch früher die alte Burg *Bidegast* lag, deren Reste erst kurz vor 1900 abgetragen wurden. Diese Burg geht auf eine frühgeschichtliche Wehranlage zurück, die wohl schon um das Jahr 1000 einen Übergang von *Kujawien* – also von Polen – in das damals zu Pommern gehörige Grenzland nördlich der Brahe bewachte. Sie kontrollierte einen wichtigen Paß an einer besonders schmalen Stelle des großen west-östlich verlaufenden Thorn-Eberswalder Urstromtales, das zwischen Weichsel und Oder im 11. Jahrh. noch die Grenze zwischen Pommern und Polen bildete. An diesem von Sümpfen ausgefüllten Grenzsaum waren schon in urgeschichtlicher Zeit zahlreiche Grenzburgen angelegt worden, von denen hie und da noch ein Burgwall zeugt – Eckpfeiler dieses Grenzburgensystems zwischen Pomoranen und Polen war die Burg *Wyszogrod,* die bei Fordon lag.

Urkundlich erscheint Bromberg erstmals im Jahre 1238, als Herzog Kasimir von Kujawien sich zu einem friedlichen Verhalten gegenüber dem Deutschen Ritterorden verpflichtete. Als Zeuge dieses Dokuments wird ein Sezzlaus „castellanus bidgostiensis" genannt. Polen hatte nach 1100 den nördlich der Brahe gelegenen Teil Pommerns, die *Kraina,* erobert (etwa die späteren Kreise Bromberg, Wirsitz und Flatow/Zempelburg), dadurch war die Bedeutung der Burg am Braheübergang gewachsen – sie wird wohl ab 1200 in Stein aufgeführt worden sein. Die sich im Schutze der Burg entwickelnde Handwerker- und Kaufmannssiedlung erhielt im Jahre 1346 das magdeburgische Stadtrecht. Vorübergehend befand sich der in ordenszeitlichen deutschen Quellen oft Brahenburg oder Bramburg genannte Ort im 14. Jahrh. im Besitz des Ordensstaates und sogar der Pommernherzöge, doch blieb die polnische Herrschaft letztlich unangefochten – auch im 17. Jahrh., als Schweden und Brandenburger das Land an der Netze zeitweise besetzt hatten.

Bromberg war zu Beginn der Neuzeit eine nicht unbedeutende Handelsstadt, deren Bier weithin berühmt war – bis hinein ins Ordensland. Doch der Wohlstand der Stadt begann im 17. Jahrh. zu sinken und daran waren die vielen Kriege Schuld, die zwischen Polen und Schweden geführt wurden. Trotz der vielen Nöte, von denen die Stadt besonders im 2. Schwedisch-Polnischen Krieg heimgesucht wurde, war es ihr vergönnt, sogar Schauplatz eines wichtigen historischen Geschehens zu sein: Hier wurde zwischen dem brandenburgischen Großen Kurfürsten und dem polnischen König der *Vertrag von Bromberg* ausgehandelt und am 6. Nov. 1657 von beiden Monarchen unter freiem Himmel auf dem Marktplatz beschworen. Die wichtigsten Folgen dieses Vertrages waren die Souveränität der Hohenzollern in Preußen (später im Olivaer Frieden 1660 auch von Schweden anerkannt) und die Verpfändung des Elbinger Landgebietes an Preußen.

Auch das 18. Jahrh. war ein Zeitalter der Kriege: Der Nordische Krieg (1700–21) brachte erstmals Russen und Tataren in die Stadt, die ungleich schlimmer hausten, als die schwedischen Feinde, und mit ihnen die Pest. Bromberg verarmte in dieser Zeit völlig und war bald nurmehr eine unbedeutende Landstadt.

Bei der 1. Teilung Polens, in der u. a. das Gebiet zu beiden Seiten der Netze, der sog. *Netzedistrikt,* zu Preußen kam, wechselte auch Bromberg seinen Landesherrn. Wohl kein historisches Datum hat derart auf die Geschicke der Stadt eingewirkt, wie das Jahr 1772. Der Grund dafür lag in zwei Maßnahmen

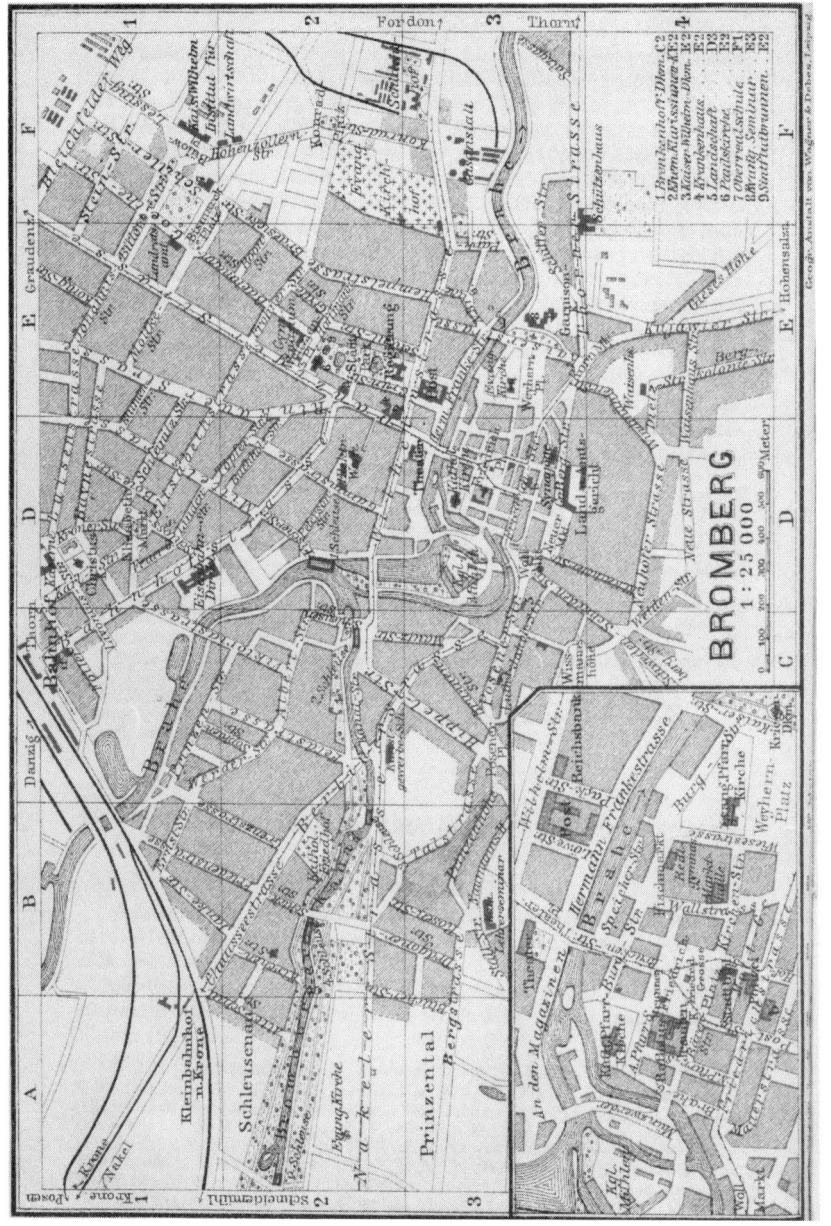

BROMBERG

1 : 25 000

0   100   200   300   400   500   600   700   800   900 Meter

1. Brentkerhof? Dhm. C2
2. Thom. Kurtsisaiur. KE2
3. Kaiser-Wilhelm-Dkm. E2
4. Krankenhaus E2
5. Landschaft D3
6. Postkirchot D2
7. Oberrealschule F1
8. Kreis. Seminar E3
9. Stadtuslbrunnen E2

Geogr. Anstalt von Wagner & Debes, Leipzig

gründet: Die neuen preußischen Herren bestimmten Bromberg zum Sitz der *Kriegs- und Domänenkammer* für den Netzedistrikt und zeichneten damit die Rolle der Brahestadt als Ort vieler Behörden vor, die ihren Werdegang das ganze 19. Jahrh. hindurch bis 1919 prägen sollte. Die zweite Maßnahme lag in dem 1773 verfügten Bau des *Bromberger Kanals,* der die Verbindung zwischen den Flußsystemen von Weichsel und Oder herstellte und damit Handel und Gewerbe der Stadt ungemein belebte. Ausdruck dieser Zeit sind die z. T. noch heute stehenden Fachwerkspeicher an der Brahe.

1815 wurde die Kriegs- und Domänenkammer in eine *Königliche Regierung* umgewandelt und ihr Bezirk, der nun von Filehne im Westen bis Hohensalza im Osten und Krone/Brahe im Norden bzw. Witkowo im Süden reichte, der neuerrichteten Provinz Posen zugelegt. Mit der Eröffnung der Ostbahn 1851 erhielt Bromberg eine weitere Behörde: die *Kgl. Eisenbahndirektion der Ostbahn.* Sie war bis zu ihrer Aufteilung 1895 die bedeutendste ihrer Art im Osten. Amts- und Landgericht folgten, ein Landratsamt bestand seit 1816, 1906 wurde sogar ein Institut für Landwirtschaft der Kaiser-Wilhelm-Gesellschaft (d. i. die heutige Max-Planck-Gesellschaft) errichtet. Dementsprechend wuchs die Zahl der Bewohner Brombergs bis 1910 auf 57 696 Seelen an, die zu 80,1 % Deutsch als Muttersprache angaben (auch der umgebende Landkreis wies mit 60,9 % ebenfalls eine deutsche Mehrheit auf).

Doch das alles nützte dem Land an Brahe und Netze nichts: Die Versailler Friedenskonferenz entschied, daß auch das Bromberger Land an Polen fallen sollte. Ein Großteil der Behörden wurde nun verlegt (so die Regierung nach Schneidemühl, das Landwirtschaftsinstitut nach Landsberg/Warthe) und viele Deutsche wanderten ins „Reich" ab. Als Bromberg im Januar 1920 dann polnisch wurde, verlor es seinen Rang als Verwaltungshauptstadt. Viele polnische Zuwanderer, besonders aus Kongreßpolen, änderten schlagartig das Erscheinungsbild der Stadt: 1931 lebten nur noch 11 276 Deutsche (9,6 % der Gesamtbewohner) in Bromberg. Doch diese deutsche Minderheit wurde zum Kern des Deutschtums in Posen und im Korridor, die „Deutsche Rundschau" ihr publizistisches Organ.

Die spannungsreiche Zeit des Jahres 1939 fand natürlich auch in Bromberg ihren Niederschlag. Trotz des an sich guten Verhältnisses zwischen Polen und Deutschen in dieser Region entlud sich angesichts des deutschen Angriffs auf Polen hier ein furchtbares Gewitter: Der *Bromberger Blutsonntag.* Am Sonntag, dem 3. September 1939 kam es in Bromberg und seiner näheren Umgebung zu entsetzlichen Ausschreitungen gegen die deutsche Bevölkerung, ausgelöst durch eine Art Massenhysterie, die angesichts die Stadt durchziehender und in Auflösung begriffener polnischer Regimenter die polnischen Einwohner ergriffen hatte. Die Zahl der Todesopfer wurde später von der NS-Propaganda sehr aufgebauscht, dürfte aber doch einige Tausend erreicht haben. Damit waren die Bromberger Deutschen zu den ersten zivilen

Blick zu den Mühlen an der Brahe; links die Pfarrkirche

BROMBERG

Marktplatz mit Pfarrkirche

Friderizianische Speicher an der Brahe

229

Opfern des 2. Weltkrieges geworden, an denen Verbrechen gegen die Menschlichkeit begangen wurden.

Hart waren Rache und Vergeltung, die von der hier nun installierten NS-Herrschaft (vor allem durch SS-Formationen in der kurzen Zeit vor der Errichtung der deutschen Zivilverwaltung) jetzt ausgeübt wurden. Neben zahlreichen Ausweisungen, Deportationen und Erschießungen von Polen griff man sogar ins Stadtbild ein: Die in den Augen gewisser aus dem „Reich" zugezogener Parteileute das Polentum symbolisierende, den Marktplatz beherrschende Jesuitenkirche wurde 1940 abgebrochen.

Doch leider zeigt es sich auch hier, was so oft im Leben der Menschen gilt: Haß gebiert neuen Haß. So brach mit dem Ende des 2. Weltkrieges auch das Inferno über die Bromberger Deutschen erneut herein: Sie mußten ihre Heimat verlassen, oft erst nachdem sie in dem berüchtigten Lager *Potulice* festgehalten worden waren, viele haben diese schreckliche Zeit nicht überlebt.

Das heutige Bromberg mit seinen mittlerweile 339 000 Einwohnern (1980) läßt in seinem Kern noch viel von der deutschen Vergangenheit erkennen (Marktplatz, einige Speicher und Pfarrkirche sind restauriert); das Stadtgebiet ist bis nach Fordon erweitert worden. Seit 1945 ist die Brahestadt auch Sitz einer Wojewodschaft und eine wichtige Industriestadt dazu. –

Bromberg verlassend, kamen wir nun in eine Landschaft, die in ältester geschichtlicher Zeit die *Kraina* genannt wurde, was svw. „Grenzland" bedeutet (die Namen Ukraine, Krain und Uckermark haben die gleiche sprachliche Wurzel). Das Urstromtal der Netze bildete bis zum 12. Jahrh. die Grenze zwischen den südlich davon ansässigen Polen (auch: Polanen, = Feldbewohner, „Binnenländer") und den nördlich wohnenden Pomoranen (von po morze = am Meere liegend abgeleitet, „Meeresanwohner"). Das breite, jährlich mindestens einmal für längere Zeit überschwemmte Netzetal („der polnische Nil") war daher nur an wenigen Stellen passierbar, eine davon lag bei

NAKEL

Schon früh haben hier die Pomoranen einen Burgwall errichtet, der in frühgeschichtlicher Zeit heftig umkämpft war. Nur wenig bekannt ist, daß die Grenzfehden um die Burg Nakel, die der Polenherzog Boleslaw III. 1109 erstmals und 1111, 1113 sowie um 1122 wiederum erobern konnte, den Beginn des Feldzuges gegen Pommern einleitete, der u. a. auch zur Christianisierung der Pomoranen durch Otto von Bamberg führte. Doch haben später noch die Fürsten von Pomme(relle)n mehrfach versucht, sich Nakels zu bemächtigen.

In der Folgezeit drangen die Polen nördlich der Netze bis zur Küddow, Dobrinka und mittleren Brahe vor und errichteten in diesem Gebiet, das aus ihrer Sicht eine *Grenzmark* zu Pommern (daher *Kraina)* und nach 1309 zum Ordensstaat wurde, eine Kastellanei mit Sitz in Nakel (etwa das Gebiet der späteren Kreise Bromberg, Wirsitz und Flatow/Zempelburg). Später wurde Nakel Sitz eines Starosten in der Wojewodschaft Gnesen. 1299 erhielt es das magdeburgische Stadtrecht.

1772 fiel das damals nur 566 Seelen zählende Städtchen an Preußen. Der Bau des Bromberger Kanals wirkte sich auf Nakel günstig aus: 1799 wurden bereits 1077 Einwohner (220 kath., 690 evang. und 167 jüd.) gezählt. Die kurze Zugehörigkeit Nakels zum Großherzogtum Warschau (1807–14) konnte den Aufstieg nur geringfügig unterbrechen. 1815 fiel es an den Kreis Wirsitz, wurde aber nicht Kreisstadt. 1851 erhielt Nakel Eisenbahnanschluß, der sich später zur Funktion eines Knotenpunktes erweiterte. 1910 gaben 57,1 % der 8787 Bewohner Deutsch als Muttersprache an, 1943 lebten hier 11 296 Einwohner, 1975 waren es bereits 18 300.

WIRSITZ

Lange war Wirsitz in seiner Geschichte ein unbedeutendes Nest, das zwar 1326 zuerst urkundlich genannt wurde, aber erstmalig um 1565, nach 1720 zum zweiten Male Stadtrechte erhielt. Wirsitz blieb aber eine kleine Landstadt, die sich im Besitz polnischer Magnaten befand (u. a. der Grafen Bninski, später der Rydzynski). Doch dürfte die Einwohnerschaft im 18. Jahrh. weitgehend aus Deutschen bestanden haben, denn die Amtssprache des ,,Magistrats" war deutsch. 1772 – beim Übergang an Preußen – hatte das Städtchen 207 Einwohner, darunter 96 Protestanten, 53 Katholiken und 58 Juden, hauptsächlich Ackerbürger und Handwerker (Tuchmacher) sowie Händler.

1815 wurde Wirsitz Kreisstadt in der Provinz Posen (Regierungsbezirk Bromberg). Diese Entscheidung hat der Stadt einen ungeheuren Auftrieb gegeben: 1837 zählte sie schon 808 Seelen, 1868 1049 und 1910 1660 (57,2 % Deutsche) Einwohner. Sie war damit nach Witkowo die kleinste Kreisstadt der Provinz Posen, aber zu einem schmucken sauberen Beamtenstädtchen herangewachsen. Der zugehörige Landkreis wies 1910 einen deutschen Bevölkerungsanteil von 50,9 % auf. Vorletzter Landrat war von 1911–15 Magnus Frhr. v. Braun, dem hier 1912 sein Sohn Wernher geboren wurde, der spätere berühmte Raketenkonstrukteur und Weltraumforscher.

1920 wurde Wirsitz polnisch und blieb es bis 1939; während des 2. Weltkrieges gehörten Stadt und Kreis zum ,,Reichsgau Danzig-Westpreußen", 1943 zählte Wirsitz 2974 Einwohner (heute sind es über 5000). –

Die Straße stieg nun aus dem engen Lobsonkatal wieder auf die fruchtbare Hochfläche der südlichen Kraina hinauf. Bei der Zuckerfabrik Seeheim und noch einmal bei Grabau kreuzte sie die 600 mm-spurige Wirsitzer Kleinbahn. Kurz nach Schmilau und Stüsselsdorf tauchte sie dann in den Schneidemühler Stadtforst ein und überschritt damit die Reichsgrenze von 1937: Die Hauptstadt der Grenzmark war erreicht.

SCHNEIDEMÜHL

ist eine alte und junge Stadt zugleich. Alt, weil sie wohl schon um 1380 gegründet worden ist, aber dennoch bis zur Mitte des 19. Jahrh. eine kleine unbedeutende Landstadt blieb (sie zählte 1772 beim Übergang an Preußen nur 1392, 1837 auch erst 3385 Seelen). Jung, weil ihre eigentliche Blüte erst mit dem Bau der Ostbahn 1851 einsetzte: Schneidemühls Bahnhof wurde in der Folgezeit zum bestimmenden Faktor der Stadt, er entwickelte sich zu einem der bedeutendsten Eisenbahnknotenpunkte im preußischen Osten. Bis 1910 war daher die Bevölkerung auf 26 126 Bewohner angewachsen (95,6 % Deutsche).

Als es im Jahre 1919 offenbar wurde, wie die neue deutsch-polnische Grenze verlaufen sollte, protestierte die Bevölkerung Schneidemühls in einer großen Kundgebung einmütig gegen die vorgesehene Abtretung an Polen. Daraufhin wurde die Grenze in Versailles derart festgelegt, daß Schneidemühl und die Ostbahn bis kurz vor Konitz beim Reich verblieben. Der Bromberger Regierungspräsident v. Bülow verlegte seine Behörde im Laufe des Jahres nach Schneidemühl (sogar das Denkmal Friedrichs d. Gr. zog mit um) und aus dem neuen Regierungsbezirk wurde 1922 die *Provinz* ,,Grenzmark Posen-Westpreußen". Schneidemühl war somit Provinzhauptstadt geworden.

Die zwanziger Jahre wurden nun zu einer Zeit der Blüte für die Stadt; zahlreiche Wohnsiedlungen entstanden neu, vor allem aber prägten Schneidemühls Stadtbild nun eine Reihe neuer öffentlicher Bauten: *Regierungsviertel* wurde die Gegend um den Danziger Platz mit dem Regierungsgebäude, dem Reichsdankhaus (mit Landesmuseum und -theater) und dem evang. Konsistorium. Zusätzlich wurde die Stadt 1926 auch Sitz einer kath. Kirchenverwaltung, der ,,Freien Prälatur Schneidemühl". An der Jastrower Allee entstand das Landeshaus, in dem der Oberpräsident seinen Amtssitz hatte. 1938 kam Schneidemühl zu Pommern; seine Einwohnerzahl war bis 1939 auf 45 791 Bewohner angewachsen, bis 1945 sollten es rd. 60 000 werden . . .

Gegen Ende des 2. Weltkrieges wurde die Stadt in heftigen Kämpfen zum großen Teil zerstört, vor allem im Stadtzentrum. Die Polen trennten Schneidemühl sofort von der Stettiner Behördenzugehörigkeit ab und unterstellten es Posen. Nur sehr langsam kam der Wiederaufbau in Gang, dabei riß man viel ab − selbst vor der alten kath. Pfarrkirche an der Küddow machte man nicht Halt. Verschwunden sind auch die evang. Stadtkirche und Johanniskirche, dafür wird das Stadtbild heute von Großblock-Neubauten und Hochhäusern beherrscht; wir haben es im heutigen Schneidemühl nur zu oft gehört: ,,Das soll auch noch verschwinden", wenn von älteren Gebäuden aus deutscher Zeit die Rede war. Diese Tendenz hat sich offenbar seit der Erhebung der Stadt zum Sitz einer Wojewodschaft (1975) erheblich verstärkt.

*Moderner
Wiederaufbau
im
Stadtzentrum*

SCHNEIDEMÜHL

*Das frühere
Oberpräsidium
(Landeshaus),
jetzt Sitz
der Behörden
der Wojewod-
schaft*

*Das ehem.
Landesmuseum (l.)
und Landes-
theater (r.)
(Reichsdankhaus)*

233

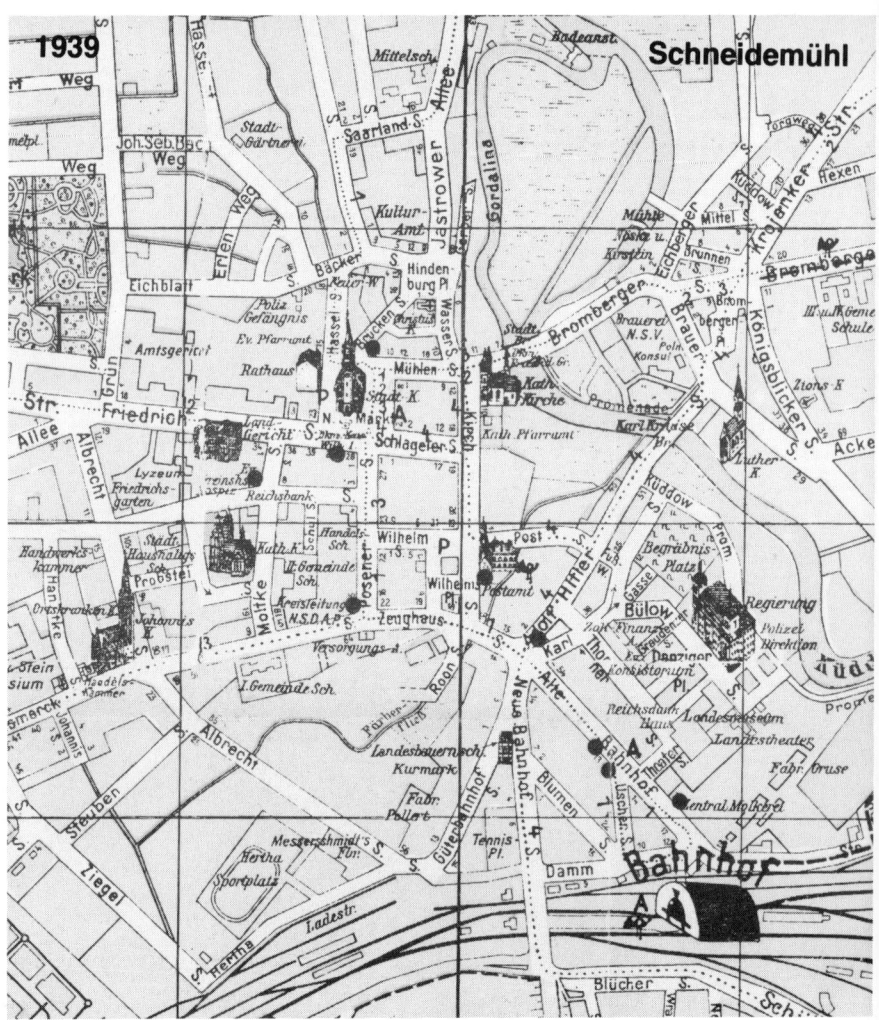

Das zeigt auch ein Vergleich der beiden *Stadtpläne* aus den Jahren 1939 und 1977 (s. oben): Das Straßennetz ist weitmaschiger, die Plätze sind weiträumiger geworden. So fehlen auf dem polnischen Plan (oben rechts) Roonstr., Uscher Str., Karlgasse, Schulstr.; andere Straßen sind verlängert worden (Mühlenstr., Saarlandstr.). Der Neue Markt dehnt sich jetzt bis zur Kirchstraße aus, an der Ecke Zeughaus-/Neue Bahnhofstr. ist ein neuer „Platz der Poln. Arbeiterpartei" entstanden, hingegen fehlt heute der Wilhelmplatz. Auch die jetzige Benennung der Straßen spricht für sich: Piasten-Allee (Kirchstr.), Boleslaw-Bierut-Str. (d. i. der polnische Ulbricht nach 1945; früher Adolf-Hitler-

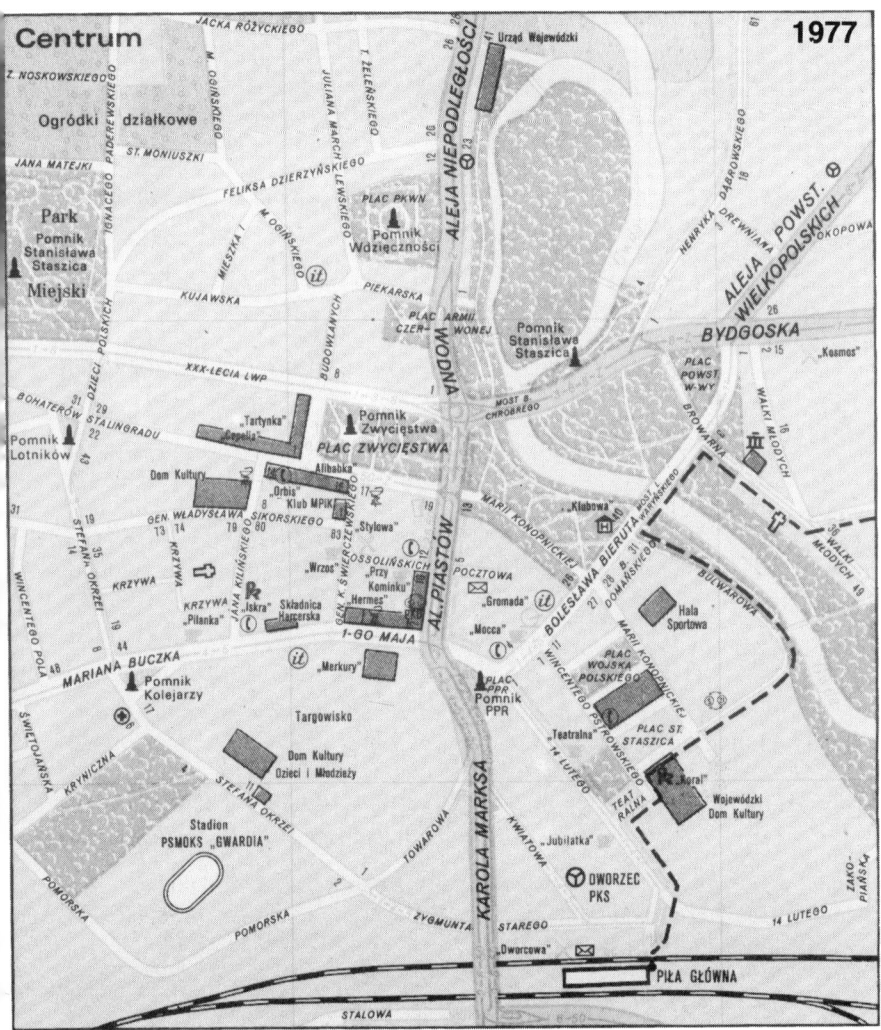

Str.!), Allee der großpolnischen Aufständischen (1918/19; Krojanker Str.), Allee der Helden von Stalingrad (Friedrich-/Schlageterstr.), Straße des 1. Mai (Zeughausstr.), Karl-Marx-Str. (Neue Bahnhofstr.), Siegesplatz (Neuer Markt), Allee der Unabhängigkeit (Jastrower Allee) und vieles mehr. Es fällt schwer, im heutigen *Pila* das einstige Schneidemühl zu finden.

Schneidemühl ist heute im Nordosten von einer weitläufigen Umgehungsstraße umgeben, die eine Verbindung von der Bromberger Chaussee bis zur Reichsstr. 104 herstellt. Sie beginnt an der Bromberger Str. kurz vor Waidmannsruh, verläuft dann in nördlicher Richtung in einer schon vor dem Krieg ausgehauenen Schneise, quert bei der Försterei Grüntal die Selgenauer Str., jenseits der Ostbahn die Krojanker Str. mit einer aufwendigen Kreuzung, überschreitet bei Eichberg die Küddow, um dann hart an Schneidemühler Hammer vorbei südlich des Döberitzer Forstes in die Chaussee nach Deutsch Krone einzumünden. Der Verkehr von Deutsch Krone, Jastrow, Flatow und Bromberg wird jetzt einheitlich stadteinwärts über die breit ausgebaute Krojanker Str. nach Schneidemühl hineingeleitet, stadtauswärts fungieren die alten Ausfallstraßen wie früher.

Dementsprechend verließen wir Schneidemühl auf der Jastrower Allee, bogen in Koschütz, das heute zum Stadtgebiet gehört, links ab und folgten der nun auf den Rand des Küddowtales hinaufführenden Chaussee. Kurz vor Lebehnke wurde die Bahnlinie nach Neustettin gekreuzt, um dann das alte Kirchdorf selbst zu erreichen. Westlich schließt sich die locker gebaute Kolonie Neu Lebehnke an, die erst 1827 mit der Aufteilung des früheren Starostei-vorwerks entstand. Südlich von der Chaussee liegt hier der Hohe Berg, mit 168 m eine der höchsten Erhebungen in diesem stark welligen Landstrich. An der Wegkreuzung Wissulke – Schrotz machten wir einen Abstecher nach

SCHROTZ, Kr. Deutsch Krone

Dieses Dorf ist vor allem durch seine große *Wallfahrtskirche* bekannt geworden, die am nordöstlichen Ausgang des Ortes am Landweg nach Lebehnke liegt. Das stattliche barocke Kirchengebäude entstand in den Jahren 1687–94 auf Veranlassung des Neuhöfer Starosten und wurde kürzlich mit einem rosafarbenen Außenanstrich versehen. Das Innere ist ebenfalls vollständig in barocken Formen gehalten, dabei treten vor allem der Hochaltar und die Kanzel hervor. Eine Reihe von Gemälden sind bemerkenswert, darunter eine Pietà des 15. Jahrh. pommerscher Herkunft, die im Jahre 1575 aus der Umgebung von Tütz hierher gebracht wurde.

Die Kirche ist eine einschiffige turmlose Anlage mit einer eindrucksvollen Westfassade, die von vier sich nach oben verjüngenden, von zwei Gesimsen unterbrochenen Säulen beherrscht wird; das frühere kleine Glockentürmchen an der Kirchhofsmauer ist jetzt verschwunden. In der Nähe steht eine mächtige alte Linde mit einem Umfang von etwa 7 m.

Schrotz gehörte früher zu den größten Dörfern im Deutsch Kroner Land (1939: 1155 Einwohner), es erscheint erstmals 1438 urkundlich und wird ab 1650 Sitz der Starostei Neuhof. Seit 1892 gab es auch eine evang. Kirchengemeinde, deren Gotteshaus, das früher auf dem von Bäumen umgebenen Dorfplatz stand, ist heute jedoch nicht mehr vorhanden.

Die Wallfahrtskirche in SCHROTZ (links oben: Westfassade, rechts oben: Blick zum Hauptaltar). − Am Marktplatz in DEUTSCH KRONE (unten).

DEUTSCH KRONE

In reizvoller Lage zwischen dem *Gr. Radunsee* (auch *Stadtsee* genannt) und dem *Schloßsee* liegt die grenzmärkische Kreisstadt Deutsch Krone inmitten einer wald- und seenreichen Gegend, die im Süden in eine fruchtbare Ackerbaulandschaft übergeht. Sie ist seit dem 14. Jahrh. der unbestrittene Mittelpunkt des sich zwischen Drage und Küddow sowie dem Netzebruch und den großen Wäldern im Norden erstreckenden *Kroner Landes,* das die brandenburgischen Markgrafen aus dem Hause der Askanier gegen Ende des 13. Jahrh. von Polen erwarben. Eine menschenleere Gegend war dieser Landstrich damals, in den vielen Kriegen zwischen Pommern und Polen verwüstet. So beschlossen die Brandenburger sehr bald die Aufsiedlung dieses Raumes mit deutschen Bauern.

In der Nähe des heutigen Deutsch Krone lag damals das slawische Fischerdorf *Walcz,* andererseits wird bereits 1249 in einer den Tempelrittern ausgestellten Schenkungsurkunde ein Dorf *Cron* erwähnt. 1303 stellten dann zu Liebenwalde in der Mark die brandenburgischen Markgrafen den Rittern Ulrich Schöning und Rudolf Liebenthal eine Urkunde aus, in der sie beide mit der Gründung einer Stadt „Walcz oder Arnskrone" beauftragten. In späterer Zeit bürgerte sich der Name *Deutsch* Krone ein — im Unterschied zu *Polnisch* Krone (= Krone a. d. Brahe). Als 1368 die Stadt unter polnische Herrschaft kam, bestätigte König Kasimir d. Gr. ihre Privilegien.

Ab etwa 1590 entwickelte sich auf starosteilichem Grund neben der Altstadt eine Neustadt, von dieser nur durch das Mühlenfließ getrennt. Ergänzt wurden diese beiden Siedlungskerne durch das Judenviertel im Norden der Neustadt sowie das sog. Amt auf einer Halbinsel im Schloßsee (hervorgegangen aus der Burg und dem späteren Starosteivorwerk). Außerhalb lagen die Tempelburger und Jastrower Vorstadt. Nördlich der Altstadt ließen sich 1618 die *Jesuiten* nieder und gründeten hier eine Schule, die sie später nach dem Bürgermeisterberg östlich der Altstadt verlegten.

Nachdem der Kreis 1772 zusammen mit dem Netzedistrikt zu Preußen gekommen war, wurde 1773 das Jesuitenkolleg in ein Gymnasium umgewandelt. Das Stadtbild begann sich zu ändern: An die Stelle der vielen Fachwerkhäuser traten nun fest gemauerte Häuser mit Ziegeldächern, besonders nach den beiden Stadtbränden von 1827 und 1836. Auch die Einwohnerzahl stieg langsam, aber stetig an: 1839 wurden 3057 (1772 erst 1155) Seelen gezählt, 1910 waren es 7649 Einwohner. Zahlreiche weitere Behörden und Lehranstalten kamen im 19. Jahrh. hinzu, so daß Deutsch Krone bald den Ruf einer *Schulstadt* erlangte. Einer der berühmtesten Schüler war von 1873—83 *Hermann Löns,* der — 1866 in Kulm geboren — hier wohl seine ersten Naturbeobachtungen gemacht hat. Ein Lehrerseminar (später in eine Aufbauschule umgewandelt) und eine Höhere Techn. Staatslehranstalt f. Hoch- und Tiefbau ergänzten das Bildungsangebot. Im Landratsamt wurde der zweitgrößte preußische Landkreis verwaltet, er gehörte vor dem 1. Weltkrieg zum Reg.-Bez. Marienwerder in der Provinz Westpreußen und umfaßte damals 5 Städte, 90 Landgemeinden und 57 Gutsbezirke; die Bevölkerung war rein deutsch (98,3 %). Die vorherrschende Mundart war das sog. „Südhinterpommersche" (auch „Schulzendorfsche Mundart" genannt), da die Siedler einst vorwiegend aus der Neumark und aus Hinterpommern gekommen waren. Dementsprechend verblieb der Kreis 1919 als einziger der Grenzmark ungeteilt beim Reich und wurde der neuen Regierung in Schneidemühl zugewiesen, der späteren Grenzmark Posen-Westpreußen. In dieser Provinz war er zudem der einzige Kreis, der keine gemeinsame Grenze mit Polen besaß. 1939 zählte die Kreisstadt 14 941 Einwohner.

Zu Beginn des Jahres 1945 geriet das Deutsch Kroner Land in den Frontbereich, um einzelne Stellungen der kurz zuvor ausgebauten „Pommernstellung" wurde z. T. heftig gekämpft. Am 12. 2. 1945 ging auch Deutsch Krone verloren, dabei wurde die Stadt erheblich zerstört (25 %). Der Wiederaufbau kam recht spät in Gang, er konzentriert sich auf das Gebiet der ehemaligen Neustadt, die auch die meisten Schäden aufwies. Hier sind eine Reihe neuer Wohnblocks entstanden. Der Charakter Deutsch Krones als Schulstadt besteht heute nur noch teilweise. Dafür sind einige größere Industriebetriebe angesiedelt worden. Die Einwohnerzahl stieg bis 1980 auf 22 759 polnische Bewohner an.

Ein reizvolles Fleckchen Erde ist der Buchwald, weit draußen im Westen vor den Toren der Stadt, einst ein beliebtes Ausflugsziel der Deutsch Kroner Bevölkerung. Hier befindet sich heute ein olympisches Trainingslager des Polnischen Sportbundes (Leichtathletik, Wassersport). –

Die Chaussee, ab Deutsch Krone war es diesmal die R 1, führte uns eine Weile am Südufer des Gr. Radunsees entlang, einem ausgesprochenen Rinnensee (6,5 km lang, 230 ha groß), der zusammen mit einigen weiteren Seen die Grundmoränenplatte von Deutsch Krone – Schneidemühl im Nordwesten begrenzt. Über Stranz ging es nach Ruschendorf, wo die frühere R 123 nach Schneidemühl abzweigt, diese heute eine stille, noch gepflasterte baumbestandene Chaussee preußischen Stils. Nach weiteren 12 km erreichten wir

SCHLOPPE

Wann Schloppe sein Stadtprivileg erhielt, ist nicht überliefert, doch um 1350 wird es bereits als Stadt erwähnt. Der gitterförmige Stadtgrundriß der Altstadt weist noch heute auf die typisch deutsche Regelform hin – das ist aber auch das Einzige, was an Altem in Schloppe geblieben ist.

Schloppe war vor dem Kriege eine Stadt mit drei Kirchen; wie es dazu kam, zeigt die für die Grenzmark typische *Kirchengeschichte* der Stadt: Bereits um

Die neue kath. Kirche in SCHLOPPE (oben). — Portal des Schlosses (unten links) und kath. Kirche in TÜTZ (unten rechts).

1550 fand die Reformation Eingang. Anfangs war den Protestanten von den polnischen Königen Religionsfreiheit versprochen worden, gemäß dem Stadtprivileg von 1614 mußten von den vier Ratsherren zwei evangelisch sein. Trotzdem wurde den Protestanten schon vier Jahre später die Pfarrkirche weggenommen, sie durften sich jedoch ein eigenes Bethaus bauen. Um 1660 entstand an der Westseite des Marktes die bis 1945 erhaltene, urtümliche Holzkirche mit separatem Glockenstuhl als Pfarrkirche für die Katholiken. 1719 wurde das evangelische Bethaus geschlossen und den Protestanten die freie Ausübung ihrer Religion verboten: Die Gegenreformation war im alten Polen nun zu vollem Ausbruch gelangt — und das zu einer Zeit, in der im Nachbarland Preußen durch dessen Toleranz in religiösen Dingen dort Tausende eine neue Heimat fanden! Deutlicher kann die Rückständigkeit der alten polnischen Adelsrepublik wohl nicht sichtbar werden.

Erst im Jahre 1826 konnten sich die evangelischen Bürger, die 1829 mit 73,8 % den weitaus größten Anteil an der Stadtbevölkerung stellten (daneben gab es 19,8 % Juden und nur 6,4 % Katholiken), auf dem Markt ein eigenes Gotteshaus erbauen, einen reizvollen Fachwerkbau, der 1901 erneuert wurde. Beide Kirchen haben das Inferno von 1945 nicht überstanden: Die evangelische Kirche wurde von den Polen dem Verfall preisgegeben und allmählich abgebrochen, die alte katholische Holzkirche brannte 1945 ab. Einziges Gotteshaus ist heute die nach 1930 erbaute neue kath. Kirche im Süden der Stadt. Hier war nach 1922, als Schloppe mit dem Kreis Deutsch Krone zur Grenzmark Posen-Westpreußen kam, eine neue Siedlung mit Rathaus, Sparkasse und großer neuer Stadtschule entstanden; die Einwohnerzahl Schloppes stieg bis 1939 auf 2986 Seelen an.

Am 27. 1. 1945 erreichten sowjetische Panzer die Stadt, die in den sich nun entwickelnden Kämpfen mehrfach den Besitzer wechselte, bis sie am 3. 2. 1945 schließlich von den Russen eingenommen wurde. Was in den Kämpfen nicht der Zerstörung anheim fiel, wurde nun durch Brände und Verfall vernichtet, vor allem die beiden alten Kirchen und die Häuser in der Innenstadt. 70 % der Bausubstanz gingen in jenen chaotischen Jahren verloren und hinterließen eine Wüste. Bis heute bietet das Stadtzentrum ein trostloses Bild. Mit nur 2113 Einwohnern (1980) hat das heutige Schloppe gerade erst 70,8 % seines Bevölkerungsstandes von 1939 wieder erreicht. —

Nächstes Ziel sollte das nördlich liegende Landstädtchen Tütz sein, das nach einer nur durch endlose Wälder verlaufenden Fahrt, ohne ein Dorf zu berühren, nach 12 km erreicht wurde.

TÜTZ

Wenn man heute nach Tütz hineinfährt, findet man es kaum: Die Innenstadt existiert nicht mehr. Das Jahr 1945 hat dem kleinen Städtchen übel mitgespielt − Kriegszerstörungen und Brände zerstörten es damals zu 90 %. Es macht schon einen beklemmenden Eindruck, die gitterförmig angelegten Straßenzüge des 1331 gegründeten Städtchens heute mit von Gras überwuchertem, kaum zu erkennenden Pflaster zu sehen, rechts und links davon eine begrünte Fläche. Verschwunden sind die kleinen Häuser, verschwunden ist auch die evangelische Kirche am Markt, lediglich der mächtige Bau der alten, aus dem 16. Jahrh. stammenden katholischen Pfarrkirche mit ihrem barocken Helm ist wiederhergestellt worden.

Neu erstanden − in alten Formen − ist auch das etwas abseits liegende Schloß. Dieser aus dem 16./17. Jahrh. stammende Bau des Geschlechts v. Wedell, der 1846 umgebaut wurde, brannte 1947 völlig aus. In den Jahren 1966−77 haben polnische Denkmalpfleger ihn rekonstruiert, wobei bei einem der beiden Flügel versucht wurde, durch eine plastisch wirkende Bemalung einen Werksteincharakter vorzutäuschen. Das Schloß macht heute zusammen mit dem Park und der schmiedeeisernen Pforte einen gepflegten Eindruck, es beherbergt jetzt ein Ferienheim des Polnischen Architektenbundes. Nach dem 1. Weltkrieg wurde im Schloß Tütz katholische Kirchengeschichte gemacht: Die beim Reich verbliebenen Teile der Erzdiözese Gnesen-Posen und der Diözese Kulm wurden zu einer Apostolischen Administratur zusammengefaßt und vom Tützer Schloß aus geleitet, bis 1926 die Verwaltung dieser werdenden neuen Diözese nach Schneidemühl verlegt wurde. 1930 wurde daraus die „Freie Prälatur Schneidemühl". Die Errichtung einer eigenen katholischen kirchlichen Hierarchie war notwendig, da die Grenzmark Posen-Westpreußen im Gegensatz zu Pommern einen erheblichen katholischen Bevölkerungsanteil aufwies (1925 in der ganzen Provinz 36,2 %), der in den einzelnen Kreisen meist etwa ein Drittel ausmachte (Deutsch Krone 39,5 %, Schlochau 37,8 %, Flatow 32,9 %, Schneidemühl 30,0 %, Netzekreis 17,3 %). Tütz wurde anfangs als Sitz ausersehen, weil es die einzige überwiegend katholische Stadt in der nördlichen Grenzmark war (1925 74,8 % der Bewohner). 1980 lebten nur noch 1874 Menschen in Tütz, das sind 68,2 % der Einwohnerschaft von 1939 (2748 Seelen).

MÄRKISCH FRIEDLAND

Märkisch wurde es erst genannt, als es nicht mehr märkisch war: Nova oder Nigen Vredeland, wie es 1303 ursprünglich hieß. Dieses neue Friedland entstand zu Beginn des 14. Jahrh. am Schnittpunkt des Markgrafenweges (Brandenburg-Ostpreußen) mit der Königsstraße Posen-Kolberg. Ein Stadtprivileg, das die Brüder Heinrich und Johann v. Wedel dem jungen Ort ausstellten, ist erhalten geblieben; danach hatte die Stadt das „starke brandenburgische Recht". Die ältesten Siedler kamen damals aus der Neumark und aus Pommern, Polen waren hier früher nie ansässig.

Die Kirche in KALLIES weist den gleichen Grundriß auf, wie die Potsdamer Garnisonkirche.

Bis zum Beginn der preußischen Zeit war Märkisch Friedland eine adelige Mediatstadt, anfangs den v. Wedell, später den Frhrn. v. Blankenburg gehörig. Im 17. und 18. Jahrh. bestand mehr als die Hälfte der Einwohnerschaft aus Juden (1772 waren 703 der 1376 Bewohner Juden), viele wanderten aber nach 1772 nach Berlin ab, wo es eine Friedländer Tochtergemeinde gab – deshalb trugen so viele Juden den Namen „Friedländer". Sie vermachten ihrer Vaterstadt bedeutende Legate, auch gründeten sie in Berlin einen Hilfsverein für Märkisch Friedland.

Doch blieb der Ort eine kleine Ackerbürgerstadt mit meist niedrigen einstöckigen Häusern, die 1939 2707 Einwohner zählte. 1945 wurde sie zu 20 % zerstört, 1980 lebten hier nur noch 2409 Menschen.

KALLIES

Wer kannte sie nicht, die „Schleifmüllerstadt", in der jedem Fremden erst einmal der „Flöz abgeschliffen" wurde, wie der Volksmund meinte. Nun ja, der Fremdenverkehr ist hier sicher nicht erfunden worden und Touristen machen heute einen großen Bogen um diese Stadt, doch das hat ganz andere Gründe. Bestimmt sind sie nicht in der Geschichte dieser einst so liebenswerten pommerschen Kleinstadt zu suchen.

Auch Kallies erscheint erstmals urkundlich im Jahre 1303, als die Markgrafen von Brandenburg der Stadt 154 Hufen zuwiesen und das Stapelrecht für Holzkohlen und Pech schenkten. Im Gegensatz zum Nachbarstädtchen Märkisch Friedland blieb Kallies auch nach 1368 unter brandenburgischer Herrschaft als Teil der hinteren Neumark im sog. „Dramburg'schen Beritt". Ackerbau und Tuchmacherei (eine Innung ist seit 1580 nachweisbar) waren in alter Zeit die Lebensgrundlagen der immer rein deutschen Bevölkerung. In der Zeit des 30jährigen Krieges wanderten viele Bewohner ins nahe Kroner Land ab, um den Kriegsgreueln zu entgehen.

Die Stadt war lange ein Lehen der Familie von Güntersberg (1378—1731), die zwischen Drage und Netze große Besitzungen hatte. Nach dem großen Brand von 1771 wurde auch die Kirche neu erbaut. 1815 kam Kallies mit dem Kreis Dramburg zu Pommern und 1888 erhielt sie Eisenbahnanschluß nach Deutsch Krone.

Die „Befreiung" der Stadt am 12. 2. 1945 brachte ihr eine 75%ige Zerstörung ein, darunter auch Schloß und Kirche. Letztere wurde 1968 wiederhergestellt, das Schloß ist bis heute eine Ruine — lediglich die unteren gotischen Teile wurden 1965 gesichert. Heute leben hier 3846 Einwohner (1980), 1939 waren es 4016.

REETZ/Nm.

Als wir die Drage auf der Laatziger Brücke überquert hatten, sollten wir noch einmal Berührung mit der Neumark bekommen. Bald darauf wurde vom hochgelegenen Bahnhof Reetz die zugehörige Stadt sichtbar, die sich auf einer aus der Ihnaniederung herausragenden Anhöhe erstreckt. Die Hauptstraße führt heute nördlich an der Altstadt vorbei und trifft kurz vor der Ihna, die bis 1938 hier über 650 Jahre die Grenze zu Pommern bildete, bei der Dammühle wieder auf die alte Chaussee nach Stargard.

Einst lag hier eine pommersche Burg, die aber im Zuge des brandenburgischen Vordringens in die hintere Neumark zerstört wurde. Auf ihren Ruinen entstand 1284 ein Zisterzienser-Nonnenkloster. Bald danach legten die Askanier hier auch eine Stadt an, die 1296 erstmals bezeugt ist. Die slawische Vorgängersiedlung „am Fluß" (= recz, von reka = der Fluß; d. i. die Ihna) trat ihren Namen an die neue deutsche Stadtsiedlung ab, als „Kietz" blieb sie bis 1936 als eigenständige Gemeinde erhalten und gehört erst seither zu Reetz. Reetz war somit jahrhundertelang Grenzstadt im Winkel zwischen der brandenburgischen Neumark, Pommern und dem zu Polen gehörigen Kroner Land; es wurde daher schon früh befestigt — Reste des Arnswalder und ein Turm des Dramburger Tores haben sich bis heute erhalten. Die vielen Kriege und Brände haben das Ackerbürgerstädtchen oft heimgesucht, bescheiden blieben daher lange Auskommen und Lebenszuschnitt. Noch 1850 bestanden die damaligen 258 Häuser der Stadt fast durchweg aus Fachwerk. Alles überragte die Katharinenkirche mit ihrem mächtigen gedrungenen Turm — sowohl die noch teilweise von einer Mauer umgebene ellipsenförmige Altstadt als auch die früher so charakteristischen Scheunenviertel vor der Stadt. 1945 wurde Reetz erheblich zerstört (70 %), vor allem die Innenstadt — hier lagen weite Flächen rechts und links der Mittelstraße brach, den Blick von allen Seiten zum Dramburger Tor freigebend. Der Wiederaufbau setzte erst verhältnismäßig spät ein, so wurden 1975—77 eine Fabrik für Schiffszubehör und Wohnblocks dazu für die Arbeiter errichtet. Seit 1975 gehört Reetz zur neuen Wojewodschaft Landsberg/W., es zählte 1974 nur 2200 Einwohner, hatte also den Vorkriegsstand von 3648 Seelen nur zu 60 % erreicht. — Jenseits der Ihna war nun wieder altpommerscher Boden erreicht: Die Chaussee führte nun durchs Saatziger Land an früher wohlhabenden Bauerndörfern vorbei — Altenwedell, den ursprünglichen Stammsitz des Geschlechts v. Wedell in Pommern, Ravenstein mit seiner lange zerstörten Kirche, abseits dann Güntersberg, ebenfalls Stammsitz eines bekannten, in der Neumark einst begüterten Geschlechts, dann Schwanenbeck und schließlich

ZACHAN

Zachan — Z — letzter Buchstabe im Alphabet — wir waren fast am Ende dieser Route angelangt. War doch Zachan ohnehin das ,,Schlußlicht" unter den Städten Pommerns — ein Angerdorf, das irgendwie im 15. Jahrh. zu städtischen Ehren und Rechten gekommen war. 1939 zählte es nur 1302 Seelen, rechnet man die im ,,Amt" und in der ,,Kolonie" lebenden Bewohner ab, verblieben in der eigentlichen ,,Stadt" nur etwa 1200 Menschen. Trotzdem bewahrte diese geringe Größe und das dörfliche Erscheinungsbild den Ort 1945 nicht davor, zu rd. 50 % zerstört zu werden. Heute leben hier 1242 Bewohner. Das weite sonnendurchstrahlte Land mit seinen goldgelben Getreidefeldern und sattgrünen Wiesen weitete uns Herz und Sinne. Vorbei an Dorf und früherem Gut Schöneberg, die nur vom Krampehl getrennten Nachbardörfer Schwendt und Zartzig passierend tauchte bald das Ortsschild von Stargard auf. 32 km noch bis Stettin und der Ausgangspunkt der Reise war wieder erreicht. Doch kann man zur pommerschen Hauptstadt auch auf einer anderen Route gelangen, die abschließend noch beschrieben werden soll.

Von Schneidemühl durch die Pommersche Schweiz zurück nach Stettin

Schneidemühl — Jastrow — Ratzebuhr — Neustettin — Tempelburg — Falkenburg — Dramburg — Wangerin — Freienwalde — Stettin, 245 km

Man kann von Schneidemühl nach Stettin auch die Route durch das reizvolle Gebiet der *Pommerschen Seenplatte* nehmen; es empfiehlt sich dabei der Weg über Neustettin — Tempelburg — Dramburg, der fast alle größeren Seen in diesem Landstrich berührt.

Aus Schneidemühl geht es nördlich auf der Jastrower Allee heraus (s. S. 236), doch bei Koschütz verbleibt man auf der früheren R 160 nach Jastrow — Neustettin. Sie führt küddowaufwärts parallel zu diesem Fluß durch weite Waldgebiete mit meist dürren Kiefern auf armen Sandböden. Borkendorf, Kramske, Plietnitz und Betkenhammer mit seinem Wasserkraftwerk an der hier gestauten Küddow sind die einzigen Orte, bis kurz vor Jastrow die Chaussee in die frühere R 1 einmündet.

JASTROW

Man kann es am H-förmigen Grundriß noch heute erkennen, daß Jastrow aus einem Dorf hervorgegangen ist. Bereits im Jahre 1363 wird es erstmals erwähnt. 1560 war es ein dem König von Polen gehöriges Tafelgut, das der Starost von Usch, Stanislaus Gorka, in ein deutschrechtliches Bauerndorf umwandelte, um die Einkünfte zu erhöhen. Dieser Plan scheint sich erfüllt zu haben, denn der mit deutschen Bauern und Handwerkern bevölkerte Ort wuchs zu einem stattlichen Marktflecken heran, der im Jahre 1602 sogar das magdeburgische Stadtrecht erhielt. Da der katholische Pfarrer im Jahre 1587 zum evangelischen Glauben übertrat, entwickelte sich Jastrow in der Folgezeit zu einem Stützpunkt evangelischen Glaubens in dem von den Stürmen der Gegenreformation durchwehten Deutsch Kroner Land — auch wenn das nun evangelisch gewordene Gotteshaus bald den Katholiken zurückgegeben werden mußte.

Unter preußischer Herrschaft trat die immer offene, d. h. nicht von einer Mauer mit Stadttoren geschützte Stadt, die in vier Viertel (Kälber-, Kirchen-, Kruden- und Hundeviertel) eingeteilt war, besonders als Marktort für das nördliche Deutsch Kroner Land und den Süden des nahen Kreises Neustettin hervor, nachdem 1772 die polnisch-preußische Grenze zur Provinzgrenze zwischen Pommern und Westpreußen geworden war. 1878 erhielt Jastrow Bahnanschluß. 1939 zählte es 5891 deutsche Einwohner, 1980 lebten hier 7100 fast durchweg polnische Bewohner.

Der Weg nach Neustettin führt nordwärts auf der alten Königsberger Str. hinaus, um in dem 1945 hart umkämpften *Flederborn* in Richtung Ratzebuhr abzuzweigen. Die Polen haben in dem heute „Szwecja" genannten Dorf ein Mahnmal für 30 umgekommene polnische Partisanen errichtet. Es erinnert, wie so manches hier im Gebiet der früheren „Pommernstellung", an die Grausamkeit des letzten Weltkrieges, doch die Denkmäler setzt immer der *Sieger*. Wären *wir* im Lande verblieben oder hätten wir ein geradlinigeres Geschichts- und Nationalbewußtsein, so stünden hier und anderenorts viele Denkmäler, die auch an die Opfer von Flucht und Vertreibung erinnern würden . . .

RATZEBUHR

ist ein stilles Städtchen − heute noch mehr als zu deutscher Zeit − das sich erst allmählich in dem weiten Sandergebiet im Südzipfel des Neustettiner Landes zu einem Marktort herausbildete − in gewisser Konkurrenz zum nahen Jastrow. Es entstand erst während der im 16. Jahrhundert erfolgten Aufsiedelung des waldreichen Grenzgebietes gegen Polen als herzoglich-pommersches Amtsdorf, das 1554 gegründet wurde. 1754 erhob Friedrich d. Gr. den Ort zur Immediatstadt. Tuchmacherei, Vieh- und Krammärkte bildeten die wirtschaftliche Grundlage; später kamen zwei Sägewerke, eine Kalksandsteinfabrik und eine Großversandgärtnerei hinzu. Das in wilhelminischer Zeit erbaute Rathaus und das Amtsgerichtsgebäude prägen noch heute das Bild der 1945 zu 30 % zerstörten kleinen Stadt, die seit 1975 mit dem ganzen Südzipfel des Neustettiner Landes zur jetzigen Wojewodschaft Schneidemühl gehört. 1980 lebten hier 2200 Bewohner (1939: 2940).

Die Neustettiner Chaussee führt im Norden der Stadt am 191 m hohen Tetzlaffsberg vorbei, auf dem 1912 der Ratzebuhrer Bürger Nitschke einen Bismarckturm errichten ließ, der heute noch steht. Nach etwa 8 km wird *Lottin* erreicht, ein alter Besitz des Geschlechts v. Hertzberg. Das weiträumige Dorf (mit einer der größten Feldmarken des Kreises Neustettin, auf der 1784 allein 9 Vorwerke bestanden) zählte 1939 1591 Einwohner.

Nach 15 km erreicht man dann − die weitläufigen Bahnanlagen des Neustettiner Bahnhofs überquerend − auf der Ratzebuhrer Str. den wirtschaftlichen und kulturellen Mittelpunkt Südost-Pommerns

NEUSTETTIN

Neustettin ist die wichtigste Stadt im Bereich des Pommerschen Landrückens. Seit jeher zu Pommern gehörig, bildete die Stadt (1310 erhielt sie Stadtrechte) vom 15. – 18. Jahrh. wegen ihrer günstigen Lage an der alten Handelsstraße von Kolberg nach Posen eine Bastion gegen des damals das Neustettiner Land von drei Seiten umgebende Königreich Polen. Im 19. Jahrh. entwickelte sich der Ort dank seiner auch geographisch günstigen Lage zu einem wichtigen Eisenbahnknotenpunkt (alle fünf von Neustettin ausstrahlenden Bahnlinien wurden gleichzeitig 1877/78 erbaut), er war zudem Schul- und Marktort für eine weitere ländliche Umgebung. Mit dem Bau des Truppenübungsplatzes Groß Born in den dreißiger Jahren wurde Neustettin auch städtisches Versorgungszentrum für diesen größten deutschen Militärplatz. 1939 hatte die Kreisstadt 19 942 Einwohner. Die Zerstörungen des 2. Weltkrieges erreichten 35 % der Bausubstanz; erhalten bzw. wiederhergestellt sind Rathaus, neue Nikolaikirche (ein ansprechender neugotischer Bau aus der Zeit kurz nach 1900), alter Nikolaikirchturm (auch heute Museum). Die Stadt macht einen sauberen und ordentlichen Eindruck, die gepflegten Grünanlagen am Streitzig-See sind wie einst eine Zierde Neustettins. Die Stadt zählte 1980 35 000 Einwohner.

Die Fahrt führt dann in Richtung Westen durch eine abwechslungsreiche Seenlandschaft, den Ostteil der „Pommerschen Schweiz". Bald blinkt der Schmadowsee herüber, bald links von ferne der langgezogene Gr. Pielburgsee an dessen südlichem Ufer sich die Anlagen des Truppenübungsplatzes Groß Born (bei Linde) erstrecken. Weiter geht es durch Pielburg, Lubow – alte, schon im 15. Jahrh. bedeutende Kirchdörfer. Parallel zur Straße verläuft die schon 1877 erbaute zweigleisige „Pommersche Centralbahn", die die Pommersche Seenplatte erschließt. Kurz darauf wird dann das hochgelegene Tempelburg erreicht.

TEMPELBURG

Das Städtchen entstand im 14. Jahrh. an der Südspitze des Dratzig-Sees in einem Landstrich, den der Herzog Przemyslaw II. von Großpolen 1286 den Tempelrittern geschenkt hatte (daher der Name der Stadt); er hatte das Land kurz vorher Pommern abgenommen. Die Tempelritter gründeten 1291 zur Sicherung des Landes eine Burg mit Marktsiedlung, die vor 1334 Stadtrechte erhielt. 1307 – 68 gehörte das Tempelburger Land zu Brandenburg, danach erneut zu Polen. Der polnische Starost (Amtshauptmann) hatte seinen Sitz in der 8 km nördlich der Stadt gelegenen Burg *Alt Draheim*, daher wurde das Tempelburger Land nun auch *Starostei Draheim* genannt. 1658 kam dieses Gebiet als Dank für die vom Gr. Kurfürsten den Polen geleistete Hilfe im Schwedisch-Polnischen Krieg unter brandenburgische Herrschaft und wurde 1772 endgültig mit Pommern vereinigt (Kr. Neustettin), zu dem es vor 1100 bereits gehörte. Die 1939 5275 Seelen zählende Stadt zeigt im Großen und Ganzen ein noch intaktes, idyllisches Kleinstadtbild: der quadratische Marktplatz wird von niedrigen Häusern gesäumt, umrahmt von alten Bäumen. An der Nordost-Seite erhebt sich die turmlose, im 19. Jahrh. erbaute neoromanische, früher evangelische Kirche, die innen z. T. neu hergerichtet wurde; im Süden des Marktplatzes steht versteckt die alte katholische Kirche mit ihrem hölzernen Glockenstuhl. Tempelburg zählte 1980 5072 Bewohner. Es gilt als Mittelpunkt der „pommerschen Schweiz". Nach dem Verlassen der Stadt bietet sich vom W-Ufer des südlichen Dratzig-Sees noch ein reizvoller Blick auf das kleine Städtchen.

DER DRATZIG-SEE

Der Dratzig-See ist mit einer Uferlänge von 76 km der buchtenreichste See Pommerns, mit einer Tiefe von 83 m sogar der tiefste See Norddeutschlands! Der Kreis Neustettin war mit Abstand der seenreichste Kreis Pommerns. Eigenartig verhielten sich die großen Wasserflächen im Winter: Charakteristisch für diese Landschaft ist das weithin hallende „Brüllen", wenn der starke Frost Spalten in die dicke Eisdecke reißt, oder das Frostdampfen der tiefen und großen Seen, die auch dann noch nicht zufrieren, wenn ringsum das Land schon längst unter einem weißen Schneeteppich erstarrt ist. Dann steigen aus ihrem dunklen Wasser Dampfwolken auf. Einige dieser Seen sind wohl durch die Auslaugung unterirdischer Salz- und Gipslager entstanden, in den derart gebildeten Erdfällen sammelte sich dann das Wasser. Noch 1925 verschwand eines Nachts eine bewaldete Landzunge im Gr. Pielburgsee, ja 1790 versanken in einer Winternacht bei Tempelburg 1,5 ha eines Exerzierplatzes im Dratzig-See. In vielen Farben leuchten die Seen, je nach Beschaffenheit des Untergrundes und nach Jahreszeit: leuchtendgrün der Kämmerer-See, andere mit moorigem Untergrund schimmern schwarz und geheimnisvoll dunkel herüber, im Herbst spiegeln sich Himmel und Bäume im Wasser, so daß neben Blau Rot und Gold erscheinen. Zusammen mit dem reizvollen Wechsel von Wald und Feld und der stark welligen Oberflächengestalt gehört die Pommersche Seenplatte zum Schönsten, was Pommern zu bieten hat.

Kurz nach Heinrichsdorf überschreitet man die alte Dramburger Kreisgrenze, auch sie eine uralte, bis ins 13. Jahrh. zurückreichende Territorialgrenze. Der Weg führt dann am Südufer des Völzkow-Sees entlang nach Falkenburg.

FALKENBURG

Das im Kreis Dramburg gelegene Falkenburg (1939: 8620 Einw.) war früher ein kleines Industriestädtchen. Die Stadt erhielt 1333 Stadtrechte und gehörte damals zur brandenburgischen Neumark, erst 1815 kam sie zu Pommern.

1839 entstand in Falkenburg die erste Tuchfabrik, ein Gewerbe, das sich fortan kräftig entwickelte (das Falkenburger „Feldgrau" wurde im 1. Weltkrieg berühmt); zusammen mit den zahlreichen Ziegeleien galt Falkenburg als einzige Industriestadt weit und breit. Heute ist die Bevölkerungszahl auf 11 271 Personen gestiegen (1974).

Über Zülshagen geht es weiter, z. T. entlang der Drage, dem zweiten großen, nach Süden zur Netze strömenden Grenzmarkfluß. Das Dramburger Land gehörte schon in alter Zeit zu Pommern, kam aber bereits im 13. Jahrh. in den Besitz der brandenburgischen Askanier und bildete bis 1815 einen der vier neumärkischen „Hinterkreise", von denen damals zwei, Schivelbein und Dramburg, an Pommern angeschlossen wurden.

DRAMBURG

Kurz vor der Stadt zeigt sich von einer Anhöhe an der Falkenburger Chaussee in einer weiträumigen, von blühenden Feldern und einem strahlend blauen Himmel geprägten Landschaft noch einmal deutlich das Wesen unserer pommerschen Städte: Weithin sichtbar der hochaufragende Turm der Dramburger Marienkirche; als wäre es ein Finger, der den zum Markt heranziehenden Landmenschen sagt: „Hier bin ich, Dramburg!" Hier ist die Kirche noch Landmarke einer in die Landschaft eingebetteten Marktstadt, deren Silhouette nicht durch Hochhäuser gestört wird. Die kleinen braunroten Bürgerhäuser scharen sich geduckt, von grünen Bäumen umringt, um die alles beherrschende Kirche, wie die Kücken um die Glucke. Hier dominiert nicht die Stadt, hier ist sie noch Mittelpunkt einer von Bauerntum und Gutsherrschaft geprägten Landschaft, ist Ausgangspunkt und Höhepunkt eines im Mittelalter organisch gewachsenen, agrarischen Siedlungsraumes. Man glaubt sich unwillkürlich 300 Jahre zurückversetzt in die Zeit eines Merian mit seinen Panorama-Stadtansichten; hier leben Stadt und Land noch in Harmonie, die uns heute meist zu fehlen scheint. Doch dieses Bild trügt, auch in Dramburg hat der 2. Weltkrieg deutlich seine Spuren hinterlassen, auch hier leben heute andere, hier nicht heimische Menschen.

In der Gegend von Dramburg war das Geschlecht der Goltzen in alter Zeit begütert, sie erwirkten 1297 bereits ein Privileg zur Gründung einer Stadt, die in der Nähe einer alten Wendenburg an einem günstigen Übergang über die Drage in rechteckigem Grundriß angelegt wurde, daher der Name „Drageburg" = Dramburg. 1939 lebten hier 8088 Einwohner. Am 4. 3. 1945 nahm die Rote Armee die Stadt ein, dabei — und danach — wurden 327 Häuser (60 % der Stadt) zerstört, vor allem die N- und O-Seite der Innenstadt. Heute leben hier 8669 polnische Bewohner (1980).

Man verläßt Dramburg auf der bereits 1848 erbauten Chaussee nach Wangerin, vorbei am Golzengut, bei Janikow die Pommersche Centralbahn über-

Das
Rathaus
zu
NEUSTETTIN

Die
frühere
evangelische
Kirche
zu
TEMPELBURG

Am
Marktplatz
in
DRAMBURG

querend. Bis zur Senke das Kl. Zapel-Sees lief früher eine Kleinbahn parallel zur Landstraße. Sie gehörte zum Netz der dem Provinzialverband von Pommern unterstehenden ,,Pommerschen Landesbahnen", das 1939 mit fast 1700 km Länge (weitgehend Schmalspur) länger war, als das Eisenbahnnetz Schleswig-Holsteins heute! Einige dieser Strecken werden von der Polnischen Staatsbahn (PKP) noch heute betrieben, z. T. mit dem rollenden Material von einst. Was bei uns der Spaß an ,,Oldtimern" ist, ist dort noch normaler Alltag. Über Gienow führt die Straße dann in den Kreis Regenwalde nach Wangerin.

WANGERIN

Wangerin ist heute wie früher ein stilles Landstädtchen, einst eines der kleinsten Pommerns (1939: 3454 Einwohner). Der erstmals 1348 urkundlich genannte Ort war einer der Stammsitze des urpommerschen Geschlechts v. Borcke (nach ihnen wurde ein Teil des Kreises Regenwalde bis 1815 auch der ,,Borcke'sche Kreis" genannt). Sie gründeten im Mittelalter auf ihrem umfangreichen Grundbesitz 4 Städte: Labes, Regenwalde, Stramehl (das als ,,Wulwesberg" gegründet wurde und später zum Dorf herabgesunken ist) und Wangerin. Bis 1945 besaßen sie noch das Gut Wangerin B.; vom alten, im Fachwerkstil erbauten Herrenhaus (nach 1945 abgerissen) beherrschten sie bis ins 19. Jahrh. die kleine Mediatstadt. Das Städtchen hatte daher auch keine Mauer, keinen Graben; wann es Stadtrechte erhielt, ist nicht bekannt (vor 1460). 1859 wurde die Hinterpommersche Bahn 3 km westlich an Wangerin vorbeigeführt, weil die Stadtväter − den großen Vorteil des Bahnanschlusses nicht erkennend − keinen Baugrund hergeben wollten! Erst 1878 erhielt die Stadt einen eigenen Bahnhof. Sie zählt heute nur noch 2112 Einwohner.

FREIENWALDE i. Pom.

Freienwalde wird dann durchfahren, ein im letzten Krieg stark zerstörtes Städtchen im Kreis Saatzig (1939: 3406, 1980: 2275 Einw.). Von der Innenstadt des 1338 von den v. Wedel gegründeten Ortes ist nur noch die Kirche erhalten, sie wurde als einziges Gebäude wiederhergestellt. Freienwalde besteht somit heute nur noch aus der Bahnhofsvorstadt!
Bei Voßberg kann man die alte, nach Stargard führende Reichsstraße 158 verlassen, um auf die Autobahn in Richtung Stettin − Grenze zu gelangen. Es handelt sich um die vor 1945 geplante Reichsautobahn Berlin − Stettin − Königsberg, von der bis 1941 nur die Abschnitte Berlin − Stettin − Lenz und Elbing − Königsberg fertiggestellt waren. Große Teile waren bis 1941 im Bau, als die Arbeiten aus Kriegsgründen eingestellt wurden. Die Polen haben erst

vor wenigen Jahren die halbfertige südliche Fahrbahn auf dem 18 km langen Abschnitt von Lenz bis zur Abfahrt bei Voßberg hergerichtet, so daß die Autobahn ab hier befahrbar ist; sie ist heute auf der Autokarte kaum zu finden, da sie als „Landstraße" klassifiziert ist. Auf der Nord-Fahrbahn wachsen zwischen den Einfassungen Bäume – sie haben hier in den letzten 38 Jahren viel Ruhe zur Entwicklung gehabt . . .

Literatur
Hauptroute
BIRKHOLZ, Rudolf: Der Kreis Strasburg – Geschichte eines westpreußischen Gebietes. (Quickborn 1981)
BOESE, Karl: Geschichte der Stadt Schneidemühl. 2. erw. Aufl. Würzburg 1965 (Ostdeutsche Beiträge a. d. Göttinger Arbeitskreis, 30)
BÜRGER, Klaus: Kreisbuch Osterode Ostpreußen. (Osterode am Harz 1977)
Gemeindelexikon für die Regierungsbezirke Allenstein, Danzig, Marienwerder, Posen, Bromberg und Oppeln. Auf Grund der Ergebnisse der Volkszählung vom 1. Dezember 1910 und anderer amtl. Quellen bearb. v. Königl. Preuß. Statist. Landesamte. Heft I Reg.-Bez. Allenstein, II Reg.-Bez. Danzig, III Reg.-Bez. Marienwerder, IV Reg.-Bez. Bromberg. Berlin 1912
HEIKE, Otto: Das Deutschtum in Polen 1918–1939. Bonn (1955)
MEINHARDT, Günther: Aus Brombergs Vergangenheit. Ein Heimatbuch für den Stadt- und Landkreis. (Wilhelmshaven 1973)
Heimatbuch für den Kreis Neumark in Westpreußen bis 1941 Kreis Löbau (Westpr.) (Wuppertal) 1979
PAPSTEIN, Herbert: Der Kreis Wirsitz. Ein westpreußisches Heimatbuch. Osnabrück 1973
RACHEL, Hugo: Reetz (Neumark), Kr. Arnswalde. In: Deutsches Städtebuch. Handbuch städtischer Geschichte. Hrsg. v. Erich Keyser. Bd. I Nordostdeutschland. Stuttgart Berlin (1939). S. 219
ROSEN, Hans Frhr. v.: Bilanz. Das deutsche Gut in Posen und Pommerellen. (Rosbach v. d. H. 1972)
RUPRECHT, Karl: Der Landkreis Dramburg. Eine Dokumentation. Chronik für Heimatfreunde. (Bad Segeberg) 1976
– Deutsch Krone, Stadt und Kreis. Bad Essen (1981)
Grenz- und Regierungsstadt Schneidemühl einst und heute. (Kiel 1979)
VOLLACK, Manfred: Pommern in Farbe. Ostpommern mit Grenzmark. Mannheim 1980 (Ostdeutsche Heimat in Farbe, 6)

Alternativroute
ENGMANN, Rudolf (Hrsg.): Stadt Falkenburg. Ein Heimatbuch. (Lübeck 1963)
ROGGE, Heinrich u. STELTER, Franz: Der Kreis Neustettin. Ein pommersches Heimatbuch. Würzburg 1972 (Ostdeutsche Beiträge a. d. Göttinger Arbeitskreis, 52)
STAPEL, Ottfried: Kreis-Fibel für Saatzig u. Kreisstadt Stargard/Pom. Lübeck 1963/64
Tempelburg/Draheim. „Unser Pommerland", 17. Jahrg. Stettin 1932, H. 5 (Sonderheft)
WACHHOLZ, Gerhard u. v. BORCKE, Rüdiger: Heimatbuch des Kreises Regenwalde. (Bielefeld) 1970

Daten zur Geschichte Pommerns

bis 5. Jahrh.	Altgermanischer Siedlungsraum (Rugier, Wandalen; später Burgunder)
ab 6./7. Jahrh.	Nach der Völkerwanderung Einwanderung von Slawen aus dem Osten; allmähliche Stammesbildung (Ranen, Liutizen, Pomoranen)
10./11. Jahrh.	Das Gebiet zwischen Ostsee, Oder, Weichsel und Warthe-Netze wird von den heidnischen Pomoranen bewohnt, die allmählich zwei Fürstentümer bilden, deren Eroberung von Polen mehrfach versucht wird. Die Küsten werden oft von Wikingern aufgesucht, die in Julin (Jomsburg, d. heutige Wollin) einen Handelswik gründen
1000	Gründung des Bistums Kolberg; vergeblicher Christianisierungsversuch durch Bischof Reinbern
1124/28	Christianisierung Pommerns durch Otto von Bamberg und deutsche Geistliche
1140	In Wollin Gründung eines Bistums für Pommern, das 1175 nach Cammin verlegt wird
1168	Eroberung und Christianisierung Rügens durch die Dänen; Rügen bleibt ein eigenes Fürstentum unter dänischer Oberhoheit (bis 1227)
1173	Gründung des Klosters Kolbatz; erste Erwähnung eines deutschen Dorfes in Pommern
1181	Der pommersche Herzog Bogislav I. nimmt auf dem Fürstentag zu Lübeck sein Land von Kaiser Friedrich I. Rotbart zu Lehen; Pommern wird damit ein Herzogtum des Reiches
13./14. Jahrh.	Deutsche Besiedlung im Zuge der deutschen Ostkolonisation, Pommern wird sprachlich und kulturell ein deutsches Land
1234	Erste Stadtgründungen in Pommern nach deutschem Recht (Bahn n. magdeburgischem, Stralsund nach lübischem Recht)
1325	Aussterben des rügischen Fürstenhauses, Rügen wird ein Teil Pommerns
1370	Friede von Stralsund: die Hanse auf dem Höhepunkt ihrer Macht; zum Hansebund gehören auch 18 pommersche Städte
1456	Gründung der Universität Greifswald (zweitälteste Norddeutschlands)
1472	Pommern verliert die Uckermark und muß endgültig die lange umkämpfte brandenburgische Lehnshoheit anerkennen
1474–1523	Regierungszeit des bedeutendsten Pommernherzogs, Bogislav X., hohe geistige und wirtschaftliche Blütezeit des Landes, das unter ihm geeint ist; Höhepunkt der Geschichte Pommerns als selbständigem Herzogtum
1485	In Wollin Johannes Bugenhagen geboren, der spätere Reformator Braunschweigs (1528), Hamburgs (1529), Lübecks (1530), Pommerns (1534/35), Dänemarks (1537) und Schleswig-Holsteins (1542); Übersetzer der Bibel ins Niederdeutsche (Pommersches Platt; Lübeck 1534)
1529	Im Vertrag von Grimnitz wird die brandenburgische Lehnshoheit in ein Erbnachfolgerecht der brand. Kurfürsten umgewandelt
1535	Landtag zu Treptow, Einführung der Reformation in Pommern